本书系 2021 年度河北省社会科学基金项目"高质量发展视角下本科职业教育赋能乡村人才振兴的实践路径研究"（项目编号：HB21YJ021）的研究成果。

乡村振兴战略下职业教育与新型职业农民培育研究

<<< 李 祯◎著

中国纺织出版社有限公司

内 容 提 要

农村人才是乡村振兴的主体，新型职业农民是新时代农业农村现代化的主体。本书基于乡村振兴战略实施，从绪论、农村职业教育的发展与推进、新型职业农民培育、职业教育赋能乡村振兴战略的影响因素、职业本科人才培养模式、职业教育与新型职业农民培育的实践路径等七个方面论述了乡村振兴战略下的新型职业农民培育，对促进新时代职业教育助推乡村振兴战略的发展具有重要的理论意义和实践意义。

图书在版编目(CIP)数据

乡村振兴战略下职业教育与新型职业农民培育研究 / 李祯著 . --北京：中国纺织出版社有限公司，2024.6
ISBN 978-7-5229-1763-4

Ⅰ. ①乡… Ⅱ. ①李… Ⅲ. ①农民教育—职业教育—研究—中国 Ⅳ. ①G725

中国国家版本馆 CIP 数据核字(2024)第 092618 号

责任编辑：向连英　　特约编辑：武亭立
责任校对：王花妮　　责任印制：储志伟

中国纺织出版社有限公司出版发行
地址：北京市朝阳区百子湾东里 A407 号楼　邮政编码：100124
销售电话：010—67004422　传真：010—87155801
http://www.c-textilep.com
中国纺织出版社天猫旗舰店
官方微博 http://weibo.com/2119887771
北京虎彩文化传播有限公司印刷　各地新华书店经销
2024 年 6 月第 1 版第 1 次印刷
开本：710×1000　1/16　印张：13
字数：220 千字　定价：88.00 元

凡购本书，如有缺页、倒页、脱页，由本社图书营销中心调换

前　言

党的二十大报告提出，全面推进乡村振兴，加快建设农业强国，扎实推动乡村产业、人才、文化、生态、组织振兴。教育在实施乡村振兴战略中起着基础性、先导性的作用，这是教育的职责和使命之一。其中，职业教育直接面向社会培养技术技能型劳动人才，往往是支撑乡村发展极为重要的人才源头，其培养的学生正是未来扎根乡村的主力军。

乡村振兴，职业教育大有可为。2022年教育部发布的《中国职业教育发展白皮书》显示，职业学校中70%以上的学生来自农村。在乡村振兴中，可以充分发挥职业教育的作用，培养一批懂技术、善经营、会管理的高素质农民和乡村治理人才，为乡村振兴注入源源不断的生机与活力。

自党的十九大提出乡村振兴战略以来，各行各业的人都积极投入到落实此项重要战略的工作中，教育行业作为向社会输送高质量人才的核心行业，在落实乡村振兴战略的过程中发挥了重要作用。随着社会分工的不断细化，人才的需求也在不知不觉中更为多样化，种种因素使得职业教育的作用日渐突显。2021年，人力资源和社会保障部会同财政部等联合印发《"十四五"职业技能培训规划》，其中提到要"面向农村转移劳动力、返乡农民工、脱贫劳动力，开展职业技能培训和安全知识培训""要注重对准备外出就业青年农民工的职业指导和培训工作，依托职业院校和职业技能培训机构等为其提供有针对性的培训服务，促进其职业技能提升"。

农村人才是乡村振兴的主体，新型职业农民是新时代农业农村现代化的主体。本书基于乡村振兴战略实施，分析了新型职业农民培育的现实基础和农村职业教育的发展演进，阐述了乡村振兴与新型职业农民培育的逻辑与新型职业农民培育的主要方向，深入探讨了职业教育助推乡村振兴战略的运行模式和新型职业农民培育的实践模式以及乡村振兴战略下新型职业农民培育路径，对促进新时代职业教育助推乡村振兴战略的发展，具有重要的理论意义和实践意义。

本书撰写过程中参考了许多相关著作，在此向这些学者致以诚挚的谢意。鉴于时间仓促，笔者知识储备有限，书中难免存在不足之处，望广大读者批评、指正。

李祯

2024 年 3 月

目 录

第一章 绪论 ………………………………………………………… 1
第一节 乡村振兴战略下职业教育的发展机会 …………………… 1
第二节 新型职业农民培育的战略意义 …………………………… 10
第三节 职业本科教育人才培养定位的内在逻辑与价值追求 …… 13

第二章 乡村振兴战略下农村职业教育的发展与推进 ……………… 24
第一节 农村职业教育发展的现实基础 …………………………… 24
第二节 农村职业教育发展的价值、方向与推进策略 …………… 27
第三节 农村职业教育推进的新使命 ……………………………… 41

第三章 乡村振兴与新型职业农民培育 ……………………………… 43
第一节 乡村振兴与新型职业农民培育的背景 …………………… 43
第二节 新型职业农民的基本特征 ………………………………… 52
第三节 乡村振兴与新型职业农民培育的逻辑 …………………… 55
第四节 新型职业农民培育的保障机制 …………………………… 60

第四章 乡村振兴战略下新型职业农民培育的基础 ………………… 64
第一节 新型职业农民培育的理论基础及政策依据 ……………… 64
第二节 与时俱进的制度创新——土地流转 ……………………… 81
第三节 建立完善的服务体系——基础性公共服务与金融服务 … 92
第四节 在产业链拓展中维护和实现好新型职业农民的利益 …… 102
第五节 非粮化非农化与农业用地减少的风险 …………………… 106

第五章 职业教育赋能乡村振兴战略的影响因素 …………………… 111
第一节 新时代职业教育赋能乡村振兴战略的政策保障制度因素 … 111
第二节 新时代职业教育赋能乡村振兴战略的职业教育观念因素 … 121
第三节 新时代职业教育赋能乡村振兴战略的教育办学基础因素 … 128

第六章 乡村振兴战略下的职业本科人才培养模式 ········· 135
第一节 职业本科人才培养体系建构 ········· 135
第二节 职业本科人才培养模式设计 ········· 142
第三节 职业教育人才培养模式的特征 ········· 152
第四节 职业本科特色人才培养模式 ········· 161

第七章 乡村振兴战略下职业教育与新型职业农民培育的实践路径 ········· 172
第一节 农村职业教育培育新型职业农民的实践路径 ········· 173
第二节 农村职业教育培育新型职业农民的提升策略 ········· 178

参考文献 ········· 195

第一章 绪论

职业本科教育的实践性有突出的特质，即以职业为准绳，人才培养的出发点和落脚点都是职业实践，产业、行业、不同岗位对技术技能人才的要求是职业本科教育人才培养的逻辑起点。应用本科教育聚焦行业发展，强调科学应用与工程策划；职业本科教育聚焦职业发展，强调技能发展与技术创新。

第一节 乡村振兴战略下职业教育的发展机会

一、乡村振兴促进农村职业教育发展

要想实现乡村振兴，我们应对农村职业教育进行变革，为推进乡村振兴的顺利实施，提供相应的人才支持。这既是对农村职业教育的挑战，也是农村职业教育发展的新机遇。

(一)城乡融合发展，促进县域职业教育发展

从"城乡统筹"到"城乡一体化"再到"城乡融合"发展，规划和政策的转变不但对我国农村社会经济发展产生了革命性的影响，而且对提供人才支持的职业教育也产生了深刻的联动影响，这要求农村职业教育供给侧进行全面改革。

融合发展意味着原有的城乡二元发展体制将逐步溶解，新的基于融合发展理念与要求的体制、机制以及相关的支持政策必须形成或者被制定。具体落实到职业教育领域，一是以融合理念和思维为基础，对城乡职业教育发展进行整体规划，让城乡教育要素得以充分流动。二是将城乡作为一个区域系统，进行顶层设计，整体布局，统筹考虑城乡职业院校的布局及功能定位，不能以狭隘的城域或乡域思维培养人才；专业设置基于城乡一二三产业融合发展的需要进行整体考

虑，既要考虑为产业发展构筑合理的人才结构，又要考虑涉农专业集群的建设与发展。三是基于城乡融合发展的特点和要求，构建县域职业教育体系，其目的是提升县域职业教育的服务效能，实现教育资源的集约化使用。这个职业教育体系应该具有县、乡(镇)、村三个层级，不同层级的职业教育既具有整体性服务功能，又具有不同的侧重点。这一体系还包括发达的城乡职业培训体系，能满足人才终身教育的需要，具有教育资源共享性、发展水平现代性，能体现"互联网+"教育的优越性等。

(二)"三农"优先发展，促进涉农专业的现代化建设

党的十九大指出，实施乡村振兴战略，必须始终把解决好"三农"问题作为全党工作重中之重，要坚持农业农村优先发展。我国现代化进程的关键因素是"三农"，因此必须集中力量加快促进"三农"发展。推进"三农"发展有多种路径和措施，比如通过采取积极的政策，促进资源要素在城乡间流动；吸引农民工和大学生返乡创业；大力发展乡村旅游、创意农业，实现"科技+""教育+""健康+"等新业态，促进农村一二三产业融合；等等。然而，无论是各要素的流动，还是农村新业态的发展，都离不开人才的有力支撑，尤其是各层次的涉农专业人才。所以，就职业教育而言，基于未来乡村振兴的需要，必须主动进行职业教育供给侧人才培养结构的改革。这一改革的核心是，一方面中高等职业院校要注重涉农专业的设置，建立起多层次的涉农专业体系，另一方面要基于农村一二三产业融合和新业态发展的需要，进行专业现代化改造和涉农专业集群建设，从而满足现代农业和农村发展对职业农民培育的需要。

(三)乡村人才培育，促进多层级职业教育体系发展

首先，发展现代农业是乡村振兴的主要内容，而现代农业发展的一个基本特征是农业的规模化经营。"三权分置"等土地制度的改革，既为规模农业的发展创造了条件，又催生了新的农业经营主体，促进了家庭农场主、农业能人等职业农民的诞生。现代农业发展的另一个基本特征是现代经营主体以其掌握的现代科技和社会资本改造传统农业。一旦技术和资本聚集形成规模优势，与土地、劳动力等现代生产要素有机结合，将最大程度地提升农业的规模效应和科技附加值。然而，如何才能改造传统农业、促进现代农业发展是一个值得深思的问题。著名经济学家西奥多·W.舒尔茨认为："改造传统农业的根本出路在于引进新的生产

要素,不仅要引进农作物良种、农业机械这些物的要素,还要引进具有现代科学知识、管理能力和适应市场新要素的农民。"所以,无论是规模农业的发展,还是传统农业的改造,其重要前提就是培育职业农民。

其次,国家之所以将农村与农业作为优先发展的对象,一个很重要的因素就是要为乡村聚人气、添活力。所以,优先发展农村与农业,一方面要求将一部分农民培育成职业农民,鼓励部分农民工返乡创业和大学生到农村就业;另一方面要求培养一支热爱乡村的带头人、领路人和管理者。也就是说,要培育一批乡村人才,比如培养乡村管理干部,为实现乡村"治理有效"打下组织基础;培养乡村信息人才,使其能够基于"互联网+"了解新政策、掌握新技术、捕获新商机,促进农村新业态的发展;培养乡村科技人才,促进农村一二三产业融合发展;培养乡土文化人才,促进乡村文化的传承和发展,创建文明乡风。

无论是职业农民培育、乡村管理干部培养,还是其他各种技术人才的培养,都对农村职业教育和培训的发展提出了新要求,即各类职业院校尤其是涉农中高等职业院校,要能够基于不同类型乡村人才培育的需要,开展多层级的职业教育和培训,开设涉农专业,提供系列化的涉农培训课程,以促进县域职业教育的发展和培训体系的完善。

(四)乡村秩序重建,促进农村社区教育发展

"治理有效"是乡村振兴的重要目标之一。法治是乡村振兴的重要依赖路径,能够有效规范和调节农村社区日益复杂的各类关系,但是法治是有成本的,如果能够提高乡村干部队伍的素质,提升乡村自治能力,促进乡村文明的发展,使乡村社区的民众能够自觉遵守共同的行为准则,就可以大幅度降低农村社会的治理成本。因此,在未来乡村社会治理中,应根据农村社会的新变化以及实现乡村治理能力现代化的新要求,建立健全自治、法治、德治相结合的乡村治理机制,而这需要通过适当的教育来教化乡民,使农村社区的民众能够在"法治"的范围内,具有"自治"的能力和"德治"的素养。

"生活富裕"是乡村振兴的另一个重要目标。生活富裕不只是农民物质生活水平的提高,更是农民对高品质生活的追求、对高质量精神生活的期望。随着农村经济的发展,必须将提升农民的生活品质作为乡村振兴的重要内容,要建立相应的教育场所和提供更多的受教育机会,让他们学有所教、老有所乐。

由此可以看出，在未来乡村振兴战略的推进中，必将更加重视农村职业教育的发展，在未来，职业教育将成为我国新时期教育发展的新的战略重点，将承担起实现"乡村文明、治理有效、生活富裕"的职责和使命。

二、农村职业教育助力乡村振兴

（一）农村职业教育是释放乡村经济活力、推动产业兴旺的重要引擎

产业兴旺是乡村振兴的根本。实施乡村振兴战略急需优化农业产业结构，深度挖掘农业多种功能，延长产业链，完善利益链，培育和发展农村电商、共享农庄、休闲农业、民宿经济、农耕文化体验、健康养老等新产业新业态，这对新型农业劳动力的数量、规格、质量、结构也提出了新要求。职业教育连接着产业需求端和劳动力供给端，三者之间交互影响、动态传导。农业劳动力能否支撑农村产业结构优化升级、适应新产业新业态，依赖于教育尤其是农村职业教育的供给规模与供给质量。与此同时，教育发展的水平和结构决定着劳动力供给的数量和质量，继而影响劳动力的综合素养。农村职业教育肩负着人才培养、科学研究、社会服务、文化传承创新、国际交流与合作等重要使命，其价值取向、目标定位和功能定向直指"三农"问题，其办学理念、专业设置、人才培养紧密对接农村经济社会转型、农业产业升级优化、农民综合素质等，可以为新时代乡村振兴培育大批知农、懂农、爱农的职业农民和新型农业经营主体，能够帮助优化农村一二三产业的人力资源配置，促进农村三大产业动态的高质量融合发展，是释放乡村经济活力、推动产业兴旺的重要条件。

（二）农村职业教育是培育生态文明、助力乡村生态宜居的重要途径

生态宜居是乡村振兴的基础。农村职业教育在建设生态宜居的乡村环境方面扮演着重要角色。一方面，农村职业教育可以为改善乡村生态环境提供相关技术支持，比如培养绿色农技推广人才、传授畜禽粪污处理技术、推广手工制造科学种植技能、提供绿色乡村建设规划和村庄规划服务等；另一方面，农村职业教育能够帮助营造乡土文化、绿色生产生活氛围，提高农民的绿色意识。通过农村职业教育可以帮助人们树立和践行"绿水青山就是金山银山"的生产生活理念，增强乡村人民农耕文化、乡愁等精神文化意识，养成垃圾分类、清洁取暖的生活习惯，塑造建设文明厕所、节水节能乡村建筑等绿色生活行为，打造人与自然和谐

发展、清爽安定的乡村生产生活环境。

(三)农村职业教育是满足农民精神需求、实现乡风文明的内在要求

乡风文明是乡村振兴的关键。乡风文明既能促进城市生产要素向乡村配置，推动乡村产业兴旺，又能为美丽乡村建设提供优良的人文环境，实现生态宜居，还是乡村治理有效的重要条件和成效体现，是生活富裕的重要内涵。实施乡村振兴战略要物质文明和精神文明一起抓，特别要注重提升农民的精神风貌。从农村经济社会发展供给侧看，在推动乡村全面振兴过程中，既要重视物质精神的输血式供给，又要重视精神能力的"造血式"供给。农村职业教育具有培育"职业人"和"一般人"的价值功能，能够有效深入乡村建设的末端环节，满足农民的精神需求，提升农民的生产生活技能和个人修养，培育农民的文明意识和能力，营造环境文明、行为文明、精神文明和制度文明一体化的乡村社会文化体系，促进乡风、家风、民风文明，为乡村振兴提供思想保证和精神动力。

(四)农村职业教育是提升乡村治理能力、实现乡村治理有效的动力源泉

治理有效是乡村振兴的保障。乡村是国家治理的基本单元，乡村治理是推进国家治理体系和治理能力现代化的基础性工程。加强农村基层基础工作，健全自治、法治、德治相结合的乡村治理体系是实现乡村振兴的重要基石，是最终实现乡村善治的根本路径。农村职业教育的多重价值属性有效契合了基层社会的治理需要。作为教育的一种类型，农村职业教育拥有所有教育共享的使命，即"使人成为人"，这是农村职业教育的目的性或主体性。农村职业教育塑造着受教育者的个人素养、公民意识、公共责任，具有营造文化生态的功能，有助于推动乡村劳动力社会化，这将有利于实现乡村德治，激发德治的融合、引导、教化等功能。与其他教育相比，农村职业教育也有其特性，即"使人成为职业人"，这是农村职业教育的规范性或工具性。农村职业教育主要培养受教育者的两种能力：一种是职业在当下要求的技术与能力，另一种是适应该职业变化发展的能力。这两种职业能力的塑造将有助于激发乡村人口自我管理、自我教育、自我监督、自我服务等潜能与活力，有利于实现乡村自治。社会治理重心下移和民主管理层次提升是乡村治理有效的重要体现，农村职业教育具有典型的增智赋能功能，能够较好地提高乡村人民依法参与基层社会公共事务的能力，有助于破解当前乡村公共治理"集体行为困境"，继而实现更高质量的乡村法治。

(五)农村职业教育是实现农民增收、生活富裕的关键变量

农民既是乡村振兴的主体,也是乡村振兴的受益者。改善民生,不断满足人民日益增长的美好生活需要,实现生活富裕,是乡村振兴的最终目标。生活富裕,必须促进农民的全面发展,为此要优先发展农村教育,尤其是农村职业教育。人力资本理论认为,教育具有生产效益和配置效益,可以帮助受教育者更好地就业(创业)和生活。作为一种具体的教育,农村职业教育的生产效益主要体现在,农村受教育者通过接受更多的农村职业教育可以提升其生产能力(边际生产效率),帮助其在乡村劳动力市场获得较高工资性收入或提升生产经营及绿色发展能力,继而提高家庭收入,实现生活富裕。农村职业教育的配置效益有很多,比如农村受教育者通过接受更多的农村职业教育可以提升其识别机会、利用机会、改变既定资源配置效率,使产出最大化,如职业流动、自主创业。通常而言,在外部环境越不均衡的状态下,拥有较高人力资本水平的劳动者的配置能力越容易被激发。随着我国农村社会经济改革向纵深推进,全面深化改革衍生出的机会红利将不断涌现,生产要素在城乡之间、乡村内部配置的非均衡性也将持续增大,这将有利于受过更多农村职业教育的乡村劳动力发挥配置能力,通过生产要素重配、捕捉利好机会获益,实现增收。

三、农村职业教育紧抓机会实现发展的具体路径

在乡村振兴战略背景下,农村职业教育必须立足农村经济发展、文化传承和社会治理的需要,主动担责、拓展功能,搭建服务平台,提升服务能力和水平,为农村人力资源开发提供高素质的多类型、多层次的人才支持。

(一)重新审视农村职业教育功能定位,着力开展乡村精英培育

农村职业教育的功能具有多重性,这里重点围绕未来乡村振兴战略实现过程中农村职业教育的应然功能进行讨论。应然功能确定的依据是乡村振兴背景下农村所呈现出来的特征以及乡村振兴战略实现对乡村人才培养的需求特点。

乡村振兴战略实现的关键是人、钱、地,而人才又是重中之重。所以,农村职业教育必须将职业农民培育作为其首要任务。

职业农民的来源具有多样性。首先,在未来相当长的时间内,应将农村职业教育的服务对象瞄准留守农民。留守农民作为乡村重要的人力资源,其中确有一

部分人立志务农，并且具有良好的教育基础，尤其是一部分有较高文化水平的青年妇女。留守农民是现阶段培育职业农民最现实的选择，所以，农村职业教育和培训要通过提供适当的教育机会，使留守农民成为名副其实的乡村人才或职业农民。

其次，着眼长远，将潜在的职业农民培育成乡村人才。在乡村振兴战略实施过程中，各地政府出台了一些积极的人才政策，鼓励更多的人才到农村这个广阔天地里创业。例如，基于乡村已经走出去的青年才俊功成名就后想回乡发展的心理，实施"青年振兴计划""乡贤回流计划"；基于国家鼓励农民工返乡创业的积极政策以及农民工返乡心理特点，实施"返乡农民工创业计划"；基于乡村发展吸引力的提高以及国家的鼓励政策，实施能够吸引更多城市人口的"上山下乡计划""大学生返乡创业计划"。农村比较利益的增加、政府政策吸引力的提升，确实对上述人才产生了越来越大的吸引力，但这些只是培育乡村人才或者职业农民的基础或者必要条件，要想真正将这部分素质相对较高的人培育成职业农民，使其成为现实的乡村人才，还需要通过适当的路径对其进行人力资源再开发，使其具有在乡村振兴中必备的人力资本。农村职业教育应主动承担责任，基于这些不同来源的培育对象，提供不同类型、不同层次的职业教育和培训。

最后，要提升新乡贤的乡村治理能力。"治理有效"是乡村振兴的重要目标，应该培养乡村发展的核心领导人才。新乡贤是那些具有较早、较好社会知觉，在农村或者走出农村后创业成功，愿意在未来乡村社会建设与振兴中贡献自己的力量，积极投身乡村治理和乡村事业的人。这部分新乡贤未来最有可能也最有能力成为乡村社会治理的骨干。职业教育的职责就是根据他们的素质基础、需求特点，开展高层次的职业教育培训。对于此类培训，高等职业院校，尤其是涉农高校和涉农专业大有作为。通过培训，增进新乡贤的乡村振兴知识、理念，使他们能够精准掌握地方产业结构特点、特色以及相应的管理知识，提升他们的领导才能和管理才能，使之成为优秀的乡村管理者、地方特色产业的开拓者、创业的领头人。

(二)注重专业升级改造和结构优化，着力涉农专业集群建设

乡村振兴战略是我国新农村建设的升级版，将从整体上推进农村产业结构的升级与转换，因此对"三农"人才不仅要求有数量的增加，提高农村劳动者的素

质,还要求全面提升农村劳动者的质量,要求人才结构与乡村产业结构特点相适应,满足乡村新业态发展需求。乡村振兴战略背景下的职业教育专业建设需要注意以下问题:一是加大对传统专业的改造,满足新农村建设对"三农"初中级技术人才和管理人才的需要,改变务农人才匮乏的现状;二是升级现有的涉农专业,赋予其现代农业特性,培养中高级职业农民;三是加强涉农管理专业的设置与建设,培养乡村建设与管理人才;四是围绕服务现代农业产业结构体系,优化农村职业教育专业体系,打造精准服务现代农业和农村发展的涉农专业集群,注重复合型涉农专业建设,开设反映现代农业产业类型的专业,以适应农村一二三产业融合发展的趋势,支撑新产业新业态发展。

(三)强化城乡职业教育共同体建设,着力城乡教育要素互动

乡村振兴战略的实现,有赖于职业教育培养的职业农民以及其他各类乡村精英。因此,强化城乡职业教育共同体建设,促进城乡教育要素有序、充分流动,不失为有效之策。要想加强城乡职业教育共同体建设,我们需要考虑以下几个方面。

首先,城乡职业教育共同体建设的目的和作用包括:一是同时调动城市职业教育和农村职业教育两个主体的积极性,实现以城带乡、以乡促城、城乡互动,形成城乡职业教育发展的命运共同体。其中农村职业教育更要以主体的角色和发展意识,展现自身优势,主动开展与城市职业学校的合作与交流。二是促进城乡一体的县域职业教育体系建设,一方面合理布局城乡职业学校、成人教育中心(社区教育中心),另一方面使城乡职业教育资源得到充分利用,避免不必要的重复建设。三是在城乡职业教育共同体内,协作开展专业建设、课程和教材建设以及教学方法改革探讨等,促进人才培养质量的提高。

其次,城乡职业教育共同体建设的关键在于对城乡职业教育在乡村振兴中各自的角色和独特作用有正确认知。进入21世纪以来,中央一号文件几乎都将解决"三农"问题放在首位,凸显了乡村对于中国现代化发展的战略意义,这就使得乡村从受体向相对主体的转型成为可能。在未来城乡职业教育共同体建设中,我们要基于乡村的特征,建立城乡职业教育发展共同体,让"三农"更好地发挥其主场优势。

最后,城乡职业教育共同体建设的着力点在于基于共同体的理念,促进城乡

教育要素合理、有序流动和共享。在乡村振兴战略推进过程中，以乡村为本位，以乡村的本源价值为依托，以农民、农业、农村作为主体性实体，通过城乡之间多元要素的有序互通，实现乡村内部结构重组和外在价值输出，以此在城乡差异化的框架中寻求新的立足点和话语权。当前，应该基于城乡职业教育共同体这个平台，鼓励和促进城市优质职业教育资源向乡村职业学校和成人教育中心流动，尤其是专业师资和教学设施的流动、共享。未来，教育资源方面应该体现公平配置、融合建设、共享互通的理念，使农村职业教育事业能够优质发展，满足乡村人力资源开发和终身教育体系构建的需要。

（四）构建城乡融合的职业教育支持体系，着力农村社区教育发展

乡村振兴的关键是人的发展，要将乡村潜在的存量人力资源的数量优势，转化为促进乡村振兴战略实现的人力资本优势，为此必须开展以农村人力资源开发为核心的农村职业教育发展促进计划。在我国乡村建设史上，梁漱溟、晏阳初、陶行知等人先后通过建立学堂等教育路径，开展旨在启迪民智、培育民德、改善民生的乡村建设运动，取得了一定成效。

职业教育是农民获得人力资本最为有效的途径之一，特别是在当今社会，建立现代职业教育支持体系，是培育职业农民和各类乡村精英的基础工程，也是促进农民人力资本形成和积累的必由之路。因此，未来所构建的现代农村职业教育体系应具有以下特点：一是必须根植于乡村土壤，反映农业、农村和农民发展的现实状态及需求特点，具有县域特色，这样的体系才能真正对乡村的振兴给予有力的支撑。二是所构建的体系必须具有多层级性和全覆盖性。现代农村职业教育体系必须建立县（市）、乡镇和村三级农村职业（社区）教育网络体系，能够满足实施职业教育、成人教育、社区教育的需要。三是必须坚持培养体系与培训体系并举。通过完善乡村人才培养与培训体系建设，培养一批生于斯长于斯，谙熟和懂得农业基本特性和乡村价值体系，对农业、农村、农民有感情，有传承"三农"工作价值理念的优秀人才。这些人才既包括现实的留守农民，又包括返乡创业的农民工、大学生（大学生村干部）以及未来的农民后继者。四是为了能够全面满足乡村社区民众对职业教育和培训服务的需求，新的职业教育和培训体系必须具有为农服务的便捷性和服务功能多样性的特点。为此，必须将现代职业教育培训体系建设的着力点放在社区教育的发展上。社区教育功能的综合性和接地性

特点，也使得它更能反映民众的需求，更受民众欢迎。通过社区教育对社区民众进行乡村文明和生态文明教育，可以提高他们的觉悟和生活品质，充实他们的精神生活，促进乡村在法治、自治和德治中实现"治理有效"的目标。所以，重视农村社区教育发展，将其作为现代农村职业教育体系构建的重点是必然的和有效的选择。

（五）建立优质教育资源流向农村的引导机制，着力制度和政策供给创新

劳动者素质是影响乡村发展的重要变量，农村要植入政策干预的"变量"，从而解决乡村社会经济发展不充分、不平衡的问题。其中"干预变量"是指农村职业教育的制度配置与政策创新。通过制度和政策体系的创新，改善农村优质教育资源稀缺和更多流向城镇的现象；通过政府宏观调控、市场调节及社会动力作用等外在因素的推动，促进城市教育资源，尤其是以教师为核心的优质教育资源等回流乡村，活化乡村的运行机制和资源配置，建立乡村与城市有序互动、对等互补的格局。具体来说，可以从国家和各级政府层面，制订实施引导城市优秀教师回流农村的计划，根据农村职业教育发展需要，有选择、有针对性地优先引导城市大中小学校教师回流农村。例如，可设立"青年教师乡村锻炼计划""教师职称职务晋升乡村服务制度""城乡教师流动服务制度"等。

第二节 新型职业农民培育的战略意义

新型职业农民是振兴乡村、发展现代农业的重要主体。培育新型职业农民对于加快推进农业现代化、推动农村经济社会发展具有重要意义。[1] 2012年中央一号文件首次明确提出大力培育新型职业农民，随后，每年的中央一号文件都会强调，积极发展农业职业教育，大力培养新型职业农民。党的十九大报告中提出，要"培养造就一支懂农业、爱农村、爱农民的'三农'工作队伍"，来推动乡村振兴。2018年中央一号文件《中共中央　国务院关于实施乡村振兴战略的意见》系统提出，大力培育新型职业农民。全面建立职业农民制度，完善配套政策体系。实施新型职业农民培育工程。支持新型职业农民通过弹性学制参加中高等农业职

---

[1] 高德胜，李玲.培育新型职业农民的重要抓手[N].经济日报，2020-06-23.

业教育。这为加快培育新型职业农民指明了方向和路径，提供了强大的制度保障和政策支持。

一、有助于构建新型农业生产经营体系

当前形势下，"谁来种地"是农业农村发展进程中面临的一个重大而紧迫的课题。以专业大户、家庭农场、农民合作社、农业龙头企业和农业社会化服务组织等为代表的新型农业经营主体，是提升农业竞争力、发展现代农业、推动美丽乡村建设、实施乡村振兴战略的重要力量，是实现农业可持续发展、确保农业发展"后继有人"的重要支撑。新型职业农民是家庭经营的基石、合作组织的骨干、社会化服务组织的中坚力量，没有新型职业农民，就没有新型农业经营主体，新型职业农民是新型农业经营主体的建设者，也是繁荣乡村经济的重要力量。大力培育新型职业农民是打造具有中国特色社会主义农业发展道路的现实选择，是促进城乡统筹发展的重大制度创新，是转变农业发展方式的有效途径，更是建设新型农业生产经营体系的重点工程和战略选择。只有把新型职业农民培育作为一件关乎长远、关乎根本的大事来抓，通过技术培训、政策扶持等措施，留住一批具有较高素质的青壮年农民从事农业，吸引一批农民工返乡进行创业，培养一批农业带头人发展现代农业，才能逐步发展壮大新型农业经营主体，不断增强农业农村发展活力，确保农业"后继有人"，推进新型农业生产经营体系的构建。

二、有助于完善乡村人才队伍建设

脱贫攻坚伟大实践积累的宝贵经验告诉我们，要坚持群众主体，激发内生动力。应当看到，当前一部分农民刚刚脱贫，对教育培训的需求很大，培养造就新型职业农民队伍还有很大空间。推进乡村振兴，促进农业农村发展必须像扶贫开发那样强化扶智、扶志，注重调动农民的积极性、主动性和创造性，注重培养农民发展生产和务工经商的各项技能，注重激发农村地区和农民自我发展能力。加强乡村人才队伍建设，加大内生动力培育力度，是实施乡村振兴战略、促进农业农村发展的必要路径。人才队伍的建设与内生动力的加强又离不开新型职业农民培训教育，新型职业农民培育有助于强化人才对农业农村发展的支撑作用，在新的发展环境下，这种支撑作用还在不断增强，主要体现在：在带头致富和带领农民建设社会主义新农村中的作用不断提高；在承接应用农业科技成果、保障主要

农产品有效供给方面的作用进一步提升;在提高农业竞争力和农民组织化程度、促进农民就业增收等方面的支撑作用更加突出;在农业生产服务、动植物重大疫病防控、农产品质量安全、农村能源环保等领域的示范带动作用进一步发挥。

三、有助于实现农业农村现代化发展

随着社会经济的发展,传统的小农经营模式体制已经不能满足农业现代化发展的需要,新型职业农民的出现是发展现代农业的必然要求。当前中国农业的从业主体从组织形态上看是龙头企业、家庭农场、合作社和种养大户等,从个体形态上看是新型职业农民,因此培育新型职业农民就是培育现代农业的现实和未来。随着具有较大规模生产能力的新型农业经营主体逐渐增多,农业生产加快向产前、产后延伸,分工分业成为发展趋势,具有先进耕作技术和经营管理技术,拥有较强市场经营能力,善于学习先进科学文化知识的新型职业农民成为发展现代农业的现实需求。而新型职业农民培育的目标就是培育出具有先进经营管理理念、掌握现代农业生产技术、灵敏捕捉市场信息的新型职业农民,进一步发挥农民作为劳动力要素主体的作用。提高全要素生产率、增强农业现代化发展动力。

四、有助于确保重要农产品有效供给

培育新型职业农民是确保国家粮食安全和重要农产品有效供给的迫切需要。虽然我国成功解决了十几亿人口的吃饭问题,但是想要把饭碗牢牢端在自己手里,仍然面临很大压力:一是农业自身存在一定的不稳定性。农业生产易受气候、土壤等客观因素的影响,产量有一定的波动。二是随着人口总量的不断增加、城镇人口比重的不断上升、居民消费水平的逐步提高、农产品的工业用途不断拓展,我国农产品需求逐渐呈刚性增长,使我国主要农产品供求处于并将长期处于"总量基本平衡、结构性紧缺"的境况。要想稳定农业产量,提高农业综合生产能力,让十几亿中国人既吃饱、吃好又吃得安全放心,最根本的还得依靠农民,特别是要依靠能够提高农业生产效率的新型职业农民。只有加快培育新型职业农民,农业问题才能得到更好解决,粮食安全才能得到有效保障。

五、有助于推进现代农业实现转型升级

发展现代农业,必须有与之相适应的新型职业农民。当前我国正处于改造传

统农业、发展现代农业的关键时期，农业生产经营方式正从以单一农户进行种养和手工劳动为主的自给自足经营，向主体多元、领域拓宽、广泛采用农业机械和现代科技进行市场化生产转变，现代农业已发展成为一二三产业高度整合的产业体系，培育新型职业农民是推进现代农业转型升级的需要。只有培育出一大批具有较强市场意识，懂经营、会管理、有技术的新型职业农民，现代农业发展才能呈现出另一番天地，才有助于推进城乡资源要素优化配置，推进现代农业转型升级，推进城乡资源要素平等交换与合理配置。加快建设现代农业，要求全面提高劳动者素质，切实转变农业发展方式。

综上所述，乡村振兴，人才为要。新型职业农民是现代农业的生产者主体，是实施乡村振兴战略的一支重要力量。产业兴旺、生态宜居、乡风文明、治理有效、生活富裕，每一个方面都离不开人才。推进乡村振兴，要以农村青壮年、返乡农民工、回乡大学生等为重点，特别是要培养更多知农爱农、扎根乡村的新型职业农民，切实增强乡村全面振兴的主体力量。[1]

第三节 职业本科教育人才培养定位的内在逻辑与价值追求

一、职业本科教育人才培养定位的内在逻辑

(一)理论逻辑

1. "职业带"理论

1981年，H. W. French在《工程技术员命名和分类的若干问题》一书中提出了"职业带"理论，是指通过一个连续带将工程领域不同技术职位的范围进行划分，根据相应技术范围内工程技术人员的理论知识水平、从事技能的特征以及受教育层次等标准将技术人员分为三类：技工和技师、技术员、工程师。[2]

"职业带"理论认为技术人员具备四项技能，即专业化的技能(specialization skills)、系统技术技能(systems and technique skills)、人际关系技能(human

---

[1] 高德胜,李玲.培育新型职业农民的重要抓手[N].经济日报,2020-06-23.
[2] 石忠,王晨倩.本科职业教育人才培养定位的逻辑意蕴与应然架构[J].中国职业技术教育,2021(03).

relations skills)、概念技能(conceptual skills),概念技能又包括技术观点、技术分析、解决技术问题和技术决策。随着技术人员级别的提升,四项技能的比重会有所变化。当技术人员处于较低级别阶段,专业化的技能和系统技术技能占比较高,而人际关系技能和概念技能占比较低;反之,当技术人员级别上升到较高层次,人际关系技能和概念技能占比较高,专业化的技能和系统技术技能逐渐减弱。

尽管"职业带"理论研究的是工程领域技术人员分类,但对于在职业本科教育人才培养定位中厘清理论知识和实践操作技能的分配及其关系变化提供了重要理论依据。按照"职业带"理论中不同级别技术人员的分布,职业本科教育培养的人才对应的是既要涉猎高深技术理论知识,又要在技术实践操作上具备分析、解决、决策能力的技术工程师。

2. 岗位"漂移"理论

进入工业4.0时代,伴随数字化、人工智能、物联网等技术的广泛应用,产业生产的智能化程度不断提高,生产领域的科技进步使得技术知识更新速度加快,岗位技术理论知识体系和内容趋于复杂化,从事生产一线的技术人员在理论知识和技术实践上面临新的问题和挑战。国内学者通过生产一线实地调研得出相关结论:①"技工"需要从事体力劳动的比重下降,转向强调动手的同时也要动脑,既要具备岗位常识也要懂得专业知识。②"技术员"较少从事直接的体力操作,工作基于分析技术问题的知识展开,解决问题的知识储备有限。③"工程师"主要负责设计图稿和排除故障,要求具备跨学科的理论知识和较高的协同能力。

随着岗位等级的分化,岗位发生了"漂移",即从传统化到现代化,再到智能化,形成了岗位现场、操作方式、效率控制和人力资源四个维度,从低到高的路径是:岗位现场中人的参与从前台逐步向后转移;操作方式上不断摆脱人工造成的误差,机器越来越精准化;效率控制上不再受人的体力制约,设备全面提升效率;人力资源上学历要求成为基础条件,创造设计能力成为核心竞争力。❶ 岗位"漂移"带来的变化对职业本科教育适应产业转型升级提出了新的要求,要基于职业群和岗位群,以跨专业跨学科思维打破单一专业的固有模式,积极转向顺

---

❶匡瑛,李琪.此本科非彼本科:职业本科本质论及其发展策略[J].教育发展研究,2021(02).

应智能化、自动化大势开拓职业本科教育发展新路径，以培养高层次技术技能人才的复合型能力，为更具综合性、复杂性的岗位体系服务。

岗位"漂移"对职业本科教育高层次技术技能人才的培养方向提出了更明确的要求。所谓高层次不仅要体现在技术技能实践水平上，还要向技术分析、技术决策升级，在熟悉生产一线技术流程工作的基础上进行模拟技术故障问题解决，定位从"使用技术"向"重塑技术"转移，围绕岗位技术问题的认知、分析和解决探索"宽基础理论实践+跨专业复合能力+多维度创新创造"三位一体的人才培养模式。随着产业转型升级，传统职业岗位要求升级或者出现了新的职业岗位，现有的职业专科教育，甚至学术本科教育、应用本科教育，无法满足其岗位"漂移"后带来的人才需求，职业本科教育人才培养应该顺势而为。岗位"漂移"致使近年来传统行业中仅要求劳动技能的就业岗位逐渐减少，面对大学毕业生结构性就业矛盾，职业本科教育在人才培养定位上充分考虑"岗位"漂移深层次的影响因素，应岗位所需培养高层次技术技能人才，是有效解决大学生就业结构性矛盾的重要出路。

(二) 实践逻辑

职业教育是与社会经济和产业发展有着极高关联度的教育类型，具有主动适应社会变化、产业变动的自我调整能力。职业本科教育人才培养的实践逻辑在于适应我国新时代新发展理念和格局对高水平技术技能人才提出的要求，表现为职业本科教育在经济社会发展和教育发展中的独特功能与作用。职业本科教育传授技术知识，其培养的人才面向社会生产领域从事物质生产活动，实践逻辑是职业本科教育坚守职业教育类型要求、凸显自身不可替代性的根本立足点。

职业本科依据现实需要改造客观世界，积极发挥技术传承创新和技能迭代的社会功能。[1] 国家对职业本科教育人才培养进行顶层设计，对职业本科教育的内涵进行科学界定，完善专业设置标准，对已经升格、转设或预备升格的高职院校强化人才培养能力的评估，对现有试点院校强化人才培养的经验总结和样板打造，通过示范效应形成标杆，增强对人才培养目标、培养方式、培养路径等方面的探索，为职业本科教育的试办和规模化推进提供可供参考的蓝本。

产业参与职业本科教育人才培养相关标准、相关制度的制定，将当前行业产

---

[1] 王佳昕,潘海生,郊海霞.技术论视域下职教本科定位与人才培养逻辑[J].高等工程教育研究,2021(08).

业的最新岗位标准、技能标准等面向职业本科院校开放，强化技术技能人才需求规模与结构的发布，为职业本科教育有效推进人才培养的质量提供产业信息，确保其所进行的教学实施符合行业产业要求。

职业本科院校加强职业本科教育人才培养的研究与探索，根据职业本科教育的类型属性及定位进行人才培养内涵与外延的梳理与界定，持续优化职业本科教育的相关文件，依据自身的办学定位和办学特色有针对性地进行人才培养的调整与优化，形成独具特色的职业本科教育人才培养模式。

（三）技术逻辑

我国产业技术正进入新的变革时代，5G、大数据、物联网、数字化、人工智能等技术与传统产业的融合日新月异，赋予传统产业新的生机，产业生产效率和效益不断提高。与此同时，战略性新兴产业发展势头锐不可当，在新一代信息技术、新材料技术等引领下的新信息、新能源、节能环保、电动汽车等产业技术更迭频繁，现代化装备水平不断提高，从而促进技术技能向纵深发展，不断拓展技术知识的宽度、广度、深度，技术变革走向势必要求技术技能人才供给侧精准对接产业需求侧。当技术逻辑投射到高等教育体系，职业本科实质是职业教育发展层级化的现实产物。职业本科教育人才培养基于新一轮的科技革命和技术变革需求，是职业教育对技术技能人才供给侧的主动回应。

在现代技术体系中，基础技术、一般技术、核心技术是逐级递进的关系，职业本科教育在人才培养中以掌握基础技术、一般技术为基石，重点将产业中的核心技术作为人才培养体系的支柱，因此职业本科教育培养的学生不仅要具备一技之长，还要具有技术问题解决、技术难题攻关以及技术发展创新的能力。这也意味着职业本科教育培养的技术技能人才能为我国产业领域解决"卡脖子"关键技术起到重要作用，成为助推我国产业能级和回应世界产业技术竞争的中坚力量。

二、职业本科教育人才培养定位的价值追求

(一)增强职业教育的适应性

"'十四五'期间要加大人力资本投入,增强职业技术教育适应性"是党的十九届五中全会提出的号召。纵观国内实体经济发展现状,实体经济的转型升级、高质量现代产业体系的建设与国家推进现代化进程环环相扣,而"技能短缺"是目前面临的重要制约因素,主要指的是高水平技能劳动力短缺和技能劳动力供需结构短缺。

为适应产业转型升级、基层一线技术技能人才需求层次上移的现实,迫切需要职业教育人才培养提质升级,要求高等职业教育类型进一步完善、层次进一步提升。❶ 我国的工业体系在全球各国中属于最完备的,从制造业到智造业的转型升级和推动新兴产业的发展,促进产业发展从中低端向中高端跃升,亟须高技能人才队伍提供支撑。据统计,全国技能人才总量超过2亿人,而目前高技能人才总量只有5000多万人,仅占技能人才总量的25%。据测算,到2025年,我国制造业十大重点领域人才需求缺口近3000万人。"十四五"时期计划新增高级工800万人次,使得高技能人才总量占技能人才的总量达到30%,这与发达国家(普遍在40%以上)相比仍有较大差距。❷

职业本科教育正是为了满足国家经济高质量发展和解决社会高技能人才的短缺瓶颈,形成培养高层次技术技能人才、助力实体经济转型升级以及高端产业可持续发展的核心机制。稳步推进职业本科教育旨在增强职业教育的适应性,通过培养适应经济发展和社会需要的高层次技术技能人才,促进技术技能积累创新,增强适应服务产业发展的能力和助推产业转型升级。

一方面,增强职业教育的适应性要求职业本科教育优化类型教育特色,既要充分认识职业教育本身的人才培养规律,又要体现本科层次的教育水平,培养能够胜任复杂技术的生产岗位,能够为一线技术操作者提供技术分析和解决方案,能够在企业技术创新中发挥重要作用并能为企业带来技术创新和技术创造的高层

---

❶ 周建松,陈正江.高质量发展背景下高职教育新定位与新使命[J].中国高教研究,2022(08).
❷ 职教本科的优势在哪里?——专访教育部职业技术教育中心研究所副所长曾天山[N].光明日报,2021-08-17.

次技术技能人才。

另一方面，增强职业教育的适应性要求职业本科教育遵循"不求最大，但求特色，且为社会所需"的办学理念，精准对接技术变革和产业转型升级的现实需求，加快教育链、人才链与产业链、创新链的有效衔接，提高办学质量，办出具有中国特色的新时代职业本科教育。职业本科教育要善于总结分析普通本科教育的优势与短板，在人才培养定位上坚持差异化战略，做到"人无我有、人有我特"，不一味追求规模扩张，而是合理谋划办学规模和动态监测办学质量，将追求高质量办学作为自身增强适应性的首要目标。

职业本科教育在人才培养中要极力避免追求极端"技能化"倾向。职业本科教育和学术本科教育、应用本科教育同属于本科层级的教育，在明晰职业本科教育和普通本科教育差异的同时，也要重视对本科教育内在共性规律的理解与认识。对于职业本科教育而言，增强社会适应性需要深入研究社会、政治、经济、文化等宏观环境因素对职业本科教育产生的影响，并将这些影响积极转化为职业本科教育实践行动的机会，在此过程中主动发挥对技能型社会建设的推动作用。

（二）新时代大国工匠、能工巧匠"道技合一"

关于职业教育人才的培养目标，2021年10月中共中央办公厅、国务院办公厅印发的《关于推动现代职业教育高质量发展的意见》中有最新的表述："职业教育是国民教育体系和人力资源开发的重要组成部分，肩负着培养多样化人才、传承技术技能、促进就业创业的重要职责。"所谓"技不压身、多多益善"，职业本科教育人才培养过程中对技能的追求是无上限的。职业本科教育在专业人才培养上应始终坚持"理论基础扎实、技术技能过硬"导向，即理论性知识的积累不是职业本科教育在教学内容上的第一要义，要真正做到将学生的理论知识及时转化为可以应用、可以预见、可以发展的技能，这才是职业本科教育应该恪守的教育宗旨。

作为与普通教育具有同等重要地位的类型教育，全面贯彻党的高等教育政策方针、致力于人的全面发展，坚持立德树人是职业本科教育的历史使命和根本任务。培养高层次技术技能人才全面发展，成为合格的社会主义建设者和接班人，当然是职业本科教育人才培养的最高目标。新时代大国工匠、能工巧匠"道技合一"，要求职业本科教育在人才培养上不仅坚持德技并修、育训结合，还要坚持服务至上、技术创新，增强服务行业和企业的能力。

职业本科教育在人才培养上强调社会道德与家国责任，这是技术技能人才面临复杂社会情况时指引人生航向的灯塔。面对复杂多变的国内外形势，只有训练有素且坚定拥护党和国家的个体，才能适应社会环境和产业结构的变化，才能在此过程中始终做出明智的、对国家和社会负责任的行动选择。职业本科教育培养的高层次技术技能人才，在岗位上可能会面临很紧迫、很棘手、很复杂的技术难题，需要建构完备的自我道德约束系统来支持更复杂的权衡取舍。

道德责任是社会关系和人类群体行为的调节要素，职业本科教育注重道德责任的培养目的是促成自觉的个体选择和理智行为，使培养的高层次技术技能人才能够主动地将个人发展与社会发展相联系。当前正处于技术竞争日益激烈的时代，职业本科教育培养的是品行至上、技能精湛的硬核技术人才群体，技能型国家的建设需要越来越多的大国工匠、能工巧匠，而培育大国工匠、能工巧匠，离不开丰沃的土壤——精准的职业本科教育人才培养定位。从这个意义来看，将工匠精神融合在教学全过程并树立行业工匠的人才培养目标，是职业本科教育解时代所需的有力举措。

工匠，是对高素质技能人才的一种肯定性称谓，工匠精神是一种品质化的职业精神。工匠精神是职业本科教育追求极致的价值理念，其核心内涵在于不断追求完美和极致，有精湛的职业技艺，将一丝不苟、精益求精的职业精神融入每一个环节，能够生产出高质量的产品或者提供高品质的服务。职业本科教育培养工匠精神的实质是一种职业核心素养与敬业精神的养成，使职业本科人才对所从事的岗位工作锲而不舍，对工作质量的要求不断提高，对于每一个工作岗位上的每一件事都保持毫不懈怠的态度。

(三)公民"终身教育"发展理念

长期以来，职业教育通常止步于专科，这被认为是其发展的关键"瓶颈"，职业本科教育的发展正是职业教育在我国终身教育体系中拾级而上，也是服务全民终身学习、建设学习型社会在职业教育领域迈出的一大步。职业本科教育贯穿了"终身教育"发展理念，与继续教育有机衔接，是面向人人的终身教育体系不可或缺的部分，是服务全民终身学习体系的重要支柱。

发展职业本科教育是鼓励社会多元主体参与、在高等教育领域形成职业特色鲜明的类型教育，为接受高等教育的群体提供了多样的类型选择、更宽广的学习路径，使学历提升、技能提升、职业提升的通道更为四通八达。当然也要谨防"学术漂移"带来的风险，避免职业本科教育踏入追求"唯学历"的误区。职业本科教育要恪守职业属性，在人才培养定位上厘清与学术本科教育、应用本科教育的区别，确保职业本科教育能够真正按照自身的人才培养逻辑发展。

不论何种教育类型，其基本使命和重要职责就是培养满足社会需要、有责任担当的公民。职业本科教育同样承担着公民教育的义务，直接关系到公民教育的效果，因此培养出健全自律，具有现代公民意识、公民美德的高素质公民是职业本科教育应该承担的社会责任。职业本科院校在培养学生技术技能的同时，也要引导他们形成良好的社会行为规范和职业习惯，以适应将来进入社会的需要。开展公民教育和培养社会好公民，从某种意义上说，职业本科教育在履行教育的基础责任。由此可见，在专业教育教学和实习实践的过程中，一方面是技术技能的养成，另一方面要保证职业本科人才成为社会良好秩序的遵守者和支持者。公民教育伴随人的一生，职业本科教育在人才培养目标定位上，从来不是面向科学家、企业家、政治家这些精英身份，而是培养能够在各行各业脚踏实地地作出贡献的技术技能人才。职业本科教育应充分融合公民教育的理念，使其培养的人才受益终身，使培养的职业本科人才既能具备良好的社会公德素养，也能成为一名合格的公民与优秀的国家建设者，为职业本科教育的社会价值认同积累重要的影响力。

(四)教育链、人才链和产业链、创新链有效对接

职业本科教育是技能型社会发展和现代劳动力市场需求对高等职业教育客观要求的结果。

产业发展离不开技能人才的支持，每个产业都有相应的高、中、低端技能人才链条。现阶段，我国大部分省市的人才政策主要面向高学历人才群体，聚焦于领军型人才、专家型人才。正是因为对制造业领域迫切所需的高技能人才、专业技术人才缺乏高关注度，使得制造业高端人才和高技能人才极为紧缺的问题日益显露。现代产业向着数字化、信息化、智能化的方向发展，传统的一线生产岗位工作流程重构，对于一线生产技术技能水平要求在不断提高，技术技能型人才需

求层次上移,对人才的素质、能力、技能结构提出全新要求。

产业链、创新链的急速变化促使岗位所需要的技能趋于复杂化,从而需要从事技术技能生产的人员通过不断学习形成能够适应新技术、新材料、新工艺的能力和素养。教育链和人才链应对产业链、创新链的连锁反应提供支持。

随着新一代信息技术的推进,概念技能的内涵在不断拓展,不仅涉及传统技术理论认知与实践领域,还指向技术的设计、技术的决策。有效链接教育链、产业链和人才链、创新链,形成有效精准对接的命运共同体,才能真正发挥职业教育可以持续培养适应产业需求人才的价值。在此背景下,职业本科教育正在促成职业教育链、现代产业链和技术技能人才链、价值创新链形成合力,打造命运共同体。

作为不可或缺的一环,职业本科教育正在构建中等职业教育、职业专科教育、职业本科教育等衔接的现代职业教育体系中起到重要作用。职业本科教育在人才培养定位上适应传统产业的数字化、智能化、高端化趋势,将新技术融入专业建设和人才培养,使其更加适应高端岗位的技术技能要求。

(五)校企合作走向产教深度融合

校企合作、工学结合是职业教育办学的一大特色。产教融合、校企合作不是目的,而是过程和路径,是撬动职业教育高质量发展的杠杆和支点。对于职业本科教育来说,人才培养合作模式不能局限于职业教育中普遍采用的校企合作,而要满足适应高层次技术技能人才在需求侧提出的要求,产教深度融合是职业本科教育校企合作的特色举措。产教融合符合我国职业教育发展规律的内在需求,同时也是国家促进产业升级的重要举措。在产教融合引领下,职业本科教育人才培养模式能够有效地将政府、企业、高校、社会等多方力量有效集结,与企业、当地政府和产业园区形成合力,打造其他类型的协同育人平台,加快高层次技术技能人才培养的步伐。

职业本科教育扭转了学生从传统的以升学为导向变成以就业为导向、从以学科能力为本位变成以职业岗位能力为本位的两大局面,两大转变反过来也要求职业本科教育更加注重产教融合。通过创新融合的体制机制,确保产教深度融合能够体现在学校治理、院系办学、专业建设、人才培养和社会服务全过程,形成社会多元主体协同育人的系统生态。

产教融合过程中职业本科院校和不同企业各有分工：职业本科院校负责基本技术技能培养，技术输出企业负责核心技术培养、人才需求企业负责岗位技能培养。随着企业的黏合度不断加强，职业本科院校除了向企业输送高层次技术技能人才，还应创设教师在企业兼职承接企业项目，推动校企合作、产教融合走深走实。这样一来，企业的岗位技术标准与学校的课程理论、专业实践教学要求就能够相互融合，人才培养更加具有岗位针对性、适用性。

产教深度融合的过程中尤其要重视典型标杆的作用，要让有教育情怀、有育人担当、有社会责任感的企业和企业家积极参与职业本科教育，让心怀国之大者的企业真正受益，同时让积极就业服务企业的学生受益。评判企业是否符合产教深度融合准入的标准在于其用工用人制度以及行业内的实际成效和口碑。职业本科教育应以产教深度融合为抓手和依托，为学生创造良好的育人环境，学生创新精神和创业能力的培养是一个长期过程，因此需要将创新创业教育贯穿到产教融合的每一个实践环节，从而全面提升学生的综合素质，为企业输出更多能力强、素质优的高层次技术技能人才。

职业本科教育可以通过创新体制机制促进产教深度融合。基于常规的校企合作理事会、专业建设委员会，可以根据产教双方目标一致，以实际项目为纽带，搭建产教深度融合平台。可以建立企业专家库，聘任产业教授、技术顾问等产业界代表全方位参与人才培养的方案确定、专业建设、教材选用和质量评价。

职业本科教育可以创新产教深度融合的培养机制。在校内生产性实训基地开展实践操作的基础上，将职业本科高年级学生的综合实践安排在真实的生产环境中，通过参与真实项目来提升技术技能，将学习评价与岗位技能评价融为一体，全面提升学生岗位实践能力和问题解决能力。同时，与地方政府、产业园区和企业培训中心等进行合作，建设技术研发中心，聚焦企业一线技术难题，师生共同携手企业承担技术攻关项目，着重提升学生技术技能的创新性。

职业本科教育可以创新产教深度融合的平台机制。职业本科院校与政府、企业共建大学科技园，建设"孵化平台"，通过提供实习岗位重点提升学生技术技能创新能力。鼓励学生尝试解决技术问题，参与教师科研项目，出台政策支持教师吸纳学生加入科研团队，推动项目实践育人。

职业本科教育，在"培养什么样的职业本科人才"问题上确立精准清晰的定位，是提高职业本科教育的办学成效和社会地位的应有之义。职业本科教育的高质量发展不是一蹴而就的,切不可急功近利、盲目推进。只有扎根中国大地、科学层级定位、坚守职业属性、办出中国特色、精准对接产业,才能确保职业本科教育朝着高质量发展方向稳步推进。

第二章

乡村振兴战略下农村职业教育的发展与推进

随着乡村振兴战略的全面深入持续推进以及《中华人民共和国乡村振兴促进法》的颁布与实施,农村职业教育被赋予了新的使命,在迎接时代发展机遇的同时,也将面临诸多的现实挑战。农村职业教育发展至今,已经不仅仅是一个单纯的教育问题,还是一项被重新建构的助推解决涉及农村社会、经济、文化、生态、扶贫等多维问题的重要基础性工程,而且需要实证主义的科学证据,从而使农村职业教育定位更加清晰、目标更加科学、内容更加合理、手段更加精准,实现农村职业教育与乡村全面振兴的同频共振、相互促进。

第一节 农村职业教育发展的现实基础

一、农村职业教育发展的平台

农业中等专业学校。农业中等专业学校简称农业中专,是服务于农村经济社会建设,面向农村青年开展现代农业科技教育和农业科技推广、为农村培养中等专门人才和管理人才的重要机构。

农业中专学校在面向"三农"主战场时,在因地制宜积极参与项目计划实施的基础上,产生了巨大的效益。例如,石家庄农业学校建校以来共培养优秀毕业生10万余名,为社会培养了大批农业技术骨干和行政管理人才。

涉农院校及农业科研院所。涉农院校和农业科研院所是发展农村职业教育的重要阵地。涉农院校主要是面向农村,为农村区域经济发展培养农业发展带头人和农业技术管理人才。农业科研院所是开展农业科学研究、农业应用研究、农业基础研究和高新技术研究的机构,主要负责开展农业技术综合开发和推广服务、农业科技成果的示范和农业科技工程项目的开发与实施。

农业技术推广站。农业技术推广站简称农技站，是直接面向农民开展农作物栽培与管理、农作物良种引进与试验、农业科学种植管理技术推广服务的基层单位。各地通过积极开展农业新技术、新产品的试验示范和培训，实现了技术进村入户，满足了基层农技人员、科技示范户和农民现场接受指导的学习诉求。例如，山西省农技推广总站重点建设了105个集技术示范、产品推广和职业农民培育为一体的基地，年接待20多万人参观学习，在农业现代化中发挥了重要的引领展示作用。

农民专业合作社。农民专业合作社是在农户承包经营土地的基础上，主要面向合作社成员提供农产品贮藏、加工、销售以及农业生产经营管理技术等服务而自愿联合的经济互助性组织。农民专业合作社作为农村的新型经营组织，能够把现代农业产业发展和农民个体需求紧密结合，通过对社员及农民开展教育培训活动，提高了农民的科学文化素养和组织化程度，促进了农业产业结构的调整和农业现代化、信息化的发展。

二、农村职业教育发展的项目工程

为大力提高农民科技文化素质，促进农民增收、农业增收，提高农产品国际竞争力，近年来在党和政府政策的引领下，国家实施了一系列旨在推进农村劳动力资源开发与人才培育的项目工程。

随着农村社会主义市场经济体制和农村经济的发展，为了解决农民与科学技术之间的"断层"问题，国务院于1994年启动了"绿色证书"工程。"绿色证书"是农村劳动者具备了从事某项农业技术岗位要求具备的基本知识和基本技能，经当地政府考核合格后颁发的职业资格证书。"绿色证书"工程的实施，首先，提高了农民科技兴农和科学致富的意识，引导农民学习科学技术，提高了农民的科学文化素质；其次，推动了科学技术的转化，促进了农业现代化的发展；最后，扶持了一批科技示范户、专业户，培养造就了一批服务农业生产的农民技术骨干，培养了农民的科技致富带头人以及活跃在基层的、能起示范带头作用的基层管理干部队伍。

三、农村职业教育发展的办学模式

在国家政策的推动下,我国农村职业教育在快速发展过程中逐渐形成了一些办学模式,比如校企合作办学模式、集团化办学模式、城乡联合办学模式。

(一)校企合作办学模式

校企合作办学模式是指高职院校与企业签订合同,共同培养人才的合作办学模式。企业负责为高职院校提供部分专业课程教师和实践指导教师,提供实习实训基地。高职院校为企业培养有针对性的人才。这种模式的优点:一是提高了人才培养的针对性,高职院校通过企业对技能型人才需求的反馈,可以及时调整专业、课程和内容的选择,更有利于培养社会需要的人才;二是资源优势互补,高职院校利用企业提供的设备和实训基地,满足企业对技能型人才的稳定需求,使高职院校和企业的设备和技术相辅相成,节约了高职院校和企业的成本;三是提高学生的综合能力,校企合作为高职学生提供了实习平台,提高了学生的实践能力,增强了学生的就业竞争能力。

(二)集团化办学模式

集团化办学模式以服务地方社会经济发展为目标,可以提高职业教育办学的规模效应,通过组建职业教育集团进行规模化办学。集团化办学有三种典型的发展模式:一是校企合作群体教育,即高职院校与企业(包括行业协会、科研院所)合作,实现互利共赢;二是校政合作型群体教育,即合作伙伴主要以政府相关部门为主体,在政府的统筹规划下,充分发挥学校设备、教学、人才等优势,为区域经济社会发展服务;三是校校合作型群体教育,即职业教育群体中的合作方主要是高职院校,通过优势互补和资源共享发挥协同效应。实践证明,集团化办学模式在现代职业教育体系建设中发挥了重要作用,实现了高职院校设备和实践基地的共享与互补,降低了办学成本,提高了办学效益。例如,德州职业教育集团对农民工的培训,不仅提高了农民工的就业创业率,还为新农村建设培养了领军人物。目前,该农村剩余劳动力转移职业教育培训规模已达到每年400人次。

(三)城乡联合办学模式

城乡联合办学模式,即城乡职业学校联合办学,构建城乡职业教育资源一体化教育服务平台,实现优质资源共享。为促进城乡职业教育一体化发展,推进河南省城乡联合办学模式,由县职业教育中心联合农村职业学校招生、合作办学,利用县职业教育中心优质的职业教育资源、丰富的信息资源和就业市场优势,可以推动城乡招聘、培训和就业一体化。例如,河北省在积极开展试点的基础上,开展了中等职业教育教学下乡工作,即将城市农业职业院校的专业素质教育资源送到乡村,使"教"与"学"有效对接,使农民接受农村职业教育。

第二节 农村职业教育发展的价值、方向与推进策略

一、农村职业教育发展价值

乡村振兴战略的实施是时代赋予农村职业教育发展的挑战和机遇。在乡村振兴背景下,发展农村职业教育不仅关乎"为农服务",还具有其他多种价值。

(一)培育乡村人才,厚植乡村人力资本

乡村振兴的关键是人才振兴,而农村职业教育是培育乡村人才的主渠道。在乡村振兴背景下,乡村对有文化、懂技术、会经营的职业农民的需求更加迫切,而从传统农民向职业农民转变正是农村职业教育在新时代的价值选择。农村职业教育开展学历培训和非学历培训,致力于为农村劳动力提供再教育机会,提高农村劳动力的文化素养和专业技能。比如,农村职业教育通过不定期开展农业技能、经营生产、营销管理等专业培训,增长农民的农业技能知识,丰富农民的经营经验,提高农民的管理营销能力。农村职业教育的载体之一是农村职业院校,农村职业院校通过传授文化理论知识提高学生的文化素养,通过信息化教学和现代化实训,拓宽学生的现代化农业生产经营思维,培养致力于促进农村经济文化发展的职业农民。同时,农村职业教育还通过正规学习实践来提高学生的学历层次,提升乡村人力资本的能力。

(二)促进乡村产业发展,加快农业农村现代化

改造传统农业、加快农业农村现代化建设是国家的一项重要任务,而农村职业教育对于加快推进农业农村现代化具有重要价值。首先,农村职业教育是农业农村科学技术研发与技术推广的主渠道。农村职业教育可以通过科技知识培训,

为农村发展培育高素质的技术人才和管理经营人才，并且可以将技术研发与技能培训相结合，形成产学研用的一体化发展形态，实现科教兴农。其次，农村职业教育推进产业深度融合。农村职业教育可以促进农村产业结构调整，使农业生产更加规模化、集约化，形成规模效应。推进农业供给侧改革，构建现代化农业、生产、经营一体化体系，推动农业与农产品加工、销售、文化旅游等二三产业深度融合，实现乡村产业振兴，加快农业农村现代化进程。

(三)促进乡风文明，维护社会稳定

乡风文明是农村社会发展的内在精神动力，是乡村振兴的文化支撑，而教育具有传承及保存文化的功能，农村职业教育则能够促进乡风文明，维护社会稳定。农村职业教育必须发挥人才培养和基地供给优势，通过共建校村文化基地，组织榜样示范宣传、文化下乡等活动，将中华优秀传统文化精髓通过教育实践活动传递给乡村劳动者，从而提高全民文化素质，养成全民道德行为自觉，促进乡村文化繁荣与社会和谐稳定。例如，通过组织开展评选感动人物、最美家庭等社区活动，将友爱、礼让、孝敬、勤劳等优良美德融入文明乡风建设中，提高乡村人民的法律意识和道德品质，形成良好家风、民风。

二、农村职业教育发展方向

(一)强化人才培养模式

农村职业教育要建立多层次农村职业学校人才培养模式，服务乡村振兴。随着我国城乡互动的增多，农村劳动力有了多样化的职业选择。农村职业教育的主要目的是培养农民职业化。农民职业化是农民人力资本、社会资本的高效利用和职业精神的提升过程。农民职业化水平的高低是决定乡村振兴和农业农村现代化发展的重要因素，因此，应采取多种措施促进农民职业化。第一，加快对农村应用型和技术型人才培养。农村职业学校要敢于创新，开拓进取，结合自身实际情况，构建多层次、立体化人才创新职业教育培养模式，形成职业教育、职业培训、社区服务三位一体的模式，提升农村职业教育的品质。第二，探索职业农民培养方式。农村职业学校要紧跟时代发展需要和乡村振兴的现实需求，积极构建职业农民培养体系和培训体系，着力培育一批技能型和创新型社会主义职业农民。第三，大力推行校企合作、产教融合、工学交替、半工半读，构建课堂与实训一体化等教学模式。第四，农村职业学校可以根据美丽乡村建设、乡村振兴计划的办学定位，面向乡村学子，开展技术技能人才定向培养计划，从根本上解决毕业生留不下、留不难的现实问题。另外，可以依托省内高等职业院校和涉农本科高校开展技术技能人才定向培养，这是解决当前农村地区专业失衡、专业紧缺和专业单一的重要举措，也是培养适合农村发展的专业技术人员的重要抓手。通过在农村职业学校建立"定向培养"的长效机制，农村职业教育可以培养一批具有专业知识和技能、长期稳定地扎根基层的专业技术人员。

(二)完善专业设置

农村职业教育的发展要提高农村职业学校人才培养的精准度，服务乡村建设。第一，在专业设置上，坚持实际、实用、实效原则。要与当地资源优势、职业岗位需求和人才培养相对接，结合当地支柱产业、骨干企业的现实与潜在需求，灵活设置专业和方向，形成层次化、立体化的培养目标。第二，在专业设置上，建立动态调整机制。立足当地地方产业，对接区域经济和满足社会发展需求，进一步促进专业与产业的同步规划、深度融合与转型升级，形成跨专业深度融合的专业集群建设。第三，进一步优化农村职业学校专业结构，扩大农村职业教育本科层次涉农专业的开设，给予一定的政策扶持。因此，农村职业学校可以根据自身办学条件，重点发展和建设旅游与酒店管理、汽车驾驶与维修、学前教育、畜牧兽医、服装设计、数控加工技术、电子电工技术等专业，形成适应农村发展的特殊专业和特殊品牌，这样可以达到更好的办学效益，加快农村农业领域的发展，培养大批高素质、高技能的劳动人才和管理人才。

(三)加强校企合作

农村职业教育应与企业建立"互惠双赢"驱动机制，促进双方合作效益最大化。校企合作作为农村职业教育办学的基本模式，在服务乡村振兴方面肩负核心使命。校企合作的核心在于能够达到"互惠双赢"，促进双方合作效益最大化。农村职业学校与当地企业在开展合作的时候，必须建立合理科学的驱动机制，在办学过程中既要充分尊重企业的利益需求，又要通过制度保障职业学校、学生、企业三者在校企合作中的切身利益，促进三方效益的最大化，为农村当地培养社会产业服务需要的各级各类专业人才，提高社会服务的效能，建立校企合作的长效机制。一方面，农村职业学校可以加强培训，助推农村地区支柱企业、支柱产业、特色产业转型升级，提高企业的生产效率和产品质量。另一方面，当地的先进企业帮扶农村职业学校深化校企合作，倒逼农村职业学校调整专业设置和办学模式，使农村职业学校培养的人才更加符合当地企业发展需求。

(四)对接乡村经济

农村职业教育的发展应促使农村职业学校成为当地产业升级的孵化器，服务产业发展。第一，农村职业教育的发展重点在于服务地方经济发展，充分挖掘当地的特色乡土资源，开发农村现代课程，打造富有地方特色的职业学校品牌，形成以特色产业为基础、以特色文化为重点、以特色专业为内核的多元化特色办学之路。第二，农村职业教育要以市场需求为中心，找准农村职业学校科研优势与地区产业的结合点，撬动地区新的经济增长点，调整好农村职业学校的市场角色，根据经济结构与产业需要来配置教育资源，合理调整专业布局和优化专业结构。第三，农村职业学校必须以质量求生存，加强特色专业建设，围绕地方主导产业、优势产业和特色产业办学，着力打造地方骨干专业和特色专业。第四，在乡村振兴战略背景下，农村职业学校应将服务"三农"作为办学价值取向，走"扩容、提质、强服务"之路，构建城乡融合职教体系、创新人才培养模式、重塑办学价值定位，实现高质量发展。

(五)立足乡土文化

农村职业教育应建立农村职业学校服务乡村文化建设的长效机制，开展文化服务。在乡村振兴战略背景下，农村生态文明建设的法治化日益成为焦点。因此，农村职业教育应将以下几点作为发展方向：第一，农村职业学校加大对农村的文化扶持工作力度，鼓励高素质、高水平教师投身乡村建设。通过下乡担任志愿者、法律服务等方式服务乡村振兴事业，或者开展农村产业发展、生态环境保护、乡风文明建设、农村弱势群体关爱等方面的指导咨询服务。第二，农村职业学校开展"三下乡"精准服务。农村职业学校生源以农村孩子为主，学生来自农村，对农村的发展现状较为熟悉，对农村也更有感情。"三下乡"服务可以持续推动当地农村区域与社会发展，服务新农村建设。第三，农村职业学校发挥自身的文艺优势，大力繁荣兴盛农村文化，在农村开展各种文艺活动，扶持文化能人，如乡村艺术家和民间艺人，支持他们立足乡土开展文艺创造和文化活动。第四，培育职业农民创业教育氛围。在乡村振兴战略背景下，需要以创业教育丰富农民教育理论，指导创业教育实践，以创业教育培育职业农民，壮大农村创业主体；以创业推进农村一二三产业融合，推进农村产业兴旺；深入研究"三农"问题，明确农民创业教育目标；构建线上线下融合的创业教育体系，营造农业特色创业课程等文化氛围。乡村建设，文化先行。各地区要因地制宜振兴本地文化，通过文化精准施策，助力乡村振兴。

(六)加大职业培训力度

农村职业教育应加大职业培训力度，培养"能工巧匠"。农村职业教育服务乡村振兴，必须改变传统的以学历教育为重心的职业教育思维，坚持以服务农村和培养农村职业技术人才为导向，建立健全农村职业教育培养体系与培训体系，提高农村职业教育人才培养的精准度，形成灵活开放的职业教育培训体系，培养适合乡村振兴的各级各类"能工巧匠"。主要表现为三个方面：第一，对乡村建设与乡村振兴的领军人物进行培训，扶持一批有领导力、有技能、有情怀、有抱负的农村基层干部、基层技能工匠、职业经理人、文化能人等乡村振兴迫切需要的专业人士。第二，加强职业农民培养培训。有文化、懂技术、会经营是职业农民的主要特征，主要有专业大户、农场经营大户等。对这些职业农民的培训，培训方式可以灵活多样，因地制宜，如采取高级研修班、送教下乡或农学结合等非全日制的方式。第三，对于培训合格的专业人员，建议颁发相应的职业技能鉴定证书，作为其求职、任职、营业的重要凭证，同时作为农村地区招聘、录用人才的主要依据。

三、农村职业教育发展推进策略

(一)加强顶层设计，健全制度建设

1.加强立法建设，推进法治化运行

当前，乡村振兴亟待加强立法建设。首先，立足于确立和提升农村职业教育的战略地位，进一步修订《中华人民共和国职业教育法》，在关系农村职业教育的体系构建、组织管理、保障条件(教育经费投入、师资队伍建设等)上要有明确、具体、可操作的规定，对于涉农企业(行业)、社会组织参与农村职业教育的权利与义务以及校企合作、产教融合中涉农企业的职责、权益和义务都要有明晰的阐述。其次，加强对相关法律的修订，包括《中华人民共和国教师法》《中华人民共和国农业法》《中华人民共和国农业技术推广法》《中华人民共和国义务教育法》《中华人民共和国教育法》《中华人民共和国高等教育法》《中华人民共和国民办教育促进法》等，增加关于农村职业教育的培训条款，确保我国教育的各种基本法律对农村职业教育与培训的规定没有遗漏。最后，鉴于农村职业教育的特殊性，要建立专门的"新型职业农民培育法"，明确规定职业农民的内涵与类型、职业属性、培育原则、保障措施、准入门槛、认定考核、激励与惩罚、后期反馈跟踪、培训经费以及涉农企业的责任和义务，培训机构的责权利等，引导职业农民培育工作走上法治化道路。

2. 完善政策体系支撑

首先，明确政策制定主体间的权责边界。农村职业教育作为一种"跨界"教育，在政策制定和实施层面具有跨界性。因此，在政策文本中要明确规定各主体在具体贯彻落实环节的权责分配，以真正发挥政策的协同增值效应。其次，出台相关配套政策。例如农村各类人才（农业职业经理人、经纪人、乡村工匠、文化能人、非遗传承人等）的培育政策，包括培训政策（培训过程管理及效果与质量管理）、扶持政策（生活扶持、精神扶持、教育扶持）和认证政策（认定管理制度）等；农村学历教育与非学历培训协调发展的政策；农村职业教育资源配置的政策；农村职业教育师资队伍建设政策（包括师资库建设，师资人员的遴选、聘任、培训、考核、激励、评估、资质和资格认定等）；农村职业教育产教融合政策（包括激励政策、监督政策、质量评估政策、服务平台搭建政策以及经费、人员保障政策）等。最后，致力于政策的执行效率和效果，适当增加监督与评价方面的相关政策。例如立足于提高职业农民培育的高效性和有效性，减少供给摩擦和供给错配，出台相关的质量评价与监督类政策，例如建立评估考核指标体系、建立多主体评价与监督（包括引入第三方评估机构）机制。

（二）服务乡村振兴，以培养各类人才为目标导向

1. 服务乡村振兴，培养职业农民

乡村振兴，服务农业产业振兴是第一要务。《中共中央 国务院关于实施乡村振兴战略的意见》中提出要构建农村一二三产业融合发展体系，推进农业农村现代化。在推进农业现代化的过程中，要不断推进农业技术创新和生产管理创新，促进农业的产业化、商业化和集约化。与传统农业相比，现代农业的基本特征是经营主体必须具有现代管理理念和知识，善于掌握和应用先进的科学技术，这对农民的技术技能和综合素质提出了更高的要求。然而，就我国农业人口的人力资源而言，农村人才素质与现代农业发展的要求还存在一定的差距，农民的素质和技能还不能满足农业现代化的要求。因此，要推进农业产业结构转型升级，首先要优化农村劳动力结构，培养一大批有文化、懂技术、会经营的职业农民，包括农村职业投资者、家庭农民、农民合作社的领军人物、发展现代农业产业加工的管理骨干、农业社会化服务人员等。

2. 服务乡村振兴，培养乡村精英人才

治理有效是乡村振兴的基础。要实现这一目标，必须完善自治、法治、德治相结合的农村治理新体制。基于农村地区的特殊性，现阶段农村自治和法治的效果还有待提升。因此，农村职业教育培训机构必须根据农村社会结构的新变化和管理体制现代化以及管理能力现代化的新要求，积极依靠对农民的道德启蒙，提高农民的整体素质，提高农村文明程度，从而真正实现自治与德治结合的农村治理机制。这就要求在乡村治理中培养乡村领导的核心骨干，即善于在乡村树立威信和具有号召力的乡村精英。这类乡村精英包括农村领导人，如大学毕业生、优秀的党政机关、企事业单位党员干部、乡镇领导干部、政府和乡镇机关公务员、乡镇事业单位人员等；包括乡土情怀浓厚的"新乡圣贤"，即有知识、有道德、有情怀，能够影响农村政治、经济、社会生态，并愿意为之作出贡献的人；包括知法、守法的基层法制人才和农村警察、消防、安全管理人才。

3. 服务乡村振兴，培养农村电商人才

乡村振兴，健全电子商务产业是重点。《中共中央　国务院关于实施乡村振兴战略的意见》中明确提出要重点解决农产品的销售问题，加快构建现代化农业产业链体系。要实现农产品产供销系统的紧密整合，必须依托农村电子商务平台。通过发展农村电子商务，为农民搭建更好的销售平台，降低农产品在运输过程中的物流成本、服务成本和损失成本，加快农产品流通，从而完善农业产业链，提升我国农产品的国际竞争力。但目前我国很多拥有优质农产品的农民还不能很好地通过电子商务进行农产品配送。此外，随着城市化进程的加快，大量农村劳动力向城市转移，这进一步加剧了农村电商人才的短缺。因此，有必要拓宽人才培养目标的范围，通过多种方式培养既懂农业生产又懂农村电子商务的复合型人才，为农村电子商务的发展提供人才支撑。

4. 服务乡村振兴，培养乡土文化人才

乡风文明是乡村振兴的保障。《中共中央 国务院关于实施乡村振兴战略的意见》中指出要提升农民的精神境界，改变农民的精神风貌，形成良好的乡风、家风和民风，不断提高农村的社会文明程度。这就要求扶植和培养一批现代乡贤、乡村工匠、民间艺人、文化能人(包括非遗传承人)、农业职业经理人和经纪人等乡土文化人才，发挥其在乡风文明发展中的引领作用。首先，培养具有传统文化底蕴的民间艺人，组建乡土人才库，宣传、制定各种吸引人才的政策，包括物质激励(财力补贴)和精神激励(通过树立标杆，搭建成果展示和才艺展示的平台)政策。其次，积极吸纳知识分子尤其是乡土文化学者等投身乡土文化教育和乡风文明建设，为乡风文明注入活力，不断提升中国特色乡风文明的时代精神和世界影响。最后，挖掘、培育各类乡土文化人才，发挥其在促进经济建设、活跃农村文化生活、传承民间文化方面的积极作用。

(三)加强学历教育改革，体现特色化

1. 加强涉农专业集群建设

服务乡村振兴，农村职业教育要围绕现代农业产业结构体系，打造服务现代农业和农村发展的涉农专业集群。

第一，现代农业产业集群建设。①升级传统种植业和养殖业，推进其向绿色农业、生态设施农业、循环农业等转型。②强化与现代农业产业配套的新兴专业，开设农业机械化、农业自动化、无人机植保、无人机监测、无人机使用与维修等专业。第二，现代农产品产供销产业链专业集群建设。①立足于提升农产品的优质化和特色化，开设农产品储藏与加工、农产品质量安全、农产品品牌建设等专业。②基于物联网、大数据等互联网技术的发展，开设农产品网络营销、电子支付、农村物流管理、农村财务管理、智慧农业、物联网农业监测、农场信息化管理等专业，推动农产品电子商务的新发展，实现现代农业发展的智能化、信息化。第三，乡村现代服务业专业集群建设。①围绕乡村旅游服务，开设休闲旅游、观光农业、餐饮服务、酒店服务、导游服务等专业。②围绕乡村公共服务体系，开设就业创业服务、家政服务、社区服务、健康养老服务、医疗保健服务、社会治安等专业。第四，涉农管理专业集群建设。如开设现代乡村综合管理、涉农企业管理、农村经济管理等专业,培养乡村建设与管理人才。

2.加强课程体系建设

农村职业教育要把办学目标定位于"为农""向农""富农",为农业、农村、农民的发展提供服务。因此,服务于农村学历教育办学目标定位,应从公共基础课、专业技能课、创业指导课以及校本课程四个方面加强农村职业学校的课程体系建设。

公共基础课,可设置职业道德素养、法律基础与涉农政策法规、农村规划与建设、计算机网络应用基础知识、农业安全生产、农村家庭理财、农村卫生与农民健康、农村社会文化艺术实践等课程。

专业技能课,可设置植物病虫害防治、高效种植养殖新技术、绿色农业增产增效技术、农产品储藏与加工、农产品质量安全、农产品市场营销、现代生态农业建设、休闲农业发展前景、农业标准化及品牌建设、农业生态环保、"互联网+"农业、农村能源与环境、现代农业生产经营与管理、农机农艺农信融合、电商技术与管理(电商人才重点培训农产品电子商务知识、网络店铺建设、产品包装、客户服务、网络店铺营销等内容)等。

创业指导课,包括创业精神(如以农村创业致富能手的典型案例为引导)、创业知识(如财务管理、市场营销、电子商务、新型农业开发、现代化农业新技术等)、创业技能方面的培训课程(如为创业者提供创业信息,培养他们敏锐的市场意识、市场评估与市场预测能力,提高他们的创业技能)。

校本课程,农村职业学校的课程要突出地域和学校特色,引导学生热爱农村、坚守乡土。例如,挖掘农村的民歌民谣、民间故事、民间戏曲等;重视家乡传统和民族传统,如民风民俗、村规民约、民间传统节日等;重视当地的山水风貌、地方史志、历史遗址、非物质文化遗产等。

(四)加强非学历培训改革,提高有效供给

1.基于乡村振兴战略总要求进行多向度培训

基于乡村振兴战略总要求,培训内容可从现代农业种植养殖技术产业链、农业绿色生态产业链、乡村文化人文素养、乡村治理、生活服务等方面设置。

现代农业种植养殖技术产业链培训。为服务乡村振兴,提高农业发展质量,农村职业教育必须开展现代农业种植养殖技术产业链培训。培训内容主要包括种植育种技术(如病虫害、动物疫病防控技术、农业质量与效益提升技术、信息管理农田技术等)、农产品贮藏加工、农产品质量安全、农产品营销(如农村物流管理、农村电子商务等)。

农业绿色生态产业链培训。为服务乡村振兴,创造人与自然和谐共生的新格局,农村职业教育必须开展农业绿色生态产业链培训。具体包括:①农业生态系统管理、农村环境问题综合管理培训。②绿色观光农业培训。随着生活水平的提高,人们开始追求精神上的提升,希望利用闲暇时间到农村旅游。因此,有必要在餐饮服务、酒店服务、导游服务等方面对乡村旅游服务人员进行培训。

乡村文化人文素质培养。农村职业教育要服务乡村振兴,繁荣乡村文化,保持乡村社会稳定发展,就必须积极开展乡村文化和人文素质的培养。具体包括:①思想道德教育。包括社会公德、职业道德、家庭美德和个人品德,可以强化农民的责任感、规则意识、集体意识。②优秀的传统文化教育。包括戏曲、民族文化、民俗文化、文物、农业文化遗产,可以促进农村优秀文化的传承和发展。③当地教育。通过乡镇文化站、乡村图书馆等方式,传播优秀的乡村传统文化,可以唤起农村社会群体的热情,培养农民的乡土意识和乡土情怀,使他们愿意坚守乡土,参与乡村振兴建设。

乡村治理培训。为服务乡村振兴,提高社会治理效率,形成良好的乡村治理格局,农村职业教育必须积极开展乡村治理培训。具体包括:①村委小组培训。对两个村委会领导小组进行党建知识、新农村政策、支农惠农强农政策、现代农业实用技术、村镇建设管理知识等方面的培训。②基础设施管理和维护培训。对管理人员的知识和技能培训,如教育管理、道路养护、排水与电网改造、医疗服务、绿化照明、废物回收利用等。③对农民进行法律培训。如民法、经济法、环境保护法、农业法等相关内容,强化农民的法治观念和法治意识。

生活服务培训。立足于服务乡村振兴,塑造美丽乡村建设新风貌,农村职业教育必须积极开展生活服务培训,包括开展职业技能培训,可以促进农民工多渠道就业;开展科学文化活动,可以提升农村居民的综合素养,不断增强其幸福感和获得感。比如对农村留守儿童加强心理疏导,提升其自信心和耐挫力;对农村留守妇女加强医疗卫生保健和心理素质教育;向农村留守老人传授健康及保健常识,开展戏曲表演、书法练习、讲故事等活动,丰富老年人的业余生活。

第二章 乡村振兴战略下农村职业教育的发展与推进

2. 基于市场细分进行分类培训

乡村振兴，人才是关键，既需要大批职业农民，也需要各领域的专业人才。因此，要对农民进行分类培训。向生产型职业农民提供良种选育、种植养殖技术、农作物病虫害防治、测土配方施肥技术、农业高效灌溉节水技术、农产品储藏与加工等培训；向经营型职业农民提供农产品质量安全、农产品市场营销与电子商务、财务会计与管理、家庭农场经营与管理、农业企业经营与管理等培训；向服务型职业农民提供土壤检测与改良、现代农业灾害防治、新型农机使用与维修、植保无人机应用、职业道德等培训。对青壮年农民重点加强现代农业综合实用技术、现代农产品技术推广、农业观光旅游、就业创业技能、职业素养、传统乡土文化等方面的培训，全面提高其综合素质，将他们培养成农村致富带头人；对乡村精英（新乡贤）进行农业政策与法律法规、农村矛盾纠纷调解、基层管理等方面的培训；对返乡农民工、军人、大学生进行有关创业知识、创业能力、创业心理素质等方面的综合培训，激发其创业意愿与激情，提高创业效能。

3. 拓展多样化的培训方式

开展线下培训。线下培训包括课堂培训、田间地头培训以及课堂培训和田间地头相结合的方式。课堂培训可聘请专家进行培训；田间地头培训可聘请"土专家"和"田秀才"进行培训；课堂培训和田间地头相结合的培训则可采用"教授""专家"与"土专家""田秀才"齐上阵的办法。

开展线上培训，即信息网络式培训。相较于线下的教育培训方式，信息网络式培训不受时间与空间的限制，在教育对象上面向人人，使农村弱势群体与偏远地区农民都有接受教育与培训的机会，是实现优质教育资源共享的有效形式。例如，可以通过网上课程资源开发与建设、网上教学手段的创新（包括微课、慕课）等，为农民提供教育与培训服务，同时还可以采取网上学习激励的办法，如网上学习打卡，积分到一定程度可以颁发专业资格证书等方式，激发农民自觉学习、提升自我的动力和热情。

4. 创新农民职业化培育制度机制

党的十九大提出要实现乡村振兴，进一步提出培育新型职业农民。第一，建立新型职业农民认定制度。新型职业农民作为一种职业，是农民主动选择的职业，而不是被赋予的"身份"和"称呼"，理应得到社会的认可和尊重。因此，可根据农村经济结构和现代农业产业结构特点，制定严格的新型职业农民认定标准，并将新型职业农民资格证书与区域惠农优惠政策挂钩，使农民这一职业更有尊严、更有保障。第二，建立新型职业农民常态化的培训制度。对照生产型、经营型、服务型新型职业农民的不同行业标准，科学设置涉农课程，制定标准化的培训内容体系。第三，建立教育补助机制。对于接受新型职业农民培训、具备相应职业能力的农民给予一定的奖励和资金补助，并以"培训券"的形式提供后期优先培训机会。另外，对于取得高级职业资格证书的新型职业农民，通过减免税费、贷款优惠等形式为新型职业农民提供一定的创业资金。第四，建立反馈跟踪机制。针对新型职业农民的不同类型、文化程度、服务产业以及培训情况等信息建立健全档案管理制度，以便做好后期的信息技术跟踪服务，不断改进教育培训质量。

(五)加强资源建设，提供资源保障

1.重视专业师资队伍建设

第一，通过各种渠道充实农村职业学校师资队伍。集思广益，通过多种方式吸引高等院校毕业生、大学生村干部以及其他各类优秀人才到农村职业学校任教，如政策倾斜、制度创新、激励机制等。同时，组建以涉农企业中理论实践能力兼备的技术人才、农科院科技人员、农村实用人才带头人、农业科技推广员、专业技师以及农村能工巧匠等为主的兼职教师师资库，拓宽教师来源渠道。第二，加强农村职业学校教师的专业化培养。要建立健全专业师资培训制度，选派一线教师到高等院校、实习实训基地以及对口单位定期培训学习，促进涉农企业挂职锻炼，提高农村职业学校教师的专业化水平。第三，建立健全农村职业学校教师考核机制。加强对农村职业学校教师的理论教学、实践教学以及终身学习情况等进行定期考核。对于考核优秀者，可以在绩效工资、职称晋升、评先评优等方面给予倾斜，以调动农村职业学校教师自我发展的积极性。

2.加大经费投入

要建立以政府为主体，多主体参与的经费投入机制。首先，政府必须加大农村职业教育的资金投入，解决经费不足的问题。各级政府要将农村职业教育与培训工作纳入区域经济社会发展总体规划和产业发展规划，并设立农村职业教育与培训专项经费，每年定时定额将专项经费落实到每个乡镇职业院校和培训单位，根据实际需要逐年适当增加资金投入，并建立农村职业教育与培训专项经费使用情况和监督管理机制，确保经费落实到位，做到专款专用。其次，调动社会多主体参与农村职业教育的经费投入，充实农村职业教育与培训的经费来源渠道。政府可以通过政策倾斜、财政补贴、减税免税、信贷优惠等方式，激发事业单位、涉农企业（行业）、社会组织以及公民个人投入农村职业教育与培训的积极性。同时可以将农业建设资金、农村科学技术开发、农业技术推广的部分经费作为农村职业教育发展经费，建立多主体参与的经费投入机制。

3.强化基础服务能力建设

首先，加强农村职教基础能力建设。政府要加强农村职业院校的办学条件，着力完善教学场所以及实训基地建设，更新教学仪器、教学设施设备，确保满足各个专业实习实训所需。其次，提供多样化的实训基地，使农民的理论学习与农业生产实际相结合。一是建设一批专业化、规模化、标准化程度较高的校内农业生产示范实训基地，为职业农民的实践教学搭建平台，使课堂理论与实践操作不再是"两张皮"。二是依托各级政府建立的农业合作社、现代农业园区、职业农民培育示范基地、涉农龙头企业以及创业孵化基地和农民田间学校等，通过现场观摩学习交流经验，使职业农民所学的知识更具有针对性和实用性。最后，重视农村职教信息网络建设，提升其服务能力。基于互联网技术构建县、乡、村三级农村职业教育与培训网络体系，建立职业农民在线数字化学习平台，开通农村职业培训微信公众号，提供个性化网络课程，实现教育资源的共享。

（六）建立横向贯通、纵向衔接的统筹协调机制，完善管理体制

农村职业教育作为一项系统工程，需要相关部门相互沟通，积极配合，统筹协调，共同努力，实现农村职业教育的可持续发展。因此，有必要建立一个横向贯通、纵向衔接的整体协调机制。首先，从宏观层面上，要建立农村职业教育培训管理机构，管理好农村职业教育培训中心、劳动、科技、农林、人力资源和社会保障、妇联、扶贫办、教育等部门，防止各部门独立运作造成农村职业教育资源的分散和浪费。其次，从微观层面上，县级地方政府建立农村职业教育和培训工作委员会，赋予工作委员会管理和决策的权力，对于主管委员会成员的具体工作，各部门负责人都要有明确的职责分工，要协调各部门的工作，形成一个高效协同的工作机制。因此，在乡村振兴的背景下，有必要明确农村职业教育和培训委员会的职能，充分发挥它们在城乡职业教育中的作用，以促进农村职业教育服务乡村振兴。

（七）调动社会多方力量服务于农村职业教育，推进公共治理

农村职业教育的发展和职业农民的培养离不开农业企业（产业）等社会力量的帮助。如何有效调动这些社会力量，积极参与农村职业教育，真正构建由政府、高职院校、涉农企业（行业）等多元主体共同推动的农村职业教育发展新格局，是实现农村职业教育自身发展和服务乡村振兴战略的关键。

第一，政府购买农村职业培训。通过引入市场竞争机制和公开招标等方式，在市场上选择信誉好、社会影响力大的企业（行业）承接服务项目，激发其参与农村职业教育的积极性。第二，建立成本补偿机制。针对涉农企业营利性与农村职业培训公益性之间的矛盾，政府应放宽农村职业培训准入标准，对参与农村职业培训的公益组织给予成本补偿，从而鼓励社会力量参与职业培训。第三，建立激励惩罚机制。政府应加强对涉农企业（行业）培训项目的监管，确保农民通过培训获得高质量的培训服务。政府可以通过税收、信贷等经济杠杆，对参与农村职业培训的企业（行业）给予优惠政策；对业绩突出的涉农企业给予表彰和奖励，树立榜样；对职业培训不到位的社会组织，建立适当的惩罚机制，如取消其再次从事服务的资格等。

（八）加强质量监控，健全评价机制

1. 建立多元化的评价标准体系

农村职业教育与培训评价指标体系主要可以从六个维度（组织与管理、条件与保障、教育与培训、效益与效果、特色与创新、加分项）来考核，每个维度又可细化为多个评价指标要素。

2. 健全评价方法

（1）建立多元主体评价机制。农村职业教育的评价主体涉及众多的人员，包括政府行政主管部门、职业院校、学生个体、涉农企业（行业）和社会等多个主体。目前，我国农村职业教育评价主体单一，具有很大的局限性和主观性。因此，要建立多元主体参与农村职业教育与培训评价机制，不仅包括农村职业教育行政管理部门，还包括职业学校（培训机构）、教师、培训人员、用工单位等。

（2）建立量化评价与质性评价相结合的机制。目前，政府对农村职业教育与培训的评价仅以参与人数、课程次数等可量化的数字为指标，较少考虑农民的培训需求、培训参与度、培训满意度和培训效果这些质性因素。而在实际运行中，有很多评价因素是无法用数字衡量的，需要通过长期跟踪观察、交流等方式进行质性评价。因此，要建立量化评价与质性评价相结合的机制，科学有效地进行农村职业教育与培训的质量监控。

(3)建立终结性评价与过程性评价相结合的机制。目前，我国农村职业教育主要以终结性评价为主，忽略了过程性评价。因此要重视过程性评价中受训人员的参与度、学习效果和满意度等因素，及时地发现问题。同时，要对终结性评价结果进行深入挖掘和分析，以便对培训内容、培训形式等进行及时调整，提升后期农村职业教育与培训的效能。

第三节 农村职业教育推进的新使命

一、激活农村经济活力，促进农业产业振兴

实现乡村振兴必须从根本上转变农村经济发展方式和升级农村产业结构。一方面，迫切要求提升农产品质量，深入推进农业向优质化、特色化、绿色化转型，不断提高农产品的附加值和优势农产品的国际竞争力。另一方面，迫切要求加快构建现代化新型农业产业链体系，农业产业链涉及农产品从原料、加工、生产到产后储藏、分级、包装、营销等各个环节。这就需要建设现代化农产品销售服务平台和农村电子商务发展的基础设施，以加快农产品流通的现代化。同时要扶持发展一批现代化新兴产业，如数字农业、智慧农业、休闲观光农业、创意农业、生态农业以及设施农业等。这些对农村劳动力质量、结构和类型均提出了新要求，不但要求其满足现代化农业产业结构升级、适应新兴产业的发展需求，而且需要其具备绿色发展理念、掌握现代农业技术和管理经验以及"互联网+"技术。首先要求农村职业教育与培训的专业设置、课程设置、教学内容与教学方式的选择紧密对接农村经济社会的全面发展，为农业产业振兴培养生产型、经营型和服务型职业农民，以促进农业产业结构调整升级、激活农村经济活力。

二、提高农村人才素质，加快城乡融合发展

党的十九大报告明确提出"建立健全城乡融合发展体制机制和政策体系"，这是中央文件首次提出"城乡融合"的理念和目标。"城乡融合"不同于以往农村建设实践中提出的"城乡统筹"和"城乡一体化"，不仅是农村与城市经济层面、服务层面的融合，还是一种观念层面的融合。首先，经济层面融合要求实现农业农村现代化，通过定期培训提升农民的农业生产经营管理技术和创业就业能力，促进农民收入稳定增长，在经济层面上缩小农村与城市的差距。其次，服务层面融合要求公共服务体系（包括教育服务体系、医疗服务体系等）、治理体系等进一步向城市看齐，不断提升农民的生活质量。最后，观念层面融合要求农民具备绿色观念、创新观念、法律观念、诚信观念和基本的人文素养，缩小与城市居民的意识和观念差距，成为具有一定流动能力的现代职业农民。显然，实现城乡融合的战略目标，农村人才职业素质的提高是关键，这就要求农村职业教育应紧紧围绕现代农业发展的要求，大力培养现代农业所需要的各类人才，使人才链与产业链相对接，最终实现城乡融合。

三、传承优秀传统文化，加强乡风文明建设

乡风文明是乡村振兴的灵魂和思想基础。乡风是特定乡村村民的思想观念、生活习惯、文化习俗长期积淀形成的精神风貌。乡风文明是乡风在新时代发展到较高阶段或层次的状态。农村职业教育对于促进乡风文明建设和满足农民精神文化需求起着重要的基础性作用，首先，要求农村职业教育首先要充分发挥人才和基地的优势，以社会主义核心价值观为引领，深化农村传统思想道德宣传教育，不断强化农民的责任意识和主人翁意识。其次，通过校村共建共享、宣讲涉农法规政策、推进文化惠民下乡、深入挖掘优秀农耕文化遗产和民间艺术等，在切实保护农村优秀传统文化的同时增强农民对乡村振兴主体地位的认识，引导农民积极进取、自立自强，培育文明乡风、良好家风、淳朴民风。最后，广泛开展群众性精神文明活动，遏制农村陈规陋习，不断提高农民的科学文化素养。

第三章

乡村振兴与新型职业农民培育

培育新型职业农民是促进乡村振兴战略有效实施的重要一环，能够有效弥补乡村振兴中人才资源短板、有效推动农业现代化进程、有效解决农地低效利用等问题。然而，本研究通过文献分析法及实地观察法研究发现，当前各地实施的新型职业农民培养路径存在一些不足：管理资源较分散，培训合力尚未形成；培养体系不健全，培养效果欠佳；农民参培意识不强，参培动力不足等。

第一节 乡村振兴与新型职业农民培育的背景

"三农"工作始终是党中央治国理政的头等大事，而在"三农"问题中，农民是核心、农村是根本、农业是基础。党的十九大报告提出实施乡村振兴战略，坚持农业农村优先发展，确立了新时代"三农"工作的总抓手。乡村振兴，关键在人，大力培育新型职业农民是乡村振兴的重要基础性工作。如何科学实施推进乡村振兴战略，做好与巩固脱贫攻坚成果的有效衔接，如何有效培养更多"爱农业、懂技术、善经营"的新型职业农民，是时代赋予各地农业农村部门的一道道新考题。

一、乡村振兴战略的提出

实施乡村振兴战略是党的十九大作出的重大战略部署，是新时代做好"三农"工作的总抓手，是决胜全面建成小康社会、全面建设社会主义现代化国家的重大历史任务，是解决人民群众日益增长的美好生活需要和不平衡不充分的发展之间的矛盾、实现"两个一百年"奋斗目标的必然要求。

◎ 乡村振兴战略下职业教育与新型职业农民培育研究

1. 乡村振兴战略的指导思想

2018年中央一号文件《中共中央 国务院关于实施乡村振兴战略的意见》中高屋建瓴地提出：全面贯彻党的十九大精神，以习近平新时代中国特色社会主义思想为指导，加强党对"三农"工作的领导，坚持稳中求进的工作总基调，牢固树立新发展理念，落实高质量发展的要求，紧紧围绕统筹推进"五位一体"总体布局和协调推进"四个全面"战略布局，坚持把解决好"三农"问题作为全党工作重中之重，坚持农业农村优先发展，按照产业兴旺、生态宜居、乡风文明、治理有效、生活富裕的总要求，建立健全城乡融合发展体制机制和政策体系，统筹推进农村经济建设、政治建设、文化建设、社会建设、生态文明建设和党的建设，加快推进乡村治理体系和治理能力现代化，加快推进农业农村现代化，走中国特色社会主义乡村振兴道路，让农业成为有奔头的产业，让农民成为有吸引力的职业，让农村成为安居乐业的美丽家园。

2. 乡村振兴战略提出的背景

"三农"问题是事关国计民生的重要政策议题。据统计，自2004年开始，中央一号文件的主题几乎全都聚焦于"三农"问题，由此可见，中共中央、国务院始终高度重视"三农"工作问题，并且将"三农"工作提升到战略的高度。在"三农"问题中，农民是核心，农村是根本，农业是基础。当前新常态之"新"，意味着不同以往，过去不可持续的粗放发展方式必须抛弃；新常态之"常"，意味着相对稳定，转变发展方式的条件已经具备。对当前我国现代农业发展来说，无论是确保新常态下的粮食安全、把饭碗牢牢端在自己手上，还是巩固农业基础地位，把"粮袋子"变成"钱袋子"；无论是应对国际市场挑战、提升农业竞争力，还是突破资源环境约束、实现可持续发展等，都更加迫切需要向转变农业发展方式寻思路、找答案。党的十八大以来，面对我国经济发展进入新常态所带来的深刻变化，党中央大力推动"三农"工作理论创新、实践创新、制度创新，坚持把解决好"三农"问题作为全党工作的重中之重，切实把农业农村优先发展落到实处。"三农"工作如何适应经济发展新常态？如何迎接新挑战？需要作出新的战略抉择——实施乡村振兴战略。

党的十九大报告中明确指出，农业农村农民问题是关系国计民生的根本性问题，必须始终把解决好"三农"问题作为全党工作重中之重，明确提出实施乡村振兴战略。2017年底，中央针对"三农"工作连续作出重要部署与安排。2017年12月28日—29日，中央农村工作会议在北京举行，会议全面分析了"三农"工作面临的新形势和新任务，系统研究了实施乡村振兴战略的重要政策部署，科学研究部署了2018年和今后一段时期的农业农村工作。随后，2018年中央一号文件《中共中央 国务院关于实施乡村振兴战略的意见》对乡村振兴战略实施作出科学部署和安排，并且指出坚持把解决好"三农"问题作为全党工作重中之重，坚持农业农村优先发展，加快推进乡村治理体系和治理能力现代化，加快推进农业农村现代化，走中国特色社会主义乡村振兴道路。2019年中央一号文件《中共中央 国务院关于坚持农业农村优先发展做好"三农"工作的若干意见》明确要求，做好脱贫攻坚与乡村振兴的衔接，对摘帽后的贫困县要通过实施乡村振兴战略巩固发展成果，接续推动经济社会发展和群众生活改善。在脱贫攻坚战决胜收官的关键时期，中共中央对乡村振兴战略实施作出新的部署，2020年中央一号文件《中共中央 国务院关于抓好"三农"领域重点工作确保如期实现全面小康的意见》再次强调，研究建立解决相对贫困的长效机制，推动减贫战略和工作体系平稳转型；加强解决相对贫困问题顶层设计，纳入实施乡村振兴战略统筹安排；抓紧研究制定脱贫攻坚与实施乡村振兴战略有机衔接的意见。

3. 实施乡村振兴战略的机遇与挑战

当前，我国经济发展进入新常态，要深刻认识新常态下"三农"发展速度变化、结构优化、动力转换的新特点以及新趋势，全面把握新常态下的新机遇，积极应对新挑战，积极研究部署加强"三农"工作的新思路、新举措，继续强化农业的基础地位，促进农民持续增收，是破解"三农"问题的一个重大任务。只有积极主动适应经济新常态，科学应对新常态带来的机遇与挑战，扬长避短、趋利避害，"三农"工作才能不断向前推进与发展，不断实现新突破、新辉煌。党的十八大以来，在党中央坚强领导下，坚持把解决好"三农"问题作为全党工作重中之重，持续加大"强农、惠农、富农"政策支持力度，扎实推进农业农村现代化建设，全面深化农村改革，农业农村发展取得了历史性的成就，为党和国家事业的全面发展开创了新局面，提供了重要支撑和保障。实施乡村振兴战略，是党的十九大作出的重大决策部署，是决胜全面建成小康社会、全面建设社会主义现代化国家的重大历史任务，是新时代"三农"工作的总抓手。2018年中央一号文件《中共中央 国务院关于实施乡村振兴战略的意见》强调，农业农村农民问题是关系国计民生的根本性问题。没有农业农村的现代化，就没有国家的现代化。当前，我国发展不平衡不充分问题在乡村最为突出，主要表现在：农产品阶段性供过于求和供给不足并存，农业供给质量亟待提高；农民适应生产力发展和市场竞争的能力不足，新型职业农民队伍建设亟须加强；农村基础设施和民生领域欠账较多，农村环境和生态问题比较突出，乡村发展整体水平亟待提升；国家支农体系相对薄弱，农村金融改革任务繁重，城乡之间要素合理流动机制亟待健全；农村基层党建存在薄弱环节，乡村治理体系和治理能力亟待强化。由此可见，当前我国农业农村底子薄、基础差、发展滞后的状况尚未根本改变，经济社会发展中最明显的短板仍然存在于"三农"问题之中，现代化建设中最薄弱的环节仍然是农业农村，乡村脱贫攻坚决战决胜的关键挑战仍然是农民。中共中央、国务院印发的《乡村振兴战略规划（2018—2022年）》明确指出：我国人民日益增长的美好生活需要和不平衡不充分的发展之间的矛盾在乡村最为突出，我国仍处于并将长期处于社会主义初级阶段的特征很大程度上表现在乡村。全面建成小康社会和全面建设社会主义现代化强国，最艰巨最繁重的任务在农村，最广泛最深厚的基础在农村，最大的潜力和后劲也在农村。

实施乡村振兴战略，是解决人民日益增长的美好生活需要和不平衡不充分的发展之间矛盾的必然要求，是实现"两个一百年"奋斗目标的必然要求，是实现全体人民共同富裕的必然要求。中国曾经是一个典型的、相对落后的农业大国，中国社会是一个典型的乡土社会，而中国文化的本质也是典型的乡土文化，故而，振兴乡村显得尤为重要。对于中国走出"中等发达国家陷阱"，建设社会主义现代化强国，实现中华民族伟大复兴的中国梦具有十分重大的现实意义和深远的历史意义。全面建成小康社会，广大农村地区，尤其是经济社会发展相对滞后的中西部地区农村仍然是重中之重、难中之难。把"三农"问题彻底解决好才能为全面建成小康社会补齐短板。我国实现农业农村现代化，不仅基础较为薄弱，而且涉及人口多，实现难度大，农业农村现代化能否如期实现，直接关系到社会主义现代化的整体实现。发展不平衡不充分的问题在"三农"领域表现突出，既突出表现为城市和乡村之间发展的不平衡，又明显体现在不同地区农村发展的不平衡。由此可见，乡村振兴战略实施关乎全面建成小康社会的目标实现、农业农村现代化和整个社会主义现代化建设大局以及新时代我国社会主要矛盾解决的路径选择。

二、新型职业农民的提出

近年来，随着新型城镇化的迅速推进，广大农村青壮年劳动力纷纷向城市转移，大量农村"空心化"、大量土地"闲置化"、留守农民"老龄化""兼业化"问题日益突出，农村地区"谁来种地、如何种好地"等问题逐渐凸显。党的十九大报告提出，培养造就一支懂农业、爱农村、爱农民的"三农"工作队伍，而新型职业农民培育对于提升农村劳动力素质，解决"谁来种地、如何种好地"以及农业生产效率低下等问题具有重要意义，是推进现代农业转型升级的重要基础。

1. 新型职业农民的概念

目前，新型职业农民的内涵究竟是什么？应具备什么素质？认定、培育标准和考核体系如何？诸如此类的理论与实践探索研究，尚未得出定论。中国人民大学国家发展与战略研究院执行院长严金明认为，新型职业农民是指主动适应农业现代化生产和产业发展需要，主要依靠农业及相关产业经营获得收入、以务农为职业的现代农业从业者。其基本要求包括：具备一定文化与科技知识、掌握现代农业生产技能、富有自主创新创业精神、具有职业素养和社会责任感。新型职业农民"新"在具备现代农业生产经营的先进理念和能够获得较高收入，是新农业生产的继承人与开拓者。

中国社会科学院农村发展研究所研究员党国英认为，广义的新型职业农民是指农业全产业链中专业化程度很高的从业者，而狭义上的新型职业农民则是指经营规模比较大的农产品直接生产者。无论是广义的还是狭义的新型职业农民，都与传统意义上的小农户有较大的差异，具体体现在以下几个方面：面对市场从事生产经营活动，经营规模比较大，依托现代农业经营组织体系，与政府和农业科研机构结成"金三角"的良性互动关系。

通过文献梳理以及实践探索，本书认为新型职业农民是一个复合型概念，是"新型农民"和"职业农民"的有机结合体，"新型农民"是具有较高文化和职业素质、有一定的专业技术、懂得生产经营、善于进行市场管理的农民，而"职业农民"则是将农业生产、经营服务作为职业，并充分利用市场机制和规则来获取经济收入报酬，目标是实现利润最大化的理性经济人。新型职业农民融合了以上两方面基本特征，又具备了新的科学内涵。因此，本书将新型职业农民定义为：具有相对较高科学文化素质、掌握现代农业生产技术、具备一定经营管理能力，以农业生产、经营或服务作为主要职业及收入来源的农业从业人员。

2.新型职业农民培育的目标任务

根据《农业农村部办公厅关于做好2018年新型职业农民培育工作的通知》的精神,准确把握乡村振兴战略新要求,进一步明确新型职业农民培育的目标任务:以习近平新时代中国特色社会主义思想为指导,全面贯彻党的十九大精神,牢固树立新发展理念,坚持把科教兴农、人才强农、新型职业农民固农作为重大战略,把培育新型职业农民作为强化乡村振兴人才支撑的重要途径,以服务质量兴农、绿色兴农、品牌强农为目标,以提高农民、扶持农民、富裕农民为方向,以满足农民需求为核心,以提升培育质量效能为重点,根据乡村振兴对不同层次人才的需求,通过就地培养、吸引提升等方式,分层分类培育新型职业农民,发展壮大一支爱农业、懂技术、善经营的新型职业农民队伍,推动全面建立职业农民制度,带动乡村人口综合素质、生产技能和经营能力进一步提升,促进人才要素在城乡之间双向流动,让农民真正成为有吸引力的职业,让农业成为有奔头的产业,让农村成为安居乐业的美好家园,为农业现代化建设提供坚实的人力基础和保障。

3.新型职业农民培育提出的背景

近年来,我国农业农村产业结构发生了很大变化,农业劳动力老龄化趋势日益严重,农业劳动力后继乏人,"谁来种地、如何种好地"等问题日益凸显。如何吸引"有文化、懂技术、会经营"的年轻人从事农业生产,并把农业生产作为终身职业,需要政府的大力支持和重点培育。人才振兴是乡村振兴的关键因素。如果没有人才的支撑,乡村振兴只能是一句空话。乡村人才振兴的关键,就是要让更多人才"愿意来、留得住、干得好、能出彩",人才数量、结构和质量能够满足乡村振兴的需要。

推进乡村振兴,人才振兴是基础。2012年中央一号文件首次明确提出,大力培育新型职业农民,对未升学的农村高初中毕业生免费提供农业技能培训,对符合条件的农村青年务农创业和农民工返乡创业项目给予补助和贷款支持。2013年中央一号文件进一步强调,大力培育新型农民和农村实用人才,着力加强农业职业教育和职业培训。充分利用各类培训资源,加大专业大户、家庭农场经营者培训力度,提高他们的生产技能和经营管理水平。党的十九大作出了实施乡村振兴战略的重大战略部署,具体包括产业振兴、人才振兴、文化振兴、生态振兴、组织振兴五个方面,而乡村振兴离不开人才的有力支撑,深入实施乡村振兴战略需要一批有知识、有情怀、懂技术的新型职业农民扎根农村及现代农业。据统计，目前全国新型职业农民超过 1500 万人，68.79% 的新型职业农民对周边农户起到辐射带动作用，平均每个新型职业农民带动 30 户农民。近年来的中央一号文件都在强调"积极发展农业职业教育，大力培养新型职业农民"。其中，2018 年中央一号文件《中共中央 国务院关于实施乡村振兴战略的意见》系统提出，"大力培育新型职业农民。全面建立职业农民制度，完善配套政策体系。实施新型职业农民培育工程。支持新型职业农民通过弹性学制参加中高等农业职业教育。创新培训机制，支持农民专业合作社、专业技术协会、龙头企业等主体承担培训。引导符合条件的新型职业农民参加城镇职工养老、医疗等社会保障制度。鼓励各地开展职业农民职称评定试点。"2017 年 1 月 9 日，农业部发布《"十三五"全国新型职业农民培育发展规划》（以下简称《"十三五"规划》），对新型职业农民培育发展进行了详细规划。2018 年 9 月 26 日，中共中央、国务院印发《乡村振兴战略规划（2018—2022 年）》再次强调，全面建立职业农民制度，以强化乡村振兴人才支撑。近年来，党中央统筹推进农业农村各类人才队伍培育和建设工作，为实施乡村振兴战略和推动脱贫攻坚提供了有力的人才支持，推动农业现代化建设取得明显进展。通过分层分类培训，目前我国高素质农民队伍达到一定规模，涌现出一大批"田秀才""土专家"。实施乡村振兴战略，广大农民群众毫无疑问是主力军。做好"三农"工作要以农民为中心、以富民为根本，切实发挥农民在乡村振兴中的主体作用。为此，需要大力培育新型职业农民，促进传统农民向现代新型职业农民转变，通过激发农民创造力，提升农业农村生产力。2012—2020 年关于新型职业农民培育的政策梳理如表 3-1 所示。

表 3-1 2012—2020 年关于新型职业农民培育的政策梳理

时间	政策文件	文件内容
2012 年 2 月 2 日	中央一号文件《中共中央 国务院关于加快推进农业科技创新持续增强农产品供给保障能力的若干意见》	大力培训农村实用人才。以提高科技素质、职业技能、经营能力为核心，大规模开展农村实用人才培训。大力培育新型职业农民，对未升学的农村高初中毕业生免费提供农业技能培训，对符合条件的农村青年务农创业和农民工返乡创业项目给予补助和贷款支持
2013 年 1 月 31 日	中央一号文件《中共中央 国务院关于加快发展现代农业 进一步增强农村发展活力的若干意见》	大力培育新型农民和农村实用人才，着力加强农业职业教育和职业培训。充分利用各类培训资源，加大专业大户、家庭农场经营者培训力度，提高他们的生产技能和经营管理水平

续表

时间	政策文件	文件内容
2014年1月19日	中央一号文件《中共中央 国务院关于全面深化农村改革加快推进农业现代化的若干意见》	落实中等职业教育国家助学政策，紧密结合市场需求，加强农村职业教育和技能培训。支持和规范农村民办教育
2015年2月1日	中央一号文件《中共中央 国务院关于加大改革创新力度加快农业现代化建设的若干意见》	加快发展高中阶段教育，以未能继续升学的初中、高中毕业生为重点，推进中等职业教育和职业技能培训全覆盖，逐步实现免费中等职业教育。积极发展农业职业教育，大力培养新型职业农民
2016年1月28日	中央一号文件《中共中央 国务院关于落实发展新理念加快农业现代化实现全面小康目标的若干意见》	加快培育新型职业农民。将职业农民培育纳入国家教育培训发展规划，基本形成职业农民教育培训体系，把职业农民培养成建设现代农业的主导力量。办好农业职业教育，将全日制农业中等职业教育纳入国家资助政策范围
2016年12月31日	中央一号文件《中共中央 国务院关于深入推进农业供给侧结构性改革加快培育农业农村发展新动能的若干意见》	重点围绕新型职业农民培育、农民工职业技能提升，整合各渠道培训资金资源，建立政府主导、部门协作、统筹安排、产业带动的培训机制。探索政府购买服务等办法，发挥企业培训主体作用，提高农民工技能培训针对性和实效性。优化农业从业者结构，深入推进现代青年农场主、林场主培养计划和新型农业经营主体带头人轮训计划，探索培育农业职业经理人，培养适应现代农业发展需要的新农民
2018年1月2日	中央一号文件《中共中央 国务院关于实施乡村振兴战略的意见》	大力培育新型职业农民。全面建立职业农民制度，完善配套政策体系。实施新型职业农民培育工程。支持新型职业农民通过弹性学制参加中高等农业职业教育。创新培训机制，支持农民专业合作社、专业技术协会、龙头企业等主体承担培训。引导符合条件的新型职业农民参加城镇职工养老、医疗等社会保障制度。鼓励各地开展职业农民职称评定试点
2019年2月19日	中央一号文件《中共中央 国务院关于坚持农业农村优先发展做好"三农"工作的若干意见》	实施新型职业农民培育工程。大力发展面向乡村需求的职业教育，加强高等学校涉农专业建设。抓紧出台培养懂农业、爱农村、爱农民"三农"工作队伍的政策意见

续表

时间	政策文件	文件内容
2020年1月2日	中央一号文件《中共中央 国务院关于抓好"三农"领域重点工作确保如期实现全面小康的意见》	推动人才下乡。培养更多知农爱农、扎根乡村的人才，推动更多科技成果应用到田间地头。畅通各类人才下乡渠道，支持大学生、退役军人、企业家等到农村干事创业。整合利用农业广播学校、农业科研院所、涉农院校、农业龙头企业等各类资源，加快构建高素质农民教育培训体系

4.新型职业农民培育的机遇与挑战

我国是一个农业大国，农业始终受到高度重视，培育新型职业农民有利于解决农业现代化过程中"谁来种地、如何种好地"的问题。结合农民实际生产水平和知识水平，有针对性地进行农民职业技能培训，不断提高职业技术培训的效能，积极培育符合新常态下时代需求的新型职业农民，有助于为乡村振兴奠定坚实的人才基础。

当前，党中央高度重视新型职业农民培育工作，因此，新型职业农民培育面临前所未有之新机遇。新型职业农民是乡村振兴与发展现代农业的重要主体，培育新型职业农民对于加快推进农业现代化与农村经济社会可持续发展具有重要意义。习近平同志指出，要推动乡村人才振兴，把人力资本开发放在首要位置，强化乡村振兴的人才支撑。由此可见，乡村振兴，人才是基石。振兴乡村，必将进一步激励各类人才在农村广阔天地大施所能、大展才华、大显身手，为乡村振兴奠定坚实的人才基础。培育新型职业农民是乡村振兴战略的应有之义，是助推农业高质量发展、全面建成小康社会的必要举措。

新型职业农民培育也面临一定的挑战。实施乡村振兴战略，农民是主体，人才是关键，而从事农业生产经营劳动者的素质高低，直接影响着传统农业向现代农业、绿色农业转型的进程，直接影响着脱贫攻坚战成果的巩固，直接影响着能否按期完成乡村振兴战略目标任务。当前，广大农村，尤其是西部地区农村技能型人才极为短缺，人口空心化、老龄化已成为乡村振兴亟待破解的主要难题。"谁来种地、如何种好地"等问题日益严峻，这些现实条件摆在了我们面前。如何吸引"有文化、懂技术、会经营"的年轻人从事农业生产，并把农业生产作为终身职业，这也是当前乡村振兴所面临的巨大挑战与难题。想破解这个难题，就要实行更加积极有效的人才政策，以识才的慧眼、爱才的诚意、用才的胆识、容才的雅量、聚才的良方，选好人才、育好人才、用好人才，为乡村振兴提供坚实的人才支撑。人才振兴与乡村振兴之间是双向良性互动关系，如果没有人才支撑，乡村振兴只能是一句空话。乡村人才振兴的关键，就是要让更多人才"愿意来、留得住、干得好、能出彩"，人才数量、结构和质量能够满足乡村振兴的需要。由此可见，加强新型职业农民培育有利于从根本上破解乡村振兴所面临的巨大挑战与难题。

第二节 新型职业农民的基本特征

发展现代农业与实施乡村振兴的出路在科技，关键在人才，最根本的就是要培育具有创新意识，兼备科技素质、职业技能与经营能力的新型职业农民。新型职业农民与传统农民有根本的区别，新型职业农民是新型市场的主体、具有较大规模、具有良好的稳定性以及较高的社会地位，新型职业农民的"新"体现在具有新技术、新理念、新素质。

一、新型职业农民的特征分析

1. 新型职业农民是市场主体

传统农民与兼业农民长期以来进行的是自给自足的小农业生产，主要目的仅是维持生计。而新型职业农民除了自给自足外，更多的是依靠市场信息，通过敏锐的市场嗅觉来分析市场需求，利用自身的优势和先进的科学技术、信息化手段从事大规模市场化农业生产，为市场提供农产品，提高产品质量、调整农产品结构，延长农业产业链条和利用农业的多功能性等满足消费者需求，通过一切合理的、可能的手段追求报酬最大化。

2. 新型职业农民具有较大规模

新型职业农民具备适应农业现代化发展的创新意识、市场意识、竞争意识、主体意识以及风险意识等观念，同时又作为独立的市场主体，采用的是市场化经营方式，随着需求的变化使新型职业农民经营规模较大、生产逐步专业化，不断追求最大化的利益。基于此，新型职业农民从事农业的收入不低于甚至是高于城市其他职业的收入，这是新型职业农民持续发展的职业基础。

3. 新型职业农民具有稳定性

新型职业农民从事农业生产具有高度稳定的特点。首先是长期以来农业自身的稳定性所决定的,农业始终是国民经济发展的基础,它是人类生存之本,是生活中的衣食之源,是一切生产的首要条件,所以农业永远不会被代替,只会越来越重要。加之实现农业生产需要持续性进行,如耕地的长期养护、科学培植地力、提高土壤肥沃程度等。这就保证了新型职业农民从事农业生产是长期稳定的,在未来很长一段时间内发展农业,保证农业生产是必然的要求。其次是新型职业农民更加促进农业生产的稳定。农业自身具有生产周期长、生产具有季节性等特点,短期内可能存在一定的不稳定现象,新型职业农民的产生使这一不稳定因素得到解决,新型职业农民掌握着更多的科学技术和理论经验,并能将其充分运用到生产生活中,很好地弥补了农业存在的短期不确定性。最后是新型职业农民坚持全职务农。农民把务农作为终身职业,并为农业的发展献计献策,不断将理论知识与生产实践相结合,不断在生产生活中得到职业的荣誉感与满足感。长期稳定的农业生产不仅适应了农业生产地域性的要求,丰富的实践经验更为提高农业生产水平打下了坚实基础。

4. 新型职业农民具有较高的社会地位

新型职业农民所进行的农业生产呈现出规模大、较高的专业化和职业化水平的特点,这将使他们获得较高的收入,并能被社会成员广泛认同,得到尊重。随着农业现代化和新农村建设步伐的加快,其职业发展空间也将更为广阔,社会地位会显著提升,人们对这一群体的职业认同度也会显著提高。同时新型职业农民始终秉承高度的社会责任感,不断提升自身的文化和职业素养,这也会使其自身地位不断提高。

二、新型职业农民与传统农民的比较

1. 新型职业农民具有新技术

新型职业农民在进行专业化、职业化、规范化农业生产的同时,注重拓展各个方面的新技术能力。新型职业农民不只是单纯的生产者、市场经营主体,更是推进农业现代化、农村产业化等一系列农业农村问题取得进展的新动力。新型职业农民掌握了先进农业生产技术,是新的农业经营、农业专业化服务、农业管理的主体，既懂经营，又懂管理，还为农业提供社会化服务。新型职业农民是农业新知识的掌握者和传播者，只有广泛掌握生物科技、计算科学、现代管理等知识，才能提高农业在国际市场中的竞争力。新型职业农民是新技术、新品种、新技能的使用者和发明者，没有新的技术装备武装现代农业，就难以实现规模经济，而没有新的优良品种被培育推广，市场竞争力就难以提高。新型职业农民是现代农业新业态的创新者，新型职业农民在科技知识、劳动技能、经营素质和管理经验等方面的水平都超过传统农民，对于农业结构有着更深的了解，在农业市场竞争上有着更独到的眼光，在农业市场上有着较强的竞争力。新型职业农民是现代农业生产者和经营者，拥有较高文化素养和农业专业技术能力，将农产品的生产、加工、营销结为一体，将特色农产品生产与农村生态旅游融为一体，使农业成为集种养、旅游、教育等于一体的多功能新业态，具备一定的法律意识和先进意识，能在"互联网+"农业的发展中与时俱进，利用现代化信息技术和国家相关政策去发展农业，更好地推动农业转型。

2. 新型职业农民具有新观念

（1）市场主体观。新型职业农民充分发挥自身优势，不断延长农业产业链，为市场提供充足的高质量、安全的农产品以获得最大利润，不断壮大自身的主体地位。在进行农业生产经营时不拘泥于传统生产、管理的方式方法，他们与时俱进，善于运用新技术、新的思维模式进行创新，把握农业生产的每一个环节。与传统农民的代际传承不同，新型职业农民对农业生产经营具有一定偏好，对市场变化有灵敏性，善于应对市场变化，在"互联网+"农业的发展中与时俱进，创新发展，不断提升市场竞争力。

（2）规模化经营。新型职业农民从事农业生产经营是自我选择与市场选择共同作用的结果。与传统农民相比，他们更加强调现代农业生产的规模化经营，从而实现传统小农向社会化大生产的变革。农业作为国民经济的基础产业，为了适应市场经济的发展需要，提高农业生产率，必须实行农业的产业化经营，走适度规模经营的道路。

（3）风险意识强。在工业化和城镇化的大背景下，新型职业农民具有较强的开放性和流动性，也有较好的风险防控意识，倾向于根据市场需求发展农业商品化生产，并控制生产规模，围绕提供农业产品和服务组织开展生产经营活动，形成产前、产中和产后的全产业链条。

3. 新型职业农民具有新素质

新型职业农民具有新素质，主要是具有高度责任感。传统农民在进行农业经营时，常常是依世代延续的生产经验劳作，靠天吃饭，没有意识到农民自身素质对农业生产与发展的重要性。新型职业农民自身具备较高科学文化素质、道德心理素质、科技素质等，尤其是具有非常强的社会责任感，这将在农业生产中发挥重要作用。新型职业农民进行的主要是市场化经营，面临的对象多，问题复杂，这就要求新型职业农民除了有文化、懂技术、会经营外，更要具有高度的责任感和现代意识。其高度的责任感体现在三个方面：一是对消费者负责。新型职业农民进行市场化生产，与消费者的关系尤为重要，新型职业农民要提供价格合理、安全可靠的农产品给消费者，对社会和消费者负责。二是对生态、对环境负责。市场化生产不同于自给自足的小规模生产，其生产规模大，随之对环境、水资源等的影响也大，新型职业农民在生产中不断提升科学生产技术，在从事农业生产过程中杜绝滥用化肥农药，保护土地资源、水资源等。三是对社会、对后人负责。新型职业农民进行农业生产时注重培植地力和耕地养护，拒绝改变土地用途，为子孙后代的发展留下更多资源是对农业可持续发展负责，对后人负责。

第三节 乡村振兴与新型职业农民培育的逻辑

在人才振兴的视角下，乡村振兴与新型职业农民培育存在多重价值目标耦合关系，乡村产业振兴、乡村文化振兴、乡村生态振兴、乡村组织振兴、乡村人才振兴与新型职业农民培育的目标基本耦合。通过优化乡村人才振兴制度体系，完善新型职业农民培育体系，推动新型职业农民培育与乡村振兴之间双向良性互动，创新乡村人才治理体系，加快推进乡村人才振兴，为乡村振兴战略的实施提供人才推力和精神动力。新型职业农民培育为乡村振兴战略提供了人才支撑，而乡村振兴战略又为新型职业农民培育提供了发展平台，二者相辅相成，共同促进农业农村的高质量发展。

一、新型职业农民培育为乡村振兴提供人才支撑

1.新型职业农民培育为产业振兴提供人才支撑

新型职业农民是农业企业、农业产业发展壮大的根本，与传统的小农模式生产下的农民相比，新型职业农民的思想更加开放、受教育程度普遍较高，可以使农业生产的质量与技术得到大幅度提升。另外，还可以实现服务性与技术性的统一，为现代化农业注入新生动力。新型职业农民具备现代农业生产经营的先进理念，拥有现代农业所要求的能力素质。因地制宜，不断壮大新型农业经营主体，结合地方资源优势、农业产业优势等，科学布局农业产业，打造特色产业，实现农业产业化、标准化、规模化，使农业产业的布局不断优化，规模化效应明显提升，可以增强农业产业的竞争力，带动现代农业产业的发展，推动一二三产业的深度融合。培育新型职业农民是关系现代农业发展的战略性、基础性、长期性的重要工作，有利于推动农业供给侧结构性改革、开创农业农村发展新局面、为乡村振兴战略中的产业振兴提供人才支撑。

2.新型职业农民培育是人才振兴的重要组成部分

乡村人才振兴包括农业科技人才队伍、农村专业人才队伍、农村创新创业人才队伍、农村乡土人才队伍和新型职业农民队伍的打造，其中，新型职业农民队伍培育壮大又是乡村人才振兴的重中之重，所以新型职业农民的培育是乡村振兴中人才振兴的重要组成部分和关键环节。新型职业农民作为农村实用人才的主体，其中相当一部分人是具有高学历或者相关农业技术的人员，他们可以将所学知识和专业技术主动应用于农业生产，促进乡村振兴，所以必须抓住机遇、改革创新，解决老问题，塑造新格局，促进新发展。

3.新型职业农民培育为文化振兴提供实施途径

农村在历史的积淀中积累了优秀的传统文化，然而，随着新型城镇化快速发展，很多乡村特有的历史非物质文化记忆正在逐渐减少，甚至逐渐消失，乡村文化的这种发展趋势和面临的调整已成为制约乡村振兴的瓶颈和短板，也是乡村振兴中文化振兴亟待解决的现实挑战和问题。自2012年中央一号文件首次明确提出"大力培育新型职业农民"，目前基本上形成了多部门共同参与、协调统一的新型职业农民培育工作机制。在新型职业农民培育过程中，参与者不仅在农业专

业技能、农业职业素养等多方面得到全面提升，还在思想观念上发生了根本性的改变，在思想道德水平上得到了全方位的加强。新型职业农民不但懂农业、爱农村，而且对乡村文化理解颇深，充分尊重乡村文化，有较强的文化创意思维能力和较浓的乡土情结和乡土意识，能充分意识到乡村文化的发展趋势，深知乡村文化对于乡村振兴的重要性。因此，新型职业农民务必重视乡村文化建设，这有助于为文化振兴提供有效的实施途径。

4. 新型职业农民培育为生态振兴提供人才支撑

生态振兴实际上就是使经济、生态、社会和农民和谐发展、良性互动，其根本措施就是让农民寻求一种合适的农业绿色发展模式和科学合理的生产方式，根据市场供需来科学组织生产活动，实现和市场的精准对接，推动乡村经济发展与生态文明建设，实现物质文明与精神文明的双赢。新型职业农民培育必须坚持以服务质量兴农、绿色兴农、品牌强农为导向，以满足农民需求为核心，以提升培育质量效能为重点，培育出与农村现代化、农业绿色化发展相适应的新型职业农民队伍，将他们从土地上解脱出来，通过整合生产要素来调整优化农业产业结构。随着经济的发展，建立健康绿色生态产业集群，全面推动农业绿色化、生态化发展，形成绿色生态全产业链，实现生态振兴，人与自然和谐共生，走绿色化、生态化发展道路。新型职业农民培育为生态振兴提供人才支撑，培育出坚持走农业绿色发展道路的坚定践行者。

5. 新型职业农民培育有利于农村基层组织建设

中共中央印发的《中国共产党农村基层组织工作条例》中指出，要"组织党员、群众学习农业科学技术知识，运用科技发展经济"。新型职业农民的培育也是为了让农民群众学习农业科学技术知识，运用科技知识和技能来发展农村经济，这与该条例的要求可谓是异曲同工。除此之外，新型职业农民培育致力于培养造就一批"懂农业、爱农村、爱农民"的基层工作队伍，有利于农民整体文化素质的提升，有利于农民技能水平和管理水平的全面提高，从而更加有利于统一思想认识，更好地坚持党对农村工作的全面领导，推动农村基层组织工作的顺利开展。

二、乡村振兴为新型职业农民培育搭建发展平台

1. 乡村振兴为新型职业农民培育提供组织保障

农村基层党组织是党在农村工作的坚实基础和组织保障，党对农村工作的全面领导是农村事业发展的根本和核心保障。毫不动摇地坚持和加强党对农村工作的全面领导，确保党在农村工作中始终总揽全局、协调各方，是乡村振兴战略成功的关键。在当前新的发展形势下，必须把党的农村基层组织建设摆在更加突出的位置。新型职业农民培育也需要坚定不移地坚持党的领导，而乡村振兴战略的实施为新型职业农民培育提供了更强大的战略支撑，为新型职业农民培育提供了更加可靠的组织保障，有助于充分发挥党组织战斗堡垒作用和党员先锋模范带头作用，大力促进传统农民向新型职业农民转变。

2. 乡村振兴为新型职业农民培育指明培育方向

乡村振兴战略的实施不仅需要大量的专业技术人才，更需要既懂专业技术又懂经营管理的复合型人才，同时还需要有思想、有创意的合作组织的带头人。乡村振兴的人才来源离不开新型职业农民培育，因此，乡村振兴的人才需求导向为新型职业农民培育指明了培育的方向。通过积极探索农业企业经营型人才培养，结合"一带一路"倡议，完善农业对外发展和合作机制，为农业"走出去"、农业企业"走出去"等提供强有力的人才支撑。通过新型职业农民培育，激发农民的创业意愿及创业动力，提高他们的创新创业能力，使新型职业农民能够较好地发挥示范带动作用。通过发展"互联网+"农业等新型业态，改善人才队伍素质结构，培育农业企业经营型人才和农业科技人才。

3. 乡村振兴为新型职业农民培育提供政策支持

乡村振兴的目标主要体现在五个方面：产业振兴、人才振兴、文化振兴、生态振兴和组织振兴，这些目标的完成都离不开"人"，而新型职业农民的培育正是为了培育出更多的能完成这些振兴目标的"人"，理所当然会被重视。因此，乡村振兴可以为新型职业农民培育提供更多的政策支持。通过出台各种惠农政策，定期举办农业企业经营型人才示范培训，带动贫困地区开展相关培训活动等，还积极推动项目建设、经营用地、用水用电、金融保险、农业补贴、医疗社保等各方面扶持政策，大力支持新型职业农民培育。

4.乡村振兴为新型职业农民培育提供平台

灵活开放的培育培训实践形式是农村人才培育平台发展的基础。新型职业农民培训对象中绝大多数无法长时间离开具体岗位,虽然具有通过再学习和培训来提升自身素质能力的强烈需求,但是苦于没有时间,加之农村基础设施条件较薄弱,很多地方连基本的教学条件也不具备,所以很难实现全日制的教育培训模式。乡村振兴战略的实施使农村地区互联网等现代化信息科技设施不断完善和发展,这为新型职业农民培育提供了便利的平台和完善的设施,现代互联网平台作为当前最灵活的开放式教育形式,既可以满足新型职业农民对不同侧重点的理论知识学习,还能够不受农业农村基础设施的影响,做到时时学、刻刻学,不受时间的限制。乡村振兴的全面推进和实施适应了农村社会经济发展及农村学员对高等教育的需求,它将在全面振兴农村的过程中发挥其独特的作用,为加快农业农村现代化、新型城镇化进程以及农民整体素质的提高作出贡献,为新型职业农民培育提供更多实践平台,搭建出一个更加便利的人才培育发展平台。

三、实施乡村振兴战略与新型职业农民培育相辅相成

新型职业农民培育为乡村振兴战略提供了强有力的人才支撑,而乡村振兴战略又为新型职业农民培育提供了便利的发展平台,二者相辅相成,共同促进农业农村现代化发展。实施乡村振兴战略将会为新型职业农民的培养创造更加有利的基础条件,乡村振兴是全面促进农村发展的科学战略部署,可以有效地解决农业农村发展中的问题和困境。培育新型职业农民是乡村振兴战略中人才振兴战略的重要内容,新型职业农民培育的发展将会推动更多新型职业农民的培育和成长,使其成为乡村振兴的中流砥柱,并且还将加快农业技术改革、扩大农村生产规模以及提升农民职业素质和文化修养。

在乡村振兴背景下,积极开展新型职业农民的培育是为农业全面转型升级提供人才支持,也是农业农村现代化和全面巩固、拓展脱贫攻坚成果的内在需求。在经济发展过程中,农业一直是一个较为薄弱的环节,要想在中国特色社会主义现代化建设背景下充分发挥农业在国民经济中的基础性作用,就需要不断地革新农业技术,并不断加强农业生产管理创新,不断加快现代农业的发展,提高科技水平,提升农业发展的后劲和韧性,着力提升农民的职业和道德素养。而新型职业农民培育的目标刚好在于解决这一问题,新型职业农民在农业生产中掌握了更

多的科学文化知识和经营管理理念，对于农业产业结构调整与升级有着更深的了解，在农业市场竞争中有着更独到的眼光以及较强的市场竞争力。而且新型职业农民除了专业素养突出外，还具有较高的思想素质和综合文化素质，具备一定的法律知识和创新意识，在"互联网+"农业的发展中，新型职业农民能够与时俱进，利用现代化信息技术和国家相关政策去发展现代农业，更好地推动农业转型升级与绿色发展。乡村组织和管理体制的多元化，为推动乡村振兴战略的实现、乡村治理现代化提供了不竭的新动力。

第四节 新型职业农民培育的保障机制

要深入实施乡村振兴战略，强化乡村振兴的人才支撑，就需要汇聚全社会的力量，从培育对象、内容、方法以及效果评价等关键环节着力，保证新型职业农民培训的正常开展，不断提升新型职业农民培育的质量和水平，从而培养造就更多新型职业农民，为乡村振兴提供人才支撑，把农民职业有前景、农业发展有奔头、农村生活更美好的愿景变为现实。

一、加强组织领导，规范项目实施

坚持党的全面领导，坚持党政一把手是第一责任人，充分发挥决策参谋职能，成立新型职业农民培育工程项目专项领导小组，并充分发挥领导小组的作用，进行统筹安排，务求实效，协调推进各项举措的实施。争取将新型职业农民培育项目纳入当地党委、政府的重要工作内容，确保新型职业农民培育工作的落实。充分发挥各行业、各部门的作用，协同推进新型职业农民培育工作，抓紧研究制定新型职业农民培育发展规划，着力完善培育扶持政策，定期研究新型职业农民培育工作，严格按照要求制定本级项目实施方案。各培训基地要明确每次培训的对象、培训内容、培训主体，科学核定培育人数，落实培训时间、培育环节。创新培育思路，加强台账管理，确保项目规范操作，不断提升项目实施成效。

二、扩大培育覆盖，重视全面发展

为培养更多新型职业农民，满足我国农业现代化发展的需要，必须持续扩大新型职业农民培育覆盖面。在财政投入上，落实完善一系列金融扶持政策，把新型职业农民培训放在公共财政首要考虑的地位。加大培训的投入，创新更多培训方法，充分调动农民参与培训的积极性；加大后期服务的投入，对培训对象进行全覆盖的后期跟踪服务指导，保障新型职业农民培训工作落到实处。在培训安排上，做好"农民"培训。培训前做好宣传工作，扩大宣传范围，保证宣传工作全覆盖，扩大参训学员的来源；扩大农业院校、农学专业招生规模，鼓励农民接受继续教育。培训中坚持分类指导和因地因材施教，培育对象按照要求参加培训班，根据当地培育需求按不同类型组建各类农民培训。遵循规律，推行"分段教学、弹性学制、农学交替"等方式开展培训。在培训内容上，合理安排，不仅要把培育全面发展的新型职业农民当作顺应农业现代化、市场化、智能化发展趋势的客观要求，还要把它当作我国农业人才培养的重要目标。在改革开放不断深化、科技创新日新月异的背景下，培育新型职业农民要坚持传统与创新相碰撞，坚持理论与实践相结合，坚持定向培训与发散思维相统一，在继承传统培训和传统技能的优势下不断创新，研究更高效、更全面的农民培训；在推广现代农业科技、现代农业生产手段的同时，还应该从科技知识和经营管理方面培养农民的现代化农业发展理念，尊重农民的生产生活方式；坚持线上与线下同时发力，加快新型职业农民培育云平台建设，为农民提供更丰富、更便捷的教育培训服务；加强农村电子商务知识技能培训，拓宽农产品销售渠道。

三、加强宣传引导，强化区域合作

加强宣传引导，积极利用广播、电视、报纸、网络、微信等媒体，宣传解读有关新型职业农民培育的政策文件，不断探索和总结新型职业农民培育的模式，积极营造良好的社会氛围，增加新型职业农民的培训热情。大力宣传新型职业农民培育工作的典型案例和新型职业农民创业创新的奋斗历程和成功经验，推介一批示范典型，不断激发农民的创新创业潜力，提升新型职业农民的发展活力，引导和带动广大农民立足农村创业兴业。加强多层次、宽领域的区域交流合作，促进区域间观念互通、技术互学和经验互鉴。不断缩小新型职业农民培育水平上的空间差异，充分发挥先进地区的示范引领作用，建立"一对一"或"一对多"的互助合作长效机制，带动落后地区改革创新新型职业农民培育模式，提升新型职业农民培育的质量和水平。依托新型职业农民培育发展高峰论坛等平台，不断加强不同地区在经验和技术上的交流和合作。通过一切有力手段和方式，组织农民外出考察和学习先进技术和思想,提高新技术、新业态的推广应用效率,进一步促进新型职业农民的发展。

四、加强队伍管理,做好延伸服务

做好管理。规范有序地推进新型职业农民队伍管理工作。首先要完善信息档案和数据库,及时录入新型职业农民培育对象的基本情况、产业规模、从业年限、技能水平、培训要求等信息。其次要建立健全新型职业农民队伍动态管理机制,做好统计工作。最后要强化培训后期的追踪服务工作,颁发职业农民证书,作为重点扶持和跟踪对象,每年对信息库进行更新。

做好服务,特别是培育的后期延伸服务。加强信息化手段应用,实行线上线下融合培育,全面提升质量效果。完善信息化平台建设,加大培训力度和推广力度,推动农业科教云平台的落地应用。大力推介"中国农技推广"App、"云上智农"App等一批线上教育培训服务软件。通过精品视频课程,采取政府购买服务的方式开展在线学习、成果速递和跟踪服务。加强跟踪服务平台建设,定期发布农业有关政策、市场信息,及时回复学员咨询,鼓励新型职业农民抱团发展。

五、强化资金管理,确保资金效用

在资金拨付上,强化资金管理,确保资金效用,严格按照国家、省市的有关规定对新型职业农民培训进行专项财政资金补助。做好财政资金预决算管理,规范财政专项资金拨付和审批程序,建立完整的财务管理档案,确保专账管理、专款专用。分阶段对培训进行款项拨付,培训结束后,根据考核验收等情况,对验收合格的,按照财政国库管理制度的有关规定,拨付余款。对验收不合格的,要收回预拨的资金,并取消以后年度培训资格。培训机构对新型职业农民进行免费培训,不得再收取其他费用。

在资金监督上,加强项目主管部门对专项资金的监管,建立"谁使用,谁负责"的资金监管机制。坚持实施单位主要负责人是第一责任人,确保资金使用的效益,确保资金及时足额拨付到位。注重培育资金的支出,确保资金支出规范与安全。各培训机构要建立项目资金专账,确保专款专用,规范使用,坚决杜绝"挤、占、腾、挪"项目资金现象。严禁以现金或实物形式直接发放给培育对象。严禁存在大额现金支付来往业务,做到发现一起,查处一起,绝不姑息。建立项目管理、监督、实施三者分离的工作机制,项目的验收严格规范,需三方签字认可。

六、加强监管考核,建立评价机制

各地按照属地管理和"谁承担,谁负责"的原则,严格监督审查,分级抓好新型职业农民培育项目监管和绩效评价。既要注重是否把项目资金真正用于培育及实训,是否严格按资金开支范围做到专款专用的过程管理,又要重视项目培育效果、后期的跟踪服务态度、农民是否学以致用等结果的实现。建立健全完善的培训评价机制:首先,规范建档,要以培训班为单位做到"一班一案",确保培训内容、过程、对象、效果有据可查,可追溯、可评估、可考核。其次,重点环节评价,对培训效果进行评价,重点放在优化培育体系、提升培训质量上面,也就是对开展新型职业农民培训效果如何,培训结束后跟踪农民知识技能转化运用如何,是否为农民提供及时有效的指导和建议等方面进行评价。最后,实施实时监管,充分利用新型职业农民信息管理系统进行培训考核,利用互联网、电话和实地调查等方式强化监管。

对新型职业农民培育工程实行综合考核,按照统筹部署、分层落实考核的工作机制,在培育机构、实训基地、师资考核培育任务完成、学员满意度、人才资源库(学员库)、师资库建设、补助资金管理等情况上分层进行绩效考核。要组织学员对培训机构的教学设计、教师水平、组织管理和教学效果等情况进行满意度综合测评。在实施监督考核的同时,邀请审计或纪检监察机关全程参与项目组织实施、验收,形成监管合力。

第四章

乡村振兴战略下新型职业农民培育的基础

党的十九大报告提出全面实施乡村振兴战略，并将培育新型农业经营主体作为重要内容纳入乡村振兴战略之中，这对于指导新型职业农民培养工作具有重要里程碑意义。2021年4月，国家出台了《中华人民共和国乡村振兴促进法》，其指出各级人民政府应当采取措施，加强职业教育和继续教育，培养高素质农民和农村实用人才。乡村振兴战略下的新型职业农民培育需要有与时俱进的制度创新、健全完善的制度体系和产业链以及有效的社会治理。

第一节 新型职业农民培育的理论基础及政策依据

一、新型职业农民培育的理论基础

（一）人力资本理论

人力资本理论最早来源于经济学的研究，20世纪60年代，经济学家西奥多·舒尔茨和加里·贝克尔创立了人力资本理论。舒尔茨对教育投资与农业的关系进行了系统分析，坚决主张使农业经济学成为现代经济学中不可分割的一部分；发展中国家应注重发展和引进新技术，使教育作为一种重要的农业投资形式或载体发展人的能力。通过统计资料，同样的投资用在教育上要比用在其他方面的收益率更高。在市场经济条件下，投资的收益率差距会对人们的经济行为造成刺激，无论是企业家，还是农民或个人，甚至是家庭主妇，对他们进行教育投资都会促进社会经济迅速增长，进而提高国民收入。因此，重视和加强农业人口的人力资本投资具有重要的意义。

贝克尔相信可以用经济学来分析人的所有行为，坚持教育和培训是人力资本

第四章 乡村振兴战略下新型职业农民培育的基础

最重要的投资,学校教育带来的其他方面的收益相当大。在现代农业中,人力资本和技术之间有密切的联系,农民必须能够掌握多种技能,灵活应对商品市场未来的诸多变化。由于人力资本管理对市场变化具有敏锐的感知力,使资本的投入更加具有侧重点,还能够对人力资本的效果进行衡量,以及结合经济学分析模型进行更长远的预测,进而采取前瞻性的行动。因此,在农民培育中,人力资本理论能够引导政府对农民培育的投资,提升农民的农业素养,加快推进农村经济社会发展,推进乡村振兴建设。

我国是农业大国,实施乡村振兴战略有利于解决国计民生的根本性问题——农业农村农民问题。"农村经济社会发展,关键在人。"当前,我国乡村面临着诸多问题:农业资源与环境的强约束;农村土地细碎化,农户分散经营模式阻碍了农业现代化进程;农村人口呈现老弱化、脆弱化特征。这些情况导致现代农业发展难以支撑,乡村振兴难以推进。因此,根据人力资本理论,培育新型职业农民是一种非常重要的人力资本投资,通过对农民进行教育与培训,使他们掌握丰富的农业技术知识、农业经营与管理知识等,开阔他们的视野、提升他们的农业素质、生态素质和科技素质,使他们能够利用先进的技术进行农业生产操作与经营管理,进而创造出更高的经济效益。总之,人力资本理论对新时代培育新型职业农民,以加快农业现代化和推进乡村振兴具有重要的意义。

(二) 乡村教育理论

20世纪20~30年代,为救济农村、改造农村,知识界积极投身乡村建设运动,包括陶行知、晏阳初、梁漱溟、黄炎培等。

陶行知是中国近代教育史上的乡村教育先行者,他认为中国农业的发展水平关乎中国的兴旺发达,农业发达必须仰赖于农民的进步,农民的进步则必须将教育与农民相结合。因此,陶行知认为农村教育是适合我国国情的,是农民群众实际需要的现代教育。他提出乡村教育,特别是针对十岁以上的大多数儿童、大多数成人的教育,都要从经济及娱乐两方面倾注心血。教师得人,则学校活;学校活,则社会活。他对"村民需要什么教育"做出了回答:一是消除文盲;二是普及农业科学;三是培植合格公民。普及农业科学的目的在于提高农民的生产力,农业科学以服务农民,指导他们促进生产实践为主旨。

晏阳初对中国农村教育寄予了积极的希望,并提出了相应的措施。他认为中国的农村虽然破产了,但人才很丰富,有的是人,只要你肯给他们以好的教育,那是很大的富源……青年农民当中,真有不少天才,受了短期的平民教育就能表现出他们很丰富的智力与才力……实现的步骤:一是研究实验,包括人才上的条件、事业上的条件、经济上的条件、时间上的条件、社会上的条件。二是训练人才,为什么要训练,谁来训练,训练什么。三是表证推广。他认为在民众教育中,主要对象应该是农民,其中最需要教育的又是青年,而最缺乏教育机会的也是青年。民众教育的主要任务是培养知识力,培养生产力,培养组织力。

梁漱溟是乡村建设运动的领导者之一,在他看来,乡村建设运动的主力是占人口绝大多数的乡村居民,最重要的是要改变多数人的文化习惯,使已经"文化失调"了的民众回归本土传统文化。梁漱溟认为农民群众是救国的主力军,救国的起点是启迪民心、开发民智,强调用教育唤起农民的自觉,号召农民自救。他认为中国属"村落社会"性质,主张"农业立国","吾为农国农业根本不适于资本主义而适于社会主义"。他发扬"乡学"传统,倡导"家生活"以改造乡村文化,应在农村设立基层组织——乡农学校,明确乡农学校由四部分人构成:负责日常行政管理的校董会、负责监督或训练的校长、教员和学生。除教员外,乡农学校的其他构成人员都是当地的居民,肯定了农民教育的积极作用,肯定了"乡学"的功能,对乡村文化改造中国文化改造寄予了希望。

黄炎培是20世纪初看到乡村教育重要性的第一人,他的乡村教育理论形成和发展于他职业教育理念、职业教育范围和职业体系的加深与完善。黄炎培一心想走出一条实业救国的道路,他认为"救国之本在实业",并提出了"富教兼施","富、政、教合一"的"大职业教育主义"。他认为以前所办的平民职业教育是限于中等及以上人家的青年,但是来上学的多是中等及以下人家的青年,中等及以上人家很少有青年需要职业教育。因此,他认为职业教育应转向中等及以下人家,据此,他肯定了乡村教育的重要性,要求乡村学校"当为适于乡村生活之教育"。

陶行知、晏阳初、梁漱溟、黄炎培的教育理论均指出,中国农民对中国振兴具有重要的作用,中国农民必须接受教育,中国农民有教育的可能性,通过乡村教育将帮助中国实现振兴。陶行知深刻地揭示了农民与农业的关系,农业与国家的关系,中国兴旺发达必须仰赖于先进的农业,先进的农业必须依靠进步的农民。新型职业农民是新时代最先进的农业生产者,通过提高新型职业农民的各方面素养,将极大地促进中国农业走向现代化,促进乡村振兴、国家兴旺。晏阳初认为中国农村具有大量的青年人才,要重点给予青年先进的农业教育。新型职业农民是农民中的代表,具有一定的社会见识与一定的现代思维,应加强培育新型职业农民,使他们的才智得到充分发挥,进而推动农业生产力的进步。梁漱溟指出当代农民应该有家国情怀。新型职业农民从传统农民中走出来,具有浓郁的乡土文化,他们是农民中的佼佼者,具有家国情怀,应肩负起国家对农业给予的希望。黄炎培则指明了如何实施农民教育,即要实施适应乡村的职业教育。在新型职业农民培育过程中根据不同地域新型职业农民的实际需要,分类培训,将促进他们深入认识自己从事的产业,进而促进农业发展。

二、新型职业农民培育的政策依据

政策是国家政权机关、政党组织以权威形式标准化地规定出来的在一定的历史时期内应该达到的奋斗目标、遵循的行动原则、完成的明确任务、实行的工作方式、采取的一般步骤和具体措施。新型职业农民是农村的主体,更是农村的建设者,培育新型职业农民将对加快乡村振兴、全面决胜小康社会具有重要的意义。新型职业农民培育政策对新型职业农民培育具有一定的指导作用。本书以"中华人民共和国农业农村部官网""中华人民共和国中央人民政府官网"作为资料来源,采用检查搜索的方式(检索时间为2018年7月1日),去除新闻发布会、新闻宣传、地方政策法规、地方培育计划等非国家政策文本,筛选出与新型职业农民有关的有效政策文本36份。其中,中共中央、国务院的文件有《关于加快推进农业科技创新持续增强农产品供给保障能力的若干意见》(2012年)、《关于加快转变农业发展方式的意见》(2015年)、《深化农村改革综合性实施方案》(2015年)、《关于落实发展新理念加快农业现代化实现全面小康目标的若干意见》(2016年)、《"互联网+"现代农业三年行动实施方案》(2016年)、《全国农业现代化规划(2016—2020年)》(2016年)、《关于完善支持政策促进农民持续增收的若干意见》(2016年)、《关于创新体制机制推进农业绿色发展的意见》(2017年)、《关于实施乡村振兴战略的意见》(2018年),农业部的文件有《"十三五"全国新型职业农民培育发展规划》(2017年)、《农业部关于推进农业供给侧结构性改革的实施意见》(2017年)、《2018年农业科教环能工作要点》(2018年)等,以及教育部的文件《中等职业学校新型职业农民培养方案试行》(2014年)等。之后,采用政策文本分析法，厘清我国新型职业农民培育政策，主要涉及六个方面，下面进行具体阐述。

(一)新型职业农民培育主体多元化

新型职业农民培育主体与新型职业农民培育客体相对应，是指实施新型职业农民培育内容的传播者，即实施培育的组织或机构，包括官方组织和民间机构。新型职业农民培育官方组织包括涉农职业学校、农业广播电视学校、农业科研院所和农技推广机构。

涉农职业学校以中等职业学校为主，主要是通过开设生产种植、农业工程和经济管理三类专业来培育新型职业农民，使他们具有自我发展能力、较强的农业生产经营能力和社会化服务能力，中等职业学校经历了从参加新型职业农民培育工作到成为新型职业农民培育地和重点关注农业中等学校的发展过程。例如，2012年《关于加快推进农业科技创新持续增强农产品供给保障能力的若干意见》(以下简称《农业科技创新意见》)首次在国家文件中提出"新型职业农民"，规定了其培育对象及给予的相应支持，但未对中等职业学校的功能作出说明，中等职业学校作为传统的教育教学基地，按政策要求加快中等职业教育免费进程。直到2014年的《中等职业学校新型职业农民培养方案试行》(以下简称《中职农民培养方案》)中才要求中职学校培育新型职业农民，并明确了培育的专业。2016年《关于落实发展新理念加快农业现代化实现全面小康目标的若干意见》(以下简称《农业现代化意见》)则要求将培育主体集中到农业职业学校，并"将全日制农业中等职业教育纳入国家资助政策范围"。

农业广播电视学校主要是为农民提供现代农业生产和实用技术知识的绿色证书教育培训、新型农民科技培训、农村劳动力转移培训、创业培训和各种实用技术培训，使农民培训逐渐具体化和专业化。例如，《2013年农村劳动力培训阳光工程项目实施指导意见》(以下简称《2013年培训意见》)要求以农业广播学校为主体的学校整合编制培训规范，制定教学计划，开展系统培训。2016年《农业现代化意见》进一步补充"健全农业广播电视学校体系，定向培养职业农民"，以确保亿万农民大力推进农业现代化。2017年《"十三五"规划》明确了以农业广播电视学校为主体的学校资源整合培育新型职业农民的具体工作，使新型职业农民培育工作逐渐走向专业化。

第四章　乡村振兴战略下新型职业农民培育的基础

农业科研院所主要是开展重大农业、农村经济的科技研究，主要以推广农业技术为任务，逐渐通过"农业科研院所+多方资源+市场主体"的方式来培育新型职业农民。例如，为加快农业技术的发展，2012年中央一号文件要求农业科研院所深化改革，以创新农业科学技术、推广农业技术为主要任务。为持续推进农业现代化，2015年《深化农村改革综合性实施方案》（以下简称《农村改革方案》）要求进一步推进农业科研院所改革，促进产学研、农科教紧密结合。2017年《"十三五"规划》则要求农业科研院所参与到新型职业农民培育中，统筹利用农业科研院所等各类公益性培训资源……充分发挥市场机制作用。

高等农业院校主要是作为推广农业技术的平台，为新型职业农民培育工作、新型职业农民培育体系提供教育和科研阵地、理论支持和科学依据，为确保农产品的稳定供给、实现农业现代化以及为农业现代化提供人才支撑，高等农业院校从开办涉农专业作为重要新型职业培育基地逐渐转向完善农民培育体系。例如，2012年《农业科技创新意见》要求推进"高等农业院校……办好一批涉农学科专业，加强农科教合作人才培养基地建设"。2017年《"十三五"规划》要求"鼓励高等农业院校大力实施卓越农林人才培养计划，创新教育培养模式，面向现代农业培养领军型职业农民"。

新型职业农民培育的民间机构包括农民专业合作社、农业龙头企业、农业职业教育集团和专业技术协会。农民专业合作社主要通过组织"农二代"，开展实用技术培训；农业龙头企业依托现代农业人才支撑计划，与其他农业组织企业组建农业生产实训基地，积极培养农业后备人才；农业职业教育集团立足行业、依托企业、采用现代职业教育产学研结合发展模式，促进集团成员单位资源共享、互惠互赢，推动院校与企业共同发展，培养高技能农业人才；专业技术协会则着力开展有针对性的科技培训、信息交流和产业研讨、外出观摩等活动，帮助学员增长才干。随着社会的发展，新型职业农民培育的民间机构从单一的农民专业合作社到多类型的培训机构协同发展。为加快农民掌握务农技术，2012年《全国农业科技促进年活动方案》明确指出农民专业合作社"开展实用技术培训"培育新型职业农民。为使农民更加具有适用性和实用性，《农业部关于切实做好2014年农业农村经济工作的意见》（以下简称《2014年工作意见》）增加了"农业产业化龙头企业"作为培育的实习实训基地。为强化职教集团为农业农村经济发展提供科技支撑，2018年《农业科教环能工作要点》将培育主体拓展到"农业职业教育集团"。

同年,《关于实施乡村振兴战略的意见》《农业部关于大力实施乡村振兴战略加快推进农业转型升级的意见》则增加了"专业技术协会",以加快破解乡村振兴农村专业技术人才的瓶颈。

(二)新型职业农民培育内容与时俱进

新型职业农民培育内容是指为实现新型职业农民培育目标,经选择而纳入培育中的知识、技能、科技和价值观念等,它与新型职业农民培育形式相对应,培育形式是外壳,培育内容是本质、灵魂,包括"基本能力"和"综合素养",一般通过课程来体现。新型职业农民培育中的"基本能力"包括"专业知识""专业理论""生产技能""经营技能"和"管理技能"。"专业知识"即专业内相对稳定的系统化知识,为新型职业农民培育开设的专业通常有种植、畜禽养殖、农业工程、水产养殖和经济管理等,不同的专业具有不同的系统化知识。"专业理论"即专业内不仅概括性强而且抽象度高的知识体系,如种植专业内有粮食作物生产、蔬菜生产和茶叶生产等理论。"生产技能"包括农业种植技能、畜禽养殖技能和水产养殖技能等。"经营技能"包括农业生产经营技能、农业企业经营技能、农产品经营技能等。"管理技能"包括农业生产管理技能、农业企业管理技能、农产品管理技能等。政策文本常将"经营"与"管理"联系在一起,统称为"经营管理",要求农业企业管理技能开设的内容与农业企业经营技能开设的内容大同小异,但是农业企业管理技能偏重于产业基地的农业管理,农业企业经营技能偏重于市场。此外,要求各地根据农民的实际需要、特点与学习规律等因素展开摸底调查,适当调整课程内容,包括职业素养、科学发展等。在新型职业农民培育试验期,《中职农民培养方案》对新型职业农民培育解释得比较全面,包括专业、课程、教学、考核等。为确保各方向的专业性发展,《"十三五"规划》对各方面进行了补充,在"生产技能"培育上,重点设置新技术、新装备等方面的应用,信息化、质量安全等方面的内容;在"经营技能"与"管理技能"上,重点设置品牌创建、企业管理等与经营相关的内容。

新型职业农民培育中的"综合素养"包括"农业素养""文化素养""科技素养""生态素养"和"法治素养"。"农业素养"即要求新型职业农民掌握农业基础知识,《中职农民培养方案》对"农业素养"的教学内容进行了规划,包括"现代农业创业""农业安全生产"等课程。"文化素养"既要求新型职业农民理解和树立正确的世界观、人生观、价值观等意识形态层面的要素,又要了解自然科学和技术、语言和文字等非意识形态的部分,主要课程包括"农村社会文化艺术实践""实用英语""新型职业农民素质与礼仪"等。"科技素养"即要求新型职业农民掌握"互联网+""三农"的系列内容,如"互联网+"新型农业经营主体、现代种植业、现代林业等(《"互联网+"现代农业三年行动实施方案》),建设新型职业农民信息化服务云平台,充分利用云计算、大数据、智能装备等现代信息技术手段以满足农民对互联网普及的需要(《关于创新体制机制推进农业绿色发展的意见》)。"生态素养"即要求新型职业农民依据绿色农业法律法规及标准,坚持绿色兴农、开放助农的原则,发展种养结合的循环农业,推进生产、生活、生态协同发展(《关于创新体制机制推进农业绿色发展的意见》)。"法治素养"即要求新型职业农民对《中华人民共和国农村土地承包法》《中华人民共和国农民专业合作社法》等绿色农业、家庭农场、龙头企业和农村集体产权制度改革的相关法律法规有所理解,并能依法自愿使用它们,促进形成一个由农村基层党组织建设的村民自治实践、治理有效的法治乡村。

(三)新型职业农民培育方式多样化

新型职业农民培育方式是指新型职业农民培育所采取的模式和方法,根据新型职业农民培育的具体情况采取不同的模式和方法将能改善培训效果,进而提高培训质量。新型职业农民培育模式包括"校地合作""校企合作""政企合作"和"校校合作"。"校地合作"是参与性、互动性和实践性较强的模式,即采取强调农业生产技能提升的"分段式、重实训、参与式(《关于做好2014年农民培训工作的通知》,以下简称《2014年培训通知》)"或强调以产业发展为立足点的"一点两线、全程分段(《'十三五'规划》)"的培育模式。为保证农产品的稳定供给,要立足于产业发展、农业生产周期,通过农民田间学校送教下乡等模式来实现学生的实习与实训,进而对不同层级、不同领域、不同类型的新型职业农民进行具体、精准、有差异地分类指导,提升他们的生产技能和经营管理水平。"校企合作"是通过产教融合把产业与教学密切结合起来的模式。为满足农业对技术型农民的需求,《2014年工作意见》增加了"农业产业化龙头企业"培育模式,强调企业与学校教学密切结合,实现管理、师资、设备等优质教育资源共享,促进学历、技能和创业培养相互衔接,促进培育具有创新性、实用性和实效性的新型职业农民。

"政企合作"是坚持政府主导，通过政府购买服务的模式，支持农业大户、农业龙头企业、农民专业合作社等承担培育任务。如《关于加快转变农业发展方式的意见》提出政府购买农产品服务，"加大农产品促销扶持力度"。为大力培育新型职业农民，保证农产品供给，则增加了政府购买培育服务，如《"十三五"规划》《2018年农业科教环能工作要点》均指出要充分发挥市场机制的作用，采取政府购买服务等方式支持农民合作社、农业职业教育集团等承担新型职业农民培育任务。"校校合作"是以农业广播电视学校为中心辐射的新型职业农民教育培训模式，即统筹利用农广校、农技推广机构等各类公益性培训资源，形成新型职业农民培育的强大合力。2012年对以农业广播学校为主体的校校合作的陈述比较含糊，多出构建以农业广播电视学校为主体的培训体系。《2013年农村劳动力培训阳光工程项目实施指导意见》（以下简称《2013年培训意见》）明确了校校合作，要求整合各级农广校、农职院、推广机构和农机校的培训资源。《"十三五"规划》则明确了农业广播电视学校的具体工作，要求以农业广播电视学校等专门组织管理机构作为新型职业农民培育工作的基础平台，要做好培育计划、认定管理事务、数据库信息维护等基础工作，提高培育工作的专业化、规范化水平。

新型职业农民培育方法是指在一定培育思想的指导下采取的实现培育目的的策略性途径，主要是通过"媒介运用""实习实训""开展示范"和"宣传引导"等实现。"媒介运用"即利用现代信息化手段展开培育。现代媒体最初主要是作为授课教师传播教学内容的手段(《中职农民培养方案》)。随着互联网的迅速普及，在培养方式上，又拓展了"移动互联服务、在线管理考核和政策配套等服务(《'互联网+'现代农业三年行动实施方案》)"。此外，要利用大数据、智能装备等现代信息技术手段实现网络课堂、现代远程在线教育和移动互联服务等。"实习实训"即利用农业生产实训基地、创业孵化基地、农业园区或企业，为农业后备人才提供实习条件。《中职农民培养方案》指出，培育主体可以根据专业要求，组织学生到多种实训基地进行技能训练。有条件的地方鼓励和支持农业企业、农业园区、农民合作社等市场主体建立实训基地和农民田间学校，初步形成"一主多元"的新型职业农民教育培训体系。"开展示范"是指以区域为示范点，将省、市或县作为新型职业农民培育的榜样或典范。如《2014年培训通知》要求分别在省、市、县遴选2个示范省、14个示范市和300个示范县。《"十三五"规划》肯定了示范培育对新型职业农民培育规范化、系统化具有积极的作用。因此，

《2018年农业科教环能工作要点》要求示范培育继续扩大。"宣传引导"则是利用现代化媒介加强传播，引导整个社会认识、支持新型职业农民的发展。如《2014年培训通知》指出"要求各地加强组织领导……注重宣传引导……培养新型职业农民队伍"，新型职业农民培育宣传多以政府之力而为之，多采用线下引导的方式。随着新型职业农民培育宣传引导工作的逐步完善，允许在互联网等虚拟媒介平台上开展"全国十佳农民""全国农村创业创新优秀带头人"等评选资助活动，充分利用多方资源加强宣传与引导。

(四)新型职业农民培育对象主要来自农村

新型职业农民培育对象相对于新型职业农民培育主体，是指新型职业农民培育过程中的客体，是新型职业农民培育内容的最终接收体，包括"创业型对象"和"就业型对象"。新型职业农民的"创业型对象"包括农村青年、返乡农民工、农村大中专毕业生和退役军人。随着培育的专业化要求，《全国农业现代化规划（2016—2020年）》指出，按产业类别人才功能对培育对象进行分类，将"创业型"新型职业农民分为农村实用人才带头人、农村青年创业致富"领头雁"、现代新型职业农民和新型经营主体带头人等。通过相应的培训内容，如创业培训、金融服务、结对帮扶等，使他们服务于务农创业和农村基层工作。

新型职业农民的"就业型对象"包括农业规模化经营主体、农村基层干部、农技推广人员、农业社会化服务人员、农村信息员和农村经纪人。2008年中共十七届三中全会提出，我国农业规模化经营主体包括专业种养大户、家庭农场经营者、农民专业合作社和农业企业。专业种养大户是指生产单一产品且具有一定规模一定产值的家庭经营主体；家庭农场经营者是指从事大规模、集约和商品化的经营主体；农民专业合作社是农民自愿联合，采用民主管理的互助性经济组织，一般培育农民合作社负责人；农业企业是生产经营农产品的营利性经济组织，一般培育企业管理人员。农村基层干部作为乡村建设、乡村振兴的领导者，一方面要求对他们进行思想教育，提高他们的理论素养，强化他们的公仆意识，另一方面要求用新思想、新技术武装他们，使他们掌握新本领。农技推广人员是传播农业技术的载体，他们被分层分类进行定期专业技术培训。农业社会化服务人员是在商业性农业发展的基础上，围绕农业生产部门从事的服务型工作的人，包括日常生活的服务人员、工作学习的服务组织和商品加工生产的服务企业，包括统防统治植保员等。农村信息员是指接受农村商务信息服务信息员培训后帮助当地农民提高应用商务信息服务的人(《农村商务信息服务体系建设试点工作办法》)。农村经纪人是指活跃在农村经济领域以促使涉农商品与他人进行交易的中介服务者,包括科技经纪人、娱乐经纪人和加工经纪人等。

(五)新型职业农民培育评价涉及培育主体和政府

新型职业农民培育评价是指对新型职业农民培育效果进行诊断、检验和判断,进而完善新型职业农民培育体制机制的途径,包括"新型职业农民评价"和"官方工作人员评价"。

"新型职业农民评价"是指对新型职业农民进行的评价,包括对其进行"培育中考核"和"培育后跟踪"。"培育中考核"的新型职业农民培育评价是指对学习者的考试考核,如2014年《中职农民培养方案》明确新型职业农民培育的考试考核方式有过程性、终结性和实践成果考核。过程性考核是对学习过程进行测评,终结性考核是对课程的结业进行考试,实践成果考核是对农业素质进行综合测评。"培育后跟踪"的新型职业农民培育评价是指对培育后的农民进行跟踪和评价,主要是以农业广播电视学校为主体。

"官方工作人员评价"是指对政府工作人员的工作成绩进行评价。一是对农技推广服务人员的工作绩效进行工作考核和专业技术职务评聘(2012年中央一号文件),考核其是否能为农民提供精准、实时的指导服务。二是对各级部门执行任务的情况进行评定,采取督导考核的方式,建立考核奖惩制度,将评定结果纳入政绩中,并直接关系下一年度任务资金安排(《"十三五"规划》)。

(六)新型职业农民培育保障围绕农业和农民

新型职业农民培育保障是指对新型职业农民培育给予的支撑与支持,保障的力度影响着新型职业农民队伍的数量与质量以及新型职业农民的从业态度,包括"资源保障"和"人才保障"。"资源保障"涉及土地流转制度、农业补贴制度、农村基础设施和农村金融制度,主要是对农村地籍进行调查、制定法律规范,保障新型职业农民从事农业活动。长久以来,由于工商企业占有较多资本,土地流转政策主要是针对工商企业的土地承包经营权入股发展农业产业化经营(《2014年工作意见》)。2016年以后,城镇化进程加快,农民由占有资本逐渐转向建立土地流转机制并引导农民流转承包土地,使土地流转作为"两新"融合(推动农村新型社区建设和新型小城镇建设融合)的重要保障。农业补贴制度主要是实施"绿箱"政策和"黄箱"政策。"绿箱"政策涉及农业的一般服务,包括粮食生产下的补贴和环境保护下的补贴。"黄箱"政策主要是对农具、农民等进行补贴以保障农业农村投入稳定增长,补贴力度逐渐加大,如2012年中央一号文件要求对农民专业合作社、种养大户和主产区加大补贴。《2014年工作意见》要求大力开展农业补贴办法试点试验。与此同时,由于农业发展面临着农产品价格低、生产成本高的新挑战,要求加快转变农业发展方式,扩大"绿箱"政策,改革"黄箱"政策,要求补贴向新型农业经营主体倾斜(《关于加快转变农业发展方式的意见》),也要加快完善粮食主产区利益补偿机制(《农业部关于推进农业供给侧结构性改革的实施意见》,以下简称《供给侧改革意见》)。农村基础设施是新型职业农民顺利开展农业活动的前提,包括建设节水供水重大水利工程、农田水利、高标准农田、"四好农村路"等,使城乡基础设施差距显著缩小。《农村改革方案》提出,要完善农村基础设施建设投入和监管机制。随着互联网覆盖面的扩大,要求实现"互联网+"基础设施(《"互联网+"现代农业三年行动实施方案》),同时,加大农业基础设施投入(《关于完善支持政策促进农民增收的若干意见》)。农村金融制度是"三农"持续保持活力的保证,主要体现为建立职业农民扶持制度。2012年中央一号文件指出,国家大力支持和完善涉农贷款税收激励政策、推进农村信用体系建设和稳定县(市)农村信用社法人地位等。随着市场的进入,《农村改革方案》要求结合市场创新农村金融制度,完善信贷执行政策和加大保险保障力度(《全国农业现代化规划(2016—2020年)》)。当然,农村金融终究要回归本源并与"三农"紧密结合,更好地满足乡村振兴多样化金融需求(《中共中央 国务院关于实施乡村振兴战略的意见》)。

"人才保障"涉及师资队伍建设、人才流动制度、职业准入制度和社会保障制度。师资队伍建设是新型职业农民培育的灵魂,一是在选聘管理制度上,优先遴选熟悉"三农"、具有丰富专业知识和实践经验的专家和农技人员,同时,各省份农业主管部门应组织对各地培训师资库进行年审以确保教师水平(《2013年培训意见》)。但由于师资匮乏,《中职农民培养方案》提出可以遴选经验丰富的"土专家"。二是合理配置师资力量,开展师资培训,省、市、县分工协作,重点培训适应互联网需求的师资(《"十三五"规划》)。人才流动制度主要是为了推进新型职业农民和新型农业经营主体"两新"融合、一体化发展而建立的规范。

最初的人才流动制度比较模糊，主要是通过土地流转、农业补贴、医疗保障等政策来引导人才流动。如2012年中央一号文件仅表述为"进一步完善农业科研人才激励机制、自主流动机制"。2016年后，人才流动机制才较为具体，强调城乡医保的对接，畅通参保人员双向流动的制度转换通道（《关于完善支持政策促进农民增收的若干意见》）。职业准入制度，即经过培训取得农业资格证后从事农业的制度。目前，我国农业准入制度门槛低，主要是对新型职业农民进行认定管理，开展职业农民职称评定试点（《农业部关于切实做好2014年农业农村经济工作的意见》）。随着农民培育规模的扩大，要求规范新型职业农民认定，既有原则上的认定管理办法，也有针对性有条件的地方分级认定（《"十三五"规划》）。另外，农业专业大户认定标准、认定办法和名录制度等也不断规范与完善（《供给侧改革意见》）。社会保障制度主要是支持新型职业农民对接城镇社保，强调有条件的地方要支持新型职业农民参加城镇职工养老、医疗等社会保障，解决他们长远发展的后顾之忧（《"十三五"规划》）。通过对新型职业农民培育政策进行文本分析，可以发现新型职业农民培育政策比较全面和细致，关注了新型职业农民培育的方方面面，包括培育主体、培育内容、培育对象、培育方式、培育评价和培育保障等，要求培育主体多元、培育内容丰富、培育对象广泛、培育方式多样、培育评价恰当、培育保障充分。然而，当下新型职业农民培育社会主体参与机制不活跃，主要以官方组织为主；培育内容界定模糊，更新机制欠缺；培育方式陈旧，缺乏创新；培育对象范围狭窄，不具有可持续性；培育评价不完善，缺乏后期评价；培育保障机制不足，保障不充分。

三、新型职业农民培育的历史溯源

诺思认为："历史是至关重要的……因为现在和未来是通过一个社会的连续性与过去连接起来的，过去决定了今天和明天的选择。"乡村振兴视域下农村职业教育培养新型职业农民的可能性和必要性并不仅仅取决于当下的抉择，其合理性和合法性在历史中已然存在根基。

中国最早的职业教育可以追溯至商朝，学徒制是我国民间职业教育的主要开展形式，及至元朝在"社学"中开始设置农业职业教育课程，虽然比欧洲农业学校的开办早四百多年，但是职业教育或农村职业教育并未作为专有名词被正式提出。直至清末，在"西学东渐"的大背景下，实业教育逐渐在中国落地生根，以

第四章　乡村振兴战略下新型职业农民培育的基础

注重实用为标志的近代职业教育开始生根发芽。历经数次战争的破坏，农村经济已接近崩溃，农业生产难以满足日益增长的人口所需，学习西方先进农业技术势在必行，农业学堂应时而生。1898年，张之洞在奏折中提出："富国之道，不外乎农工商之事，而务农尤为中国之根本。惟中国农民向多朴拙，其于地学、化学、制器利用素未通晓。"故应在湖北省设立农务学堂，内设农、蚕两科，兼办畜牧，传授务农知识与技术。1902年，在学堂附近建设试验农场，方便学生参与实践劳作。1904年，"职业教育"一词出现在姚文栋《山西农务公牍》中指出，"论教育原理，与国民最有关系者，一为普通教育，一为职业教育，二者相成而不相背……本学堂兼授农林两专门，即是以职业教育为主义"，大批新式实用农业学堂在政府和社会浪潮的推动下如"雨后春笋"般陆续建立，"以教授农业所必需的知识技能，使将来能从事农业为宗旨；以各地方种植、畜牧日有讲步为成效"，培养了大批农业专门人才，至1909年全国各级各类农业学堂共有95所，在校学生6028人，且农业实业学堂被纳入《奏定学堂章程》，使其走向制度化和规范化，至此我国以农业教育为主的农村职业教育体系初步形成。

农村职业教育于政治格局混乱中逐渐兴起，农村的衰退和农业生产供给的不足使其日益受到重视，农业教育依托于农务学堂并成为其主要组成部分。迫于生存所需，农业教育尤其重视种植、桑蚕、畜牧等科的设立，强调内容的实用性和学生的实践性，通过学堂与试验农场邻近而建的方式，强化学生从事农业的动手能力。农务学堂虽然侧重于学生实用知识和技术技能的获得，但也设置了修身、中国文学、体操等普通科目，以弥补学生思想与体格之不足。

辛亥革命后，政权更迭，为使农业教育适应社会的发展需求，对其作出相应调整。经过酝酿与思考，1922年确立新学制，采用美国的"六三三制"，由国民教育转向平民教育，农村职业教育受到极大关注。一批先进教育工作者意识到，中国素来以农业立国，是传统农业大国，占据全国人口绝大多数的农民必然不能被教育所忽略。因此，以改善农村落后现状与农民生活为目标的乡村教育运动得以蓬勃开展，推动农村职业教育呈现出繁荣发展的气象。晏阳初在"民为邦本，本固邦宁"的民本思想以及华工服务经历的影响下，认识到中国真正最大之富源不是矿产，"而是三万万以上不知不觉的农民。要把农民的智慧发展起来，培养起来，……民族才有真正复兴之一日"。针对农村"愚、贫、弱、私"的问题，其在定县开展以"除文盲，做新民"为宗旨的平民教育，包括文艺、生计、卫生、公民四大教育类型，其中生计教育与农村职业教育联系最为紧密。生计教育以"训练农民生计上的现代知识和技术，增加其生产"为目标采取灵活的教育方式，遵循简单、实用、经济的基本原则向农民传授农业、畜牧业方面的科学技术知识，依靠农民文化知识和务农技术技能的提高，推动乡村经济建设。梁漱溟面对乡村的破败状况，提出"中国社会是乡村社会，办教育的往前走，天然要转到乡村，乡村建设不取道于民众教育将无办法可行"，且乡村居民虽届以成人，但对新生活方式所需的习惯能力尚未成熟，势非经教育不可的观点。基于此，梁漱溟展开了轰轰烈烈的乡村教育实验，以成年农民为主要教育对象，区学、乡学以自由的社会教育方式为主，注重农民的精神陶冶和植树、选种等适宜地区发展的实际知识与技能的传授，并提升农民的终身学习能力，使其以充沛的活力参与乡村建设。陶行知呼吁"中国向来所办乡村教育，完全走错了路：他教人离开乡下向城里跑，教人吃饭不种稻教农夫的子弟变成书呆子，像这种教育绝不能普及，也不应该普及，应另图生路"。乡村教育是"立国的根本大计"，应以活的乡村教育教农民生利，"职业以生利为作用，故职业教育应以生利为主义……凡养成生利人物之教育，皆得谓之职业教育"。农村职业教育应与乡村实际生活相联系，以生利为基准，以"教学做"合一的方式承担提升农民道德品质、生产生活技术的重任，培养全面发展的"真农人"，解决乡村发展之忧患。黄炎培以中华职业教育为依托，在"大职业教育"思想的形成和指导下开展大量农村职业教育实践活动，指出"办职业教育，须同一切教育界、职业界努力沟通和联络"，"为大多数平民谋幸福"。平民以农民为主，农村职业教育应将"富农"和"教农"相结合，教学安排"万万不可妨害农民农作时间，所授予的知识和技能，须完全契合他们生活的应用"，进而实现"使无业者有业，使有业者乐业"的目标。

政治动荡、民生凋敝，人口占有量极高的农民成为振兴国家的主要力量。怀着"拯救乡村、复兴中国"理想的教育家们纷纷开展乡村教育实验，虽然在具体实践中采取的行动和措施不尽相同，但其在推动农村职业教育发展的不同表象下的实质却具有较大的相似性和共通性，农村职业教育不应成为农民逃离农村的教育，应契合乡村实际生活需要，以学校、社会等不同的教育形式灵活地提升农民的基本道德素养和务农技术技能水平。

中华人民共和国的成立开启了社会主义建设新征程，农村职业教育的发展进入新阶段。在土地改革的推动下，农村地区的生产热情高涨，农民文化知识和技

第四章 乡村振兴战略下新型职业农民培育的基础

能水平的不足成为提高生产效率的"拦路虎",以"扫盲"和"发展生产"为主要目的的农村职业教育陆续展开,中等农业学校、农民业余学校和农业中学成为主要开办形式。1949年中等农业学校在读学生人数约为1.4万,到1951年中等农业学校在读学生数翻了一番,全国大约有500万农民以业余教育为主要依托在坚持学习,提高自身文化政治水平和生产技术。1953年《中等农林技术学校整顿原则》指出,含有农业技术传授的学校应尽量靠近农业生产场所开办,快速提高学生的农业技术,使之能获得扎实的农业实践能力,为农业生产提供高效服务。同时,部分农民业余学校在实践过程中积极开办初中班、开设技术课以帮助农民学习农业科学技术和相关生产经验,使之逐渐成长为初中级农业技术人才,更加有效地参与农业生产。在"第一个五年计划"政策方针的指导下,我国于1956年完成社会主义改造,农村职业教育呈现出良好发展态势。为进一步适应农业发展的需求,1958年时任中共中央宣传部部长的陆定一提出,创办半耕半读农业中学的倡议。同年3月,江苏省海安县双楼乡创办了我国第一所民办农业中学——双楼农业中学,其办学目的是培养"有一定文化知识的新式农民",学校以"农忙少学,农闲全学,特殊情况不学,取消星期日制度"为基本原则,教学时间密切配合生产季节,采取半耕半读教学模式,不耽误学生正常务农生活,开设政治、语文、数学、农业知识和卫生常识五门课程,具体学习内容均与农村生活和当地农业生产息息相关。随后,其办学经验得到广泛推广,在与实施两种教育制度主张的共同推动下,迎来全民办学高潮,江苏、河南、福建等地先后建立起大量农村中学,"半耕半读"形式的农村中学在全国范围内得到迅速发展,培养的学生一般从人民公社来,最终回到人民公社为农村建设服务。农村中学因建设过快,在发展过程中遭遇波折,但不可否认其为农村提供了大量农业技术技能人才的事实。以1958—1963年江苏省为例,"农业中学已为农村人民公社培养十二万毕业生,二十多万肄业生,每个生产队至少有一名中学生,多则达到七八名中学生在农业生产一线工作",有效地解决了高小毕业生升学困难和农村技术力量短缺问题,推动农村经济走向复苏。

中华人民共和国成立之初,国民经济恢复的要求以及社会生产力快速提升的现实迫切需要技术技能人才做支撑,农业技术技能人才的培育不可或缺,中等农业学校、农民业余学校和农业中学等农村职业教育机构逐渐在农村地区大量涌现,以基础文化知识和务农技术技能为主要学习内容,积极采用半日读书、半日种地等方式灵活开展半农半读，增加学生的劳动时间，使学生充分参与农业实践，为社队培养了一批有觉悟、掌握粗浅文化的农业劳动者。

十一届三中全会拉开了我国改革开放的序幕。对内改革首先从农村开始，在全国范围内推行家庭联产承包责任制。新的生产组织方式加快了农村经济的发展，农村建设对生产技术和科学知识的高要求与相应技术技能人才供给不足的矛盾逐渐凸显，农村职业教育的重建获得党和政府的广泛关注。1978年全国教育工作会议指出要对中等职业教育进行改革。中等职业教育改革中要求县级以下的职业教育要面向农村，为农村的各类建设服务。鉴于此，县办农民技术学校和各类农民职业教育培训相继涌现，农村教育综合改革实验有序推进。县办农民技术学校属于农业中等专业教育，面向农村实际，因地制宜地开设农学果林、畜牧等专业，以较为系统的农业科学文化基础知识和基本技能为教学内容，紧密结合农村劳动、生活特点，开展教学实验和生产实习，切实提高学生解决实际问题的能力，为农村人民公社、生产队培养具有相当于中等农业科学技术水平的人才。河北省阳原县是开展农村教育改革试验的先行试点地区，其县办农民技术学校的开办具有典型示范作用。该校主要开设农学、牧医、林果和工艺美术四个专业，具有温室、大棚、果园等试验基地，采取长短结合和校内外基地结合的方式，注重教学的实践环节，培养适用于当地的初中级技术人才和其他合格劳动者。同时，在"农科教相结合"和"三教统筹"的改革推动下，我国形成了多种类、多层次、多形式的农民职业教育培训网络。农民职业教育培训以县、乡、村农民文化技术学校为主阵地，坚持因地制宜、因材施教原则，针对青壮年农民、文盲青少年以及农村基层管理干部等不同培养对象制定不同培养目标，安排差异化教学内容，做到按需施教、学用一致，通过课堂教授、现场培训和函授等形式实施短期和业余培训，培养学员成为热爱农村，有理想、有文化、懂技术、善经营的新型劳动者。据统计，1990年全国乡镇农民文化技术学校约3.7万所，乡镇农民文化技术教育基地达到66.5万个，村办农民文化技术学校超过25万所，共培养农民学员约3334万人。此外，农民文化技术学校还肩负着试验示范和技术推广的重任。

改革开放是当代中国发展进步的活力之源，推动政治、经济、文化建设迈向新台阶。农村改革使以县办农民技术学校、农民文化技术学校等为载体的农村职业教育进入以科学文化知识传授为基础，以技术技能培育为重点，长期教育与短期培训共存，实施系统化、多元化、差异化教学的新阶段。农村职业教育不仅承担培养适用于当地的初中级技术人才和新型农民,而且要发挥试验示范和技术推广作用,以为农村经济建设提供多角度、全方位的综合服务。

总而言之,我国农村职业教育从萌芽走向成熟经历了不同的历史阶段,政治、经济的复杂变化推动农村职业教育产生相应的变革。虽然不同时期农村职业教育所处的政治经济环境、所满足的社会需求、开办的机构、开展的形式、传授的内容以及承担的责任等均存在或大或小的差异,但农村职业教育作为推动农村经济发展的重要主体地位从未改变,其始终遵循初心、牢记使命,坚持为"三农"服务的价值取向,立足农村,以满足"三农"实际建设需求为基础,强调教学内容和教学方法的适宜性,理实结合,实现培养道德品质、科学文化知识、技术技能全面发展并留在农村长期从事农业生产工作的、具有时代特征的农民的目标,充分体现其"为农"属性。

第二节 与时俱进的制度创新——土地流转

家庭联产承包责任制后,农村普遍出现"分有余而统不足"的现象,传统的"小农经营"、农地"细碎化"导致土地资源配置效率低下,影响了农业生产的效率提升和长远发展,成为中国农业现代化进程中亟待解决的问题,土地的适度规模化是更好地实行农业机械化作业、提升农业效率的基础。土地流转工作快速推进,取得了重大成就。

一、土地流转的价值

(一)提升农业效率的基础性工作

"家庭联产承包责任制推行后,农民一家一户的积极性被充分调动了,但是却呈现出原子化的状态,农户过小的经营规模无疑是制约农业经济效益的一个重要因素"。具体来说:①过小的生产规模造成生产要素使用效率低下。农业生产需要各种不同的生产要素,包括劳动力、种子、肥料、农药、农业机械等,这些生产要素往往缺一不可,在土地规模太小的情况下,这些生产要素的使用效率就会很低下,各类农业机械处于闲置状态,缺乏专业化分工,降低了劳动效率。②过小的生产规模导致单位产品中所包含的固定成本居高不下。如种植水稻地区，需要置办脱粒、植保、翻晒、仓储等设施，如果使用效率低下，平摊在这些设施上的成本就会增加。工业生产中工人8小时轮流作业、机器24小时不停工，就是为了提升机器的使用效率，降低生产成本。③过小的生产规模导致农民市场谈判能力低下。分散的农户无法形成整体合力，话语权弱，因为生产规模过小，农产品的生产产量和农资购买数量都会很小，农民处于"小数目谈判"地位，市场谈判能力低下，无法获得各种批量销售和批量购买的优惠，在市场交易过程中承担了过高的交易成本。④过小的生产规模使农业收入在农户家庭总收入中的比重降低。因为青壮年劳动力大量外流，耕地闲置抛荒的现象时有发生，农民对土地的情感淡薄，对农业生产的关心程度下降，外出务工收入成为很多农民家庭的主要收入。土地流转在现阶段是有效解决土地经营碎片化的制度举措，在人多地少的国情下，推进土地流转是实现农业适度规模经营的最重要途径，克服土地细碎化的缺陷；通过土地平整，连块成片，提高大型农业机械设备的购置和使用，降低单位产品的成本，提升农民的市场谈判能力，实现农业生产的规模经济。

(二)培育新型职业农民的现实需要

新型职业农民长期务农甚至终身务农，以市场获利为目的，为了追求效率最大化，必然要投入各种生产要素，采用更为先进的技术和手段，购买更先进的设备，为了降低单位成本，必然需要让这些设备达到最大化程度的使用，减少闲置和荒废。在现有的人均田地数量上，因为规模太小，不可能实现这些目标，也不具备新型职业农民培育的基础和土壤。对于传统农民来说，小块碎片化的田地虽然也不理想，但还没有突破其底线，因为传统农民的目标是自给自足，满足家庭的基本需要，对土地没有更高的期望，也不会对农作物生产进行过多生产要素的投入，遵循的是小风险甚至无风险的农业生产策略；对于兼业农民来说，土地收入不是主要收入，家庭主要收入来源是务工收入或者其他收入，土地只是一个配角，不起主要作用，对于收入较高的务工村民来说，土地可有可无，甚至出现抛荒的现象。但是，小块碎片化的田地规模是新型职业农民不可承受之重。中国农业长期停留在一种简单重复、没有实质性进步的轮回状态，这与小规模的分散土地持有制密切相关，农地的"细碎化"是机械化、水利灌溉、作物保护、投入的有效配置等的重大障碍。新型职业农民各项生产要素的投入、农产品市场获利都需要建立在田地的适度规模经营基础之上，离开适度规模经营这个基础，新型职业农民不可能产生、发展和壮大。在现有土地制度下,适度规模经营的最有效方式之一就是推进土地流转工作。按照"规模化、集约化、专业化"经营模式,土地集中后,进行规模化生产,资本、技术、设备、管理等现代要素进入后,往往会产生比流转前的传统农业更高的收益。

(三)维护和实现农民利益的重要举措

现有的农村土地政策在很大程度上发挥的是生存保障功能,对于一家一户的农民来说,有了田地,就不会挨饿,是安身立命之本,因而有了退路与保障。但是,依靠现有的小规模田地,发家致富是不可能的,只能维持最基本的温饱。在南方的农村地区,土地无法作为一个资产要素被激活,是闲置的"沉睡资产"。因为一家一户分散经营,导致土地的供给和需求出现错位,一部分农户"有地无力开发",另一部分农户"有力无地开发",在土地流转不顺畅的情况下,转出方和转入方的利益都受损,转出方无法稳固地获得土地的流转收入,转入方无法获得土地适度规模效应带来的收益。土地的生存保障功能在一定程度上延缓了中国的城市化进程,农民被束缚在土地上,小片土地对农民来说是"食之无味、弃之可惜",如果通过土地流转,把土地资源盘活,可以成为促进农民市民化的助推力。实际上,在很多经济发达地区和大城市的郊区,因为就业机会多,有些农民已经在城镇从事二三产业很多年,稳定地获得非农收入,这些农民产生了较为明确的土地转让意愿,只要有合适的机制和方法,就可以更好地推动土地流转工作,维护好流转双方的利益,为土地适度规模经营提供有利条件。土地流转是实现农村适度规模经营的基础性条件,可以提高农民的收入,充分利用有限的土地资源,更好地发展中国特色现代化农业,推动农村生产力的快速提高,加快城乡经济的一体化发展。

二、土地流转模式

(一)私人间的土地流转模式

这是最早最原始的农村土地流转模式,20世纪80年代初期,已经有一些民间自发的耕地流转行为出现,基本上都属于这种模式,直到20世纪90年代初才出现了地方性的、有组织的土地流转试验和尝试。即使在现在,私人间的土地流转模式仍然存在,特别是在南方的丘陵地带,人均田地少,地势不平整,不适合大规模的机械化操作。这种模式最重要的原因是农村劳动力外出打工，或者从事非农产业，自己暂时无力耕种田地，或者不想耕种。在经济不发达的农业大省，很多青壮年劳动力外出打工，他们就会把田地转包给其他人耕种，在转包对象上，根据关系远近，呈现出"差序格局"的特征。首先是给家里人，如丈夫出去打工，妻子在家种地，年轻人出去打工，年迈的父母在家耕种；其次是给亲兄弟、堂兄弟、叔伯等；最后是给邻居。私人间的土地流转模式可能会参考借鉴一些土地流转的市场行情和价格，因为流转双方都知道，如果一方觉得明显吃亏，那么这种合作关系就很难长期维持下去，但这种模式和市场代理型的土地流转模式还是差别很大，私人间的土地流转模式在很大程度上遵循着血缘和地缘的流转路径，通过土地流转来获得收入不是最重要的目标，遵循的仍然是传统乡土社会人情面子和互利互助原则。

私人间的土地流转模式以一家一户的农户为流转主体，需要流出或者流入田地的农民，在土地的承包期内，自行寻找流转对象，协商好各自的权利与义务，在双方充分沟通和自愿的基础上，一方将手中的田地委托给另一方代为耕种经营，形成"农户（转出方）—农户（转入方）"的单层委托代理关系。流转的期限不固定，可能很长，也可能很短，看外出务工的情况，如果城市务工收入好，农户的田地可能一直处在流转状态；如果务工收入不好，或者找不到工作，就会退回农村，收回田地自己耕种。很大程度上田地是城市务工的退路，是为了在打工期间田地不会荒废。流入的一方也是为了获得土地的收益，但是因为农业是弱势产业，盈利很低，所以土壤不肥沃或者位置不好的田地，往往很难流转。因为流转双方获取信息的成本太高，往往是小规模流转，缺乏制度保障，流转期限不稳定，流转方对土地没有长远的预期，缺乏对土地的投入和维护，不利于土地资源的合理有效利用和土壤肥力的保养，甚至可能会采取短期行为，过度使用土地。私人间的土地流转，客观上促成了土地规模的适度集中，提高了农业区域化、专业化、集约化的发展程度，在客观上造就了一批粮食、蔬菜、水果、烟叶等种植专业户，推动了农村社会"中农"的兴起。中农通过家庭、亲戚朋友、邻居等私人网络，流转了一二十亩，甚至几十亩上百亩的田地，这些中农一年中的大部分时间在田地里劳作，农产品的收入成为家庭的主要收入来源，依靠适度规模经营，成为事实上的职业农民，客观上保障了粮食生产和农业发展。

(二) 政府主导型的土地流转模式

流入方要和村子里每一个村民协商，在政府退出的背景下，其协商成本极高，如果要大规模流转，很难达成一致的流转意见，于是在实践中出现了政府主导型的土地流转模式。这种模式下，政府对推动和促进土地流转发挥了关键作用，尤其以乡镇政府和村委会为代表，为土地流转的双方牵线搭桥，担任中介者甚至发动者和组织者的角色。流入方在向农民流转土地的时候，所接触的对象不是村民本人，不是找农民一家一户地协商和谈判，而是找镇政府和村委会的负责人，签下土地流转价格、流转期限的征地合同。然后由镇政府和村委会同农户协商，动员农民签订合同。第一步是农户把土地委托给村集体，农户和村集体签订合同；第二步是由村集体和流入方签订流转合同，由流入方统一开发经营，形成了"流出方（农户）—乡镇政府—流入方"的双重委托代理关系。为了使招商引资顺利进行，或者为了获得更高的土地流转价格，有些乡镇政府会适当平整土地，使土地相对集中和更为平坦，并提供一些最基本的基础设施。土地的价值通过流转得到了实现和提高，村民获得了流转收入，但在这个过程中，农户并不是发起人和推动者，很大程度上只是被动的接受者。乡镇政府在其中起到了非常核心和关键的作用，一头联结流出方，一头联结流入方，在两者间起到牵线搭桥的作用。

(三) 市场代理型的土地流转模式

在资源的利用上，市场体制往往在特定的时间段更有效率，因为市场体制坚持效率优先、适者生存的原则，整个市场体系犹如激烈的竞技场，只有能力较强者才能获胜，效率低下的就会被淘汰出局，要想在激烈的市场竞争中取得有利地位，就必须不断提高效率。为了应对瞬息万变的外在环境，市场体制需要灵活地作出应对，因而也更具创新性。在自由主义者看来，市场就如一只看不见的手，调节着资源配置，通过竞争和价格机制，在节约交易费用和解决稀缺性方面，表现出明显的效率。亚当·斯密指出，市场的充分运作和调节可以实现资源的最优配置和达到价格的均衡点，因此，市场在促进经济发展中发挥着巨大的作用。一个理想中的市场体制，不仅可以最大程度地实现个人利益，而且能够促进公共利益的发展。人类发展历史已经证明，市场体制是一种有效的资源调节方式，可以为农业农村发展提供动力和机遇，需要大力发展市场代理型的土地流转模式。

在市场代理型的土地流转模式中，土地经营权已进入市场流转，土地流转的价格、流转的对象都由市场来调节，体现了以效益为中心的原则。在这种模式下，政府直接干预的行为减少甚至消失，由台前退居幕后，政府只担当中介的角色，强调服务功能，政府要做的事情是及时了解土地流转意向、对接供需双方，提供土地流转的法规政策并监督土地流转相关方遵守秩序，规范流转手续、化解矛盾纠纷等。市场发挥了更大的作用，土地流转的价格、形式、途径、组合等环节都由市场机制自行调节，土地流转工作转入了市场经济的轨道，体现出市场机制对土地使用权这一生产要素配置的基础性作用。市场代理型的土地流转模式需要各类中介组织牵线搭桥，提供专业服务。随着社会主义市场经济的进一步健全和完善，市场代理型的土地流转模式逐渐成为土地流转的主要模式。

因为地区发展差异、市场发育程度和农业生产的复杂性和多样性，任何一个地方的土地流转都不可能是一种模式，而是多种流转模式并存，或者以某一种模式为主，其他模式为辅。"适合当地的就是最好的"，土地流转没有绝对的统一模式和标准，任何试图将某一地区流转模式单一化的企图都可能会遭遇失败。

三、土地流转的具体方式

地方土地流转更多的是在国务院、农业农村部等中央部门的统一协调下有规划、有选择、有层次地展开，土地流转的比重和速度呈现上升的趋势。《中共中央关于推进农村改革发展若干重大问题的决定》提出，"允许农民以转包、出租、互换、转让、股份合作等形式流转土地承包经营权。"从各地的实践来看，土地流转主要采用以下几种具体方式。

(一) 转包

转包是指转出方自行与有生产经营能力的转入方协商，将自己的土地经营权流转出去，给转入方从事农业生产经营。转包的情形常见于家庭劳动力外出打工或者从事非农生产的农户，为了避免土地撂荒，将土地转包给其他农户代为耕种，可能会收取一定的流转费用，也可能不收取现金，年末的时候会以田地里种植的农产品作为象征性的回馈礼品，也有既不收取费用，也不需要农产品回赠的情形，仅仅把转包作为一种维系和加深人际关系的途径，彼此之间互相欠着人情。

(二) 出租

出租是指承包方将部分或全部土地经营权在协商好租金价格的前提下，在一定的期限内租赁给他人从事农业生产经营。和转包相比，出租更加注重土地流转的市场价格，目的是获取土地租金收入，流转的对象比转包的范围更广，超出了血缘和地缘的狭小领域，走向了更为广阔的市场空间。出租在程序上更为规范和正式，往往需要一定的中间方，如村委会、土地流转咨询服务机构、土地信托服务组织等，双方签订书面的出租合同，协商好各自的权利和义务，流转较为稳定和规范。

(三) 互换经营

互换经营是指在同一集体经济组织内的承包方，出于一些特定的目的，比如为了集中经营、方便管理、机械化作业，自愿将承包的土地进行对调互换。互换的具体条件、实施方案、附带的利益关系和补偿等，均由互换双方在平等、自愿的原则下自行协商，达成一致意见后，一方用自己的田地去交换经营另一方的田地。互换经营对双方的条件要求较为苛刻，需要双方的田地满足各自需求，刚好能够互补，因此这种土地流转方式所占比例较低。

(四) 股份合作

股份合作是指承包方将土地承包经营权作为股权，用土地承包经营权入股，自愿联合从事农业合作生产经营。或将土地承包经营权量化为股权，入股组成股份公司或者农业合作社等，从事农业生产经营。通过股份合作的方式，把农民同入股的公司或合作社更为紧密地联系起来，成果共享、风险共担，是一种较为先进的合作形式，如果入股的公司或者合作社经营得好，农民就能够分享到更多的利益，而不是单纯地获得土地的流转价格。通过与农民的收益更为紧密地联系起来，能够激发农民从事生产和管理的积极性，提高农业生产和管理的效率。农民应当转变观念，以入股、加入合作社等新型方式将土地流转到专业经营主体，这不仅不会对其土地承包经营权产生冲击，而且会获得更多的收益。但股份合作也有缺陷，笔者在宿州调研时，农民表达了对股份合作的担心和疑惑，如果通过土地出租，在流转合同中明确规定土地流转的价格，农民对土地出租的收入有稳定的预期。到年终时，有可能比土地出租获得更高的收益，但农民担心的是，如果入股的公司或者合作社经营不善，年底分红会不会打水漂。对很多农民来说，安全是第一位的。股份合作属于土地流转的一种新形式，在内部管理和财务监督上仍然有很多需要完善之处，普通农民可能并没有充分的知情权，因而降低了对股份合作的预期和信心。

在以上几种土地流转的具体方式中，互换经营受到的限制较大，需要具备一些特定的条件，不可能大规模推广。转包更多地出现在土地流转的初期，对增加农民收入和促进农业生产发挥了积极作用，属于小规模的流转，难以发展壮大。出租是目前的主流形式，承包土地的农民获得出租收入，转入方获得土地的使用权，通过签订合同，明确各自的权利义务，形成较为稳定的流转关系。股份合作是一种最新的流转形式，可以把公司、合作社和农民紧密结合在一起，让农民分享更多的收益。但也存在农民预期不明确、公司与合作社内部制度和管理不健全、普通农民缺乏知情权和参与权等不足，需要进一步完善和改进，有望在未来发挥越来越重要的作用。

四、土地流转实践的不足之处

在不同地区土地流转的范围和程度差异很大，总体来看，存在以下不足。

（一）土地流转信息平台构建不足

土地流转是一个信息充分沟通和对接的过程，在很多农村地区，尚未建立土地流转信息平台，在农村土地流转过程中，转出方和转入方由于缺乏有效对接的沟通渠道，双方互不了解，无法获得准确的信息，转入方难以获得土地状况的基本资料，如地势、面积、价格、使用状况、肥力、与市场距离等，供需双方难以做到及时沟通，在信息不对称的情况下，一些地方出现了"要转的，转不出去，不知道转给谁；要租的，租不到，不知道向谁租"的供需双方无法有效对接的现象。土地流转信息平台没有搭建好，信息搜集成本太大，土地供需双方无法直接联络沟通，难以形成有规模的流转，双方信息搜集和谈判成本太大，导致土地流转不能健康有序进行，制约了土地流转市场的发育，影响了土地资源的合理利用、适度规模经营效益和农民的流转利益。在安徽省南部的丘陵地带，很多地区还是处于初级阶段，没有建立流转信息平台，完全依靠流转双方自发沟通，流转对象的选择面非常狭窄，在信息错位和沟通渠道不顺畅的情况下，不少地区仍然存在土地抛荒的现象，特别是一些肥力较差、地理位置偏僻、地势不平整的田

第四章 乡村振兴战略下新型职业农民培育的基础

地,浪费了有限的土地资源,制约了农民增收和农业发展。

(二)缺乏土地流转的中介服务组织

土地流转要遵循市场机制的交易原则,在土地流转的过程中,需要资产评估、法律咨询、委托代理、土地投资以及土地保险等中介服务,发挥牵线搭桥和咨询建议的作用,这样交易双方才有一个较为理想的参考标准和大致的预期。在不少农村地区,因为土地流转市场发育迟缓,缺乏专门运作土地流转的中介组织和机构,没有形成相应的市场规则、监督机制和完善的交易中介服务体系,土地市场的价格机制尚未建立。土地流转的价格应该是多少,依据是什么,流转后能够抵押多少贷款,都没有一个较为权威的指导建议,农村土地流转市场的发展和完善,急需有公信力的资产评估专业机构提供相应服务。

(三)土地流转规范性不够

土地流转的具体方式很多,在转包和互换经营等流转方式中,很多土地流转手续不健全,部分农户甚至不签订书面流转协议,只有一个口头约定,依靠传统乡土社会的人情面子来维系流转,一旦发生纠纷就难以找寻证据,缺乏处理的依据。出租和股份合作一般都会签订书面合同,但是规范程度仍然较低,如合同约定的权责利不明确不具体、内容不细致不齐全、流转面积和标的不准确等。流转双方缺乏法定的程序,没有将合同拿到鉴证机关进行鉴证备案,当双方出现争议时,合同的合法性和有效性得不到保障。现实中可能会出现"计划赶不上变化"的现象,导致有些条款无法得到真正执行。如有些地方农民因为在城市打工不顺利,返回农村要提前收回流转出去的土地;也有些流入方因为经营不善,出现亏本情况,无力支付原本约定的流转费用,从而给农村社会稳定埋下隐患。

五、土地流转方案设想

为了解决农村土地流转过程中出现的信息获取不充分、土地流转信息平台构建不足、缺乏土地流转的中介服务组织、土地流转规范性不够等共性问题,设想成立"农村土地流转服务中心",包括"政策法规服务中心"和"流转平台服务中心"[1]。"政策法规服务中心"主要负责土地流转相关法律法规制度的制定、修改

---

[1] 罗玉辉,林龙飞,侯亚景.集体所有制下中国农村土地流转模式的新设想[J].中国农村观察,2016(04).

和完善，使农村土地流转在法律的框架内进行，做到有法可依。对土地流转进行舆论宣传和推广，提高农民的土地流转意识，进行专业人员培训，使县、乡、村三级具体负责土地流转的领导和工作人员学法、知法、守法。其不参与土地流转的具体细节工作，可以在各级政府行政机构中设置，尤其是中央、省和市三级政府层面。中央政府发挥统领作用，制定和出台农村土地流转的相关法律法规，作出方向性、原则性和大纲性的规定；省政府对全省的土地状况进行调查摸底，在中央政府方向的指引下，积累试点经验，并复制推广；市政府依据省政府的具体部署，根据本市的具体情况，因地制宜，制定出具体的细则，在本市范围内开展宣传和指导；县及以下政府依据政策法规，负责具体执行，向上级政府反馈政策执行过程中的具体实施状况。

"流转平台服务中心"提供具体服务，考虑到工作便利的原则，可以搭建在乡镇层级。乡镇政府设立"流转平台服务中心"，各个行政村设立"流转平台服务站"，各村民小组设立"流转平台服务点"。建立"点—站—中心"的土地流转信息网络，通过信息联网，汇总到中央政府的土地流转信息中心，以便中央政府能够及时了解全国土地流转的总体情况，为下一步的决策提供数据支撑。"流转平台服务中心"的具体服务步骤如下：第一步是土地挂牌。有意愿出让农村土地的农户（转出方）提交土地出让申请书，申请书上详细注明土地的承包人信息、联系方式、土地面积、土地位置、流转期限和意向价格等，把土地信息提供给土地流转市场，乡镇"流转平台服务中心"对这些信息进行审核，确认无误后，录入当地的农村土地流转信息网络，在土地流转市场公开挂牌转让。第二步是双方磋商。有意愿转入土地（转入方）的一方，登录乡镇"流转平台服务中心"网络平台，搜集土地出让信息，发现有合适的土地，就通过上面显示的信息联系转出方。转入方也可以主动在"流转平台服务中心"发布需要转入的土地信息，并留下联系方式，等待转出方主动联系。有初步意向后，流转双方就可以对农村土地流转的具体细节进行磋商，例如流转价格、流转期限、流转方式等。如果达成了合作意向，则进入签约环节。第三步是签订合同。签订正式合同之前，乡镇"流转平台服务中心"向转入方和转出方介绍农村土地流转管理的相关法律法规，让双方充分知晓各自的权利和义务，严格遵守相关法律法规和合同规定。这个过程可以增强双方的法律规范意识，为后续更好地履行合同奠定基础。双方自愿签订合同，并在乡镇"流转平台服务中心"登记备案。第四步是合同履行。合同签订以后，

第四章　乡村振兴战略下新型职业农民培育的基础

双方就按照合同约定履行，履约期间，若一方出现违约，双方应优先协商处理，若协商不成，可按合同内容进行赔偿，以保证双方的正当权利。合同到期后，合同双方应在乡镇"流转平台服务中心"登记备案，以备查询，整个土地流转过程结束。"农村土地流转服务中心"除了在土地信息录入汇总、给流转双方提供对接平台外，还可以对农村土地承包流转进行指导、管理和监督。比如指导乡镇政府建立各项规章制度，代表性的包括"一栏""三簿""六制度"等规范，"一栏"指在显要位置设立农村土地流转信息发布栏，公布需要流出流入土地的数量、价格、期限等，"三簿"包括"农村土地流出意向登记簿""农村土地流入意向登记簿""农村土地流转台账簿"，"六制度"包括责任制度、信息发布制度、备案审查制度、档案管理制度、纠纷调解制度、风险预警制度❶。通过不断建立健全规章制度建设，让本区域内的农民有更多的知情权，提高土地流转的积极性。

通过设立"农村土地流转服务中心"，建立和完善农村土地流转数据库，构建起农村土地流转信息网络，清楚记载流转土地的各项基本信息，便于交易双方查询。"农村土地流转服务中心"能够有效传递交易活动各方所需信息，降低流转双方搜集和发布信息的成本，减少土地流入和流出主体之间的交易成本，解决代理双方信息不对称的矛盾，以更少的时间和货币成本，提高流转双方交易的成功率，扩大农地交易范围和规模。"农村土地流转要建立健全土地承包经营权流转市场定价机制，引导流入流出双方对土地承包经营权进行合理定价，建立价格调整机制，保障农民的土地承包经营权权益。"❷流转双方遵循"自愿、公开、公平、公正"的原则进行交易，建立由市场发现和决定的农地价格流转机制，形成"竞价为主、协商为辅"的价格机制和土地流转价格递增机制，保障农户的基本收入，确保"农村土地流转服务中心"仅作为一个流转交易平台来运作，避免行政因素的干预。在县、镇、村三级建立土地流转服务机构，属于专业性和非营利性的服务组织，平台建设费用和管理经费纳入政府财政支出预算。为了避免流入方因管理经营不善，无法及时支付流出方的土地流转费用，可以在"农村土地流转服务中心"的指导下，成立土地流转风险保障资金，建立保证金制度，实行分级管理、分级核算、滚动使用、以丰补歉，专项用于补偿因经营主体无法履行合

---

❶县域经济观察员.农村土地流转交易中心三大典型模式[J].理论与当代，2008(11).
❷孔祥智，伍振军，张云华.我国土地承包经营权流转的特征、模式及经验：浙、皖、川三省调研报告[J].江海学刊，2010(02).

同时给土地出让者所造成的流转费损失。努力让农村土地流转市场呈现出"流而有序，转而不乱"的良好局面，促使广袤的农村土地释放出更多红利。

第三节 建立完善的服务体系——基础性公共服务与金融服务

现代农业需要分工合作，才能形成合力，促进农业发展。十七届三中全会指出："加快构建以公共服务机构为依托、合作经济组织为基础、龙头企业为骨干、其他社会力量为补充，公益性服务和经营性服务相结合、专项服务和综合服务相协调的新型农业社会化服务体系。"[1]发展农业现代化离不开健全完善的服务，包括农业公益服务、便民服务、电子政务服务、惠民服务、土地服务、金融服务、电子商务服务、农村经济服务、创客与扶贫服务等诸多方面。农业生产社会化服务水平的好坏、覆盖范围的广度、服务效率的高低，直接影响规模经营水平和农业生产效率。建立完善的服务体系，是新型职业农民培育的保障，从农业供给侧的视角看，农业服务体系是发展现代农业的短板，需要大力加强。农业服务体系涉及面广，环节众多，从提供主体来看，包括政府涉农部门（如农委、农技站等）、农民合作社、农业龙头企业、其他社会力量等；从服务内容来看，包括农技推广、农产品生产与流通、农村金融、农业保险、信息服务等；"从各样本点培育对象政策需求来看，对政策需求最强的五项依次为政府资金（或项目）扶持、土地流转服务、金融信贷支持、农业信息和技术服务推广、解决设施用地。"[2]可以看出，农业服务是新型职业农民的重要需求，只有充分了解农民的真实需求，才能提供更有针对性的服务，这是新型职业农民培育的保障。

一、基础性公共服务的必要性

（一）政府行使公共职能的体现

民以食为天，农业是国民经济的基础，粮食是基础的基础，直接关系到人民

---

[1] 孔祥智.农业供给侧结构性改革的基本内涵与政策建议[J].改革，2016(02).
[2] 米松华，黄祖辉，朱奇彪.新型职业农民：现状特征、成长路径与政策需求——基于浙江、湖南、四川和安徽的调查[J].农村经济，2014(08).

生存和社会稳定。因此，粮食不是一般意义上的商品，从这个角度说，农业本身具有"公共物品"的性质，政府有责任和义务加大对农业发展的支持，这是政府履行职责和行使公共服务职能的体现。农业基础设施建设，属于公共物品的范畴，不仅投资量大，回收成本周期长，而且存在搭便车的外部经济性行为，私人投资的积极性不高，更多的是依靠政府部门的公共投资，以弥补私人投资不足。农业基础性公共服务的提供者主要是各类农业公共服务机构，包括各级农委、乡镇或区域性农业公共服务机构、农业技术推广机构等，这些是公益性服务的主要力量。

(二)促进农业可持续发展的基础性举措

基础设施能够促进农业经济增长已经成为学界共识，基础设施建设在农业产业升级、结构调整方面发挥了重要作用，对拉动经济增长具有重要意义。从农业基础设施的需求来看，农民对道路设施、农村饮水设施、农业灌溉设施有更强的偏好，这些基础设施直接改善了农民的生活条件，能有效降低农业生产成本。推进农业供给侧结构性改革，就要大力加强农业基础设施建设，改革开放以后，很多农村地区农业基础设施年久失修，无法满足农业发展需求，农业基础设施薄弱成为制约农业生产发展的短板。没有健全完善的基础设施作为保障，农业产业结构转型升级就会因为缺乏物质基础而无法正常推进，也制约了新型职业农民的发展空间。

(三)世界发达国家的通行做法

通过加大对农业基础性公共服务的支持力度，促进职业农民的培育，是世界发达国家的普遍做法。如韩国1970年开始的"新村运动"，首先，通过政府对农村进行基础设施建设和升级，包括改善屋顶、安装自来水、改造排污系统、设置公共电话、扩张农村电网和通讯网，改善农村的居住环境；其次，通过政府组织修建桥梁、公路、农田水利，全面改善农业生产环境；最后，"政府也提供了技能培训、技术推广等软件基础设施，使得韩国走上了农业现代化和农村城市化的道路。"[1]美国、日本等国家也都不断加大农业基础设施建设，为农业发展提供各种优质服务和激励措施，促进职业农民的发展壮大。

---

[1] 徐洁，韩莉.加大农村公共产品供给，促进二元经济结构转化：韩国新村运动对我国农村经济发展的启示[J].北京联合大学学报，2003(02).

二、基础性公共服务的内容

农业基础性公共服务有广义和狭义之分。广义上是指农村地区的各项服务设施，如农村的教育、医疗、健身、休闲娱乐等各项基础设施，如果农村基础设施完善，就可以吸引年轻人留在农村、扎根农村，还会吸引更多的城市创业型人才投身于农村经济发展，成为新型职业农民的主力军，为新型职业农民营造一个优良的生产生活环境。现实情况是农村各项基础设施很不完善，缺乏发展机会和条件，生活不方便，没有丰富多彩的休闲娱乐，与城市的差距很大，导致很多年轻人根本不愿意待在农村，农村留不住人才，更无法吸引城市优质资源流向农村，这在宏观层面上非常不利于新型职业农民的培育。限于本书的主题是新型职业农民培育，此处的基础性公共服务偏重于狭义的理解，指直接为农业生产、储存和销售提供的各类服务。农业基础性公共服务涉及范围很广，主要包括以下几类。

(一) 农业基础设施

第一个设施是农村公路。当前，我国正在实行的"村村通"工程极大地提升了农村的基础设施水平，改善了农村的交通状况，但仍然不能满足现代农业的发展需求，"要想富，先修路"，形象地说明了道路的重要性。要加大农村公路的建设力度，加大公路网密度，公路通到自然村，提升公路建设质量，加强质量监督，严格按照公路行业指标要求建设和验收，强化公路管护，做到建管结合，建立长效机制，真正巩固好公路基础设施建设的成果，把效用发挥到最大化。农村公路在保养维护上是一个薄弱环节，因为缺乏有效的管理和维护，农村公路损毁严重，减少了使用寿命，缩短了使用年限，制约了农村发展。

第二个设施是机耕道。通过市场化的土地流转，可以促使农村土地经营权的流动和集中，但是无法通过市场手段自动实现耕地的连片和集中。一家一户的土地被连片经营后，原有的机耕道不能满足成片规模经营的需要，不少农村地区机耕道数量少、质量差、不规范，道路不规整、排灌不衔接、路网不闭合、林网不成型，影响大中型农机具下地作业，降低了机械作业的效率，难以做到土地的连片综合开发。需要政府及有关部门加强统一规划布局，高度重视农村机耕道建设，做好财政预算工作，每年安排一定数量的专项资金用于机耕道建设和整修，出台并严格执行机耕道建设标准，参照购机补贴的模式逐步由点向面铺开机耕道建设,为建设标准化农田做好基础性工作。

第三个设施是灌溉排涝系统。从土壤肥沃程度而言,农村土地有肥瘦之分,土壤肥沃的称为肥田,肥力低下的称为瘦田;从灌溉水源而言,有保水田和望天田之分,保水田灌溉条件便利,望天田取名非常形象,就是指依靠老天爷下雨,没有灌溉水源和灌溉设施,期盼风调雨顺。田地适度规模经营之后,新型职业农民为了有较为稳定的利润预期,就不能完全依赖"靠天吃饭",灌溉排涝设施尤其重要,直接关系到农作物的产量和收成。在很多农村地区,灌溉排涝系统不完善,制约了新型职业农民的发展。高标准基本农田建设的标准仍然偏低,并且真正能够实现土地集中连片、支持机械化运作的农田基础设施仍然较为缺乏。通过调研发现,土地流转工作开展得好的地区,基层政府都做了很多基础性的工作,如进行土地平整,建设基本的灌溉排涝设施,这样才能够把土地成方连片,进行统一耕种、施肥、打药、收割等。

第四个设施是农村电网。新型职业农民经营一定数量的田地,为了提高效率,降低人力成本,很多环节上实行机械化操作,需要有基本的电力设施。如安装喷灌设备,实行统一喷灌,既可以精准抗旱,做到均匀喷洒,防止喷洒遗漏和过度,又可以节水,减少开支。农村电网是基础性工作,很多后续设施设备都需要建立在电网的基础上。在有些农村地区,电网设备不完善,满足不了农业生产的需求,农民需要用电时,从家里或者附近邻居家接一根电线过去,这只是临时救急,不是长久之计,既不方便,也存在安全隐患,制约了农业生产发展和新型职业农民培育。

农业基础设施是基础性工程,事关农业发展的命脉,政府需要高度重视。农业基础设施属于公共物品,离不开政府财政的支持,投资的责任应该是政府,要不断加强对农村公路、农村机耕道、灌溉排涝、农村电网等农业基础设施的建设和维护,打通农业命脉"最后一公里"。按照政府主导、农民参与、社会支持的原则,拓宽农田水利基础设施建设资金的来源渠道,理顺农业基础设施的投融资机制,不仅要建设、保护好,更要使用和管理好农业基础设施,让有限的资源得到充分利用,促进使用效率的提升和利用年限的提高,真正发挥好农业基础设施的作用。

(二)农业配套用地

我国人多地少,农业用地始终处于紧张状态,为了保障粮食安全,国家划定

18亿亩耕地红线，对农业用地进行严格管理，严禁侵占农业用地的做法，这当然是正确的，并且需要长期严格执行。但是农业是一个复杂的产业，不像工业那样，能够区分得那么清楚明确，为了让农产品顺利地到达消费者手中，需要有很多辅助性环节，其中一个重要方面就是农业生产性建设用地。

(三)生产储存环节的基础性服务

消费者对绿色农产品、有机农产品等高质量农产品的消费需求日益增加，对农产品质量提出了更高的要求，这就需要不断进行农业基础设施的配套更新。农业仓储设施的不足制约着消费者对高品质农产品的消费需求。因为保鲜、保质等储存设施和技术不够，农产品不能及时销售出去，导致霉变、腐烂时有发生，新型职业农民遭受严重的损失。政府需要加大对生产储存环节的基础性服务力度，按照"搭建平台、支持主体、发展产业"的理念，为新型职业农民提供大型冷藏保鲜库建设、农产品质量安全检测、农产品电商服务等单个新型职业农民无法做但又现实需要的产业发展公共平台，加大仓储设施的资金投入力度，着力解决新型农业经营主体发展面临的共性问题，着力提升新型职业农民的整体竞争力，从"单赢"走向"共赢"。储存环节是生产和销售的中间阶段，为顺利地销售农产品提供时间和空间，给新型职业农民的增收创造条件。

储存环节的服务薄弱，体现在农业生产的诸多方面。以我国最重要的主粮——稻谷为例，由于国家对仓储设施资金投入未能跟上粮食增长需要，仓储陈旧老化严重，仓储增长能力明显不足。在保护价收购和国外农产品大量进口的情况下，现有的仓容难以满足粮食收储的需求，导致粮食容易腐烂变质，损耗严重。国营仓储能力有限，民营仓储企业受制于资金紧张，缺乏专业技术人员，储备粮储存安全难以保障。如何减少霉变、鼠灾，降低粮食损耗和浪费，杜绝粮仓失火等粮食仓储难题，是促进种粮职业农民持续发展的基础性工作，新型职业农民对于建设粮库有着强烈渴望。对于规模经营主体而言，生产出来的几十万斤粮食面临的首要问题就是烘干，而他们基本没有时间、精力、场地去处理这个问题，"为农民提供粮食统一烘干、统一加工、统一储存、统一销售的服务，解决存储粮食的难题，是需要政府努力的基础性服务工作"[1]。

---

[1] 刘慧.多渠道创新确保"颗粒入仓"[N].经济日报，2014-08-01.

第四章 乡村振兴战略下新型职业农民培育的基础

(四)销售运输环节的基础性服务

在农产品的零售市场中,绝大多数依然是简陋的大棚式市场,缺少检测、储存设施,水电系统、场地、污水处理系统等基础性硬件设施落后。如何做到把农产品迅速及时销售出去,把农产品的生产和销售与广阔的市场紧密联系起来,是新型职业农民的基础性需求。需要完善农产品流通渠道,建设农产品交易市场、农资连锁配送中心,健全完善乡村物流配送体系,加强农产品产地市场建设和流通体系建设。农产品的流通环节不顺畅是导致新型职业农民"增产不增收"的最重要原因,从新闻报道中经常看到,有些鲜活农产品因为销售运输不及时,烂在田地里。相关资料显示:"我国综合冷链流通率仅为18.9%,其中水产品12.9%、肉类15.1%、蔬菜5.0%。而日本与美国的综合冷链流通率分别为97.5%和89.6%。我国冷链物流仅损失与腐烂一项就超过9.6%,而世界平均损腐水平仅为4.9%。"❶可以看出,因为综合冷链物流设施建设的滞后和薄弱,难以满足实际需要,给我国农业尤其是鲜活农产品带来了较大损失,极大地制约了新型职业农民增收致富。"与发达国家相比,一个常见的、多被流通领域研究者所引用的数字是,中国生鲜产品在流通过程中的损失率在25%~30%,而发达国家则在5%以下,主要是因为中国缺乏先进的储存、冷藏条件。"❷目前为止,我国还没有建立起冷链物流建设的统一国家标准,没有标准就无法严格操作执行,需要加快推进相关方面的工作,尤其是强制性标准的制定与实施。加快建立健全冷链物流运输体系,加大资金投入,不断推进农业产业物流设施建设,让鲜活的农产品能够在第一时间从农村运送到城市,在城市与农村之间搭建起物流设施共享、共建、互联、互通的平台,把生产和销售更紧密地联系起来,为跨地区的农产品运输提供有效保障。在农产品销售运输环节的建设中,要以冷链物流建设为重点,确保资金投入到位、设施建设推进到位。储运体系作为国家粮食安全与农产品有效供给的保障服务网络,既影响农产品从生产到消费的运转效率与成本,又成为政府公共服务与社会治理的基本职能载体。

(五)农业技术信息服务平台

现代农业是高科技农业,加强技术信息指导是基础性工作,为农作物生产、

---
❶ 国亮,侯军岐.供给侧改革背景下农业产业升级分析[J].河南社会科学,2017(01).
❷ 黄宗智.小农户与大商业资本的不平等交易:中国现代农业的特色[J].开放时代,2012(03).

管理和销售提供坚实保障。一是加强病虫监测预警与情报发布工作。病虫害是影响农作物产量和收成的重要因素，在农作物病虫发生危害的关键时期，针对区域重大的、流行性的、突发性的农作物病虫调查结果，根据各地监测点病虫监测情况，组织开展专家会商和重大病虫远程视频会商，及时发布长期、中期、短期病虫情报，为政府决策农作物重大病虫防治提供依据，为新型职业农民提供及时、准确的病虫预防和应对信息，有效遏制动植物疫情蔓延和危害，保护农业生产安全，为农业增产和农民增收保驾护航。二是加强现代通信设施建设。在高速发展的信息社会里，农业要与外界保持密切的沟通，才能与时俱进。需要加大和电子商务密切相关的基础设施建设，加大光纤、互联网等现代通信设施的投入，大力推动农业"互联网+"工程的实施，"宽带中国"等信息工程的推广，促进农产品竞争力的提高和农业产业经济效益的提升。三是加强农业综合服务信息平台建设。完善省一级农业综合信息服务平台，并通过县市农技推广部门，将农业信息服务推广至基层，建设乡村信息服务站。各级农业电子商务信息平台的内容包括农业资源、要素和信息数据库，病虫害监控情况及防治，农产品交易信息及预测等，为新型职业农民顺利地把农产品销售出去提供有价值的信息和服务。在农业技术信息服务平台的建设上，砀山县比较有代表性。砀山县是种梨大县，为了给梨农提供服务，县政府专门成立了"砀山县水果产业发展服务中心"，拥有技术人员40人，负责全县水果产业的规划、调研，生产技术的研发、引进、示范推广，国内外市场信息的搜集和发布。全县155个行政村都有一个农业技术指导员和一个村级技术员，技术服务体系非常健全。通过加快新品种的引进和推广，农民的标准化种植水平有了质的提升，砀山梨的质量与安全水平大大提高，增加了果农的收入。通过对这些公共服务领域的投入，有效降低了新型职业农民的种植成本和经营风险，促进其发展壮大。

三、金融服务

金融是经济的核心，新型农业经营主体的持续健康发展离不开有效的金融支持。由于经营规模、生产模式等方面的差异，新型农业经营主体的金融需求与传统农户存在较大的差异。"新型农业经营主体的特征决定了它所需要的不仅是传统的小规模信贷服务,更需要农业保险和农产品期货在内的全方位的金融服务。"[1]针对农业发展的新趋势,中央政府和相关部委出台了一系列政策措施,在宏观层面上为新型职业农民提供金融服务创造了良好的条件。"在农业产业化过程中,根据农业业务链不同,其金融需求方式也呈现出差异,产前阶段主要通过银行借贷,产中阶段主要是期货和保险,销售阶段主要是结算和理财。"[2]新型职业农民对金融服务的需求呈现不断上升的趋势,尤其对信贷服务和农业保险需求强烈。

(一)信贷服务

新型职业农民的生产经营都是建立在一定数量规模之上,不同于传统意义上一家一户的小规模生产,因而对资金的需求量比传统农民大很多。信贷需求主要是来自流动资金、固定资产资金、产业延伸资金三方面的需求。首先是流动资金需求。对于新型职业农民来说,流动资金需求体现在很多方面,主要包括:用于支付土地流转费用、雇佣工人薪酬、购买种子化肥原材料费用、定期防疫体检费用等特定的生产必需成本。流动资金对于种植业类型的新型职业农民具有明显的时段特征,农作物种植的周期不同,有一季度、半年期、一年期等生产周期,还有长达三年至五年甚至更长时间的生产周期,这对借贷资金的数量大小和还款时间长短都会产生重要影响。对于养殖类新型职业农民来说,流动资金需求相对零散化,根据养殖的品种和数量不同而呈现出较大差异。"以养殖肉牛为例,如果不考虑圈舍等固定投入,每头牛从购入到出售的流动资金至少需要5500元,而育肥20头肉牛的流动资金需要10万元以上。"[3]对零散的小规模养殖户来说,缺少资金就难以扩大养殖规模,无法提高养殖效益,不能获得适度规模效应。一般来说,流动资金需求在总资金需求中所占比例相对较大。其次是固定资产资金需求。这类资金主要用于田地平整、机耕道修建、排水灌溉系统等农业基础设施建设,购置拖拉机、播种机、收割机、烘干机等农机设备,建设储存设备、排污处理设备等配套生产设施。固定资产需求大小同新型职业农民生产经营的品种和数量密切相关,对于大规模经营的职业农民而言这也是一笔较大的资金投入。最后

---

[1]汤金升,王学良.金融支持新型农业经营模式探析[J].山西农经,2014(10).
[2]郑学党.供给侧改革、互联网金融与农业产业化发展[J].湖南社会科学,2016(12).
[3]雷瑛.河南培育新型农业经营主体的财政政策探析[J].山东工商学院学报,2015(02).

是产业延伸资金需求。农产品从生产出来,到顺利销售出去,中间有一个时间差,在这个过程中的投入在于产业延伸的资金需求。例如,初级农产品出来后,对其进行简单地分类、加工和包装,以获得更高的利润;对于生鲜农产品,进行冷藏运输等。延伸产业链是新型职业农民把产品最终变成收入的一个必不可少的环节,产业延伸所需资金数量的多少会因为新型职业农民从事产品的不同和加工的精细程度而有较大差别。

资金短缺是制约新型职业农民发展的瓶颈,"需要通过创新农村金融体制,最终建立以市场为导向、商业银行为主体、政策金融和合作金融为主导的农村金融体系,以多样化的途径满足新型农业经营主体发展对金融的需求,优先扶持适度规模经营的新型农业经营主体"[1]。在新型职业农民信贷业务的服务工作上,要注意以下环节:一是做好基础性的调查工作,实现信贷精准投放。为清楚了解新型职业农民的金融服务需求,实现信贷资金精准投放,金融部门要积极争取农业部门和工商部门的支持配合,由农业农村部提供新型职业农民的统计名单,按照就近方便的原则把名单下发到农村的各个基层网点,基层网点安排专门的工作人员走村串户走访新型职业农民,详细了解其资金信贷需求,摸清生产经营状况、在进行综合评估的基础上发放贷款联络卡,以便随时沟通联系。可以在村委会、卫生室等村落人流量大的区域张贴贷款联系人信息,方便有需求的新型职业农民随时咨询,及时沟通,"在深入实地调查的基础上,建立职业农民的基本信息表和金融服务需求情况表,留存调查影像资料,按名单逐户实行摸底资料归档管理,及时了解和掌握职业农民的基本信息和金融需求,扎实做好金融服务新型农业经营主体对接工作"[2]。二是创新贷款抵押方式,建立诚信档案。三权分置制度的推行和落实,使得新型职业农民可以将其经营权做抵押物进行贷款融资,强化了土地承包经营权之物权属性,进一步恢复其财产权能,解决农用资金短缺问题,缓解农户贷款没有抵押的困境。金融机构根据农村实际情况简化贷款程序,扩大抵押物范围。建立新型职业农民诚信档案,金融机构实施授信放款,到期后新型职业农民履行还贷义务。如果不及时还款,金融机构将降低信用等级,并进行追偿,承担违约责任。通过建立在诚信基础上的金融信贷,变政府选择为

---

[1] 张红宇,张海阳,李伟毅,等.中国特色农业现代化:目标定位与改革创新[J].中国农村经济,2015(01).
[2] 彭鑫.资金精准注入新型农业主体[N].中国农村信用合作报,2015-09-08.

市场选择，提高资金配置效率。三是大力发展互联网金融。随着电子信息技术的快速发展，涌现出了网上银行、手机银行、电子金融等产品，这突破了以往金融业业务发展受物理网点限制的不足，农村地区因为银行网点有限、人手不足，互联网金融的发展空间和作用更大。互联网金融可以为广大农户提供更为方便快捷的金融产品和服务，进而降低交易成本。搭建了跨平台、跨行业和惠及农村的金融模式，与农业产业化的深度融合已经成为必然的发展方向。互联网金融在农村地区尤其重要，既是薄弱环节，又是发展空间最大的地方。

(二) 农业保险

农业具有投资回报期长、回报率低，疫病、虫害频发，洪涝干旱灾害时有发生等特征，农产品市场价格也具有不确定性。对于规模经营的新型职业农民来说，要承担来自自然灾害和市场波动的双重风险。在市场经济条件下，市场风险可以主要或全部由经营主体承担，但是鉴于农业在国民经济中的基础性地位，风险自然应该由政府承担一部分，这是由农业的公益性特点决定的，农业承担着社会稳定的职能。普通农户的农业经营收入只占家庭收入的一部分，即便遇到自然风险，对其生产生活也不会产生根本性影响，因而他们对农业保险的有效需求远低于新型规模经营主体。对于兼业农民来说，农业收入占家庭收入的比重更小，对农业保险的需求也不强烈。但是新型职业农民的主要收入来源就是农业，甚至是唯一的收入来源，并且进行了大量的前期投入。一旦遇到自然或市场风险，很有可能造成巨大损失，对其生产生活必将造成极大影响，导致其对农业保险的依赖大大增加。在现有的科技条件下，农业仍然属于弱质产业，在很大程度上依然是"靠天吃饭"，农民抗风险能力差。

要完善农业保险，一是政府加大农业保险的支持力度，进一步扩大政策性农业保险的规模和覆盖率。农业在某种程度上是"烧钱"的产业，却是非常有必要的，因为农业是关系国计民生的基础性产业，也是带有公益性质的产业，政府需要在农业保险上加大扶持力度，加大优惠政策和专项资金的投入，这是政府职能的体现。扩大政策性农业保险范围，提高稻谷、小麦等主要粮食品种的保险保费补贴比例，采取优惠政策和激励措施，积极争取做好花生、芝麻、油菜、猪牛羊等政策性农业保险。建立农业保险基金，纳入本级政府财政年度支出预算，专项用于农业大灾的救助和信贷风险补偿。二是开发扩大新险种。农业保险产品分为种植业保险(水稻、小麦蔬菜、水果等)、养殖业保险(繁母猪、育肥猪、奶牛、家禽等)、林木保险(林木火灾、森林综合等)。保险公司从服务农民的立场出发,针对各地各类特色农产品的发展情况,从实际出发有针对性地提供特色农产品保险,做好大棚蔬菜、草莓、葡萄、种植业补充保险。通过政策性保险的引导,不断完善农业保险制度,增加保费补贴品种、扩大保费补贴范围、支持提高保障水平,减轻新型职业农民规模经营的自然风险和市场风险,增强农业和农户的抗风险能力。

第四节 在产业链拓展中维护和实现好新型职业农民的利益

农业是立国之本,但农业属于弱质产业,外部效益明显,比较效益低下。如果出现"农业不挣钱,干活一年不如打工一个月"的局面,就无法培育出新型职业农民,农业发展也看不到希望。农业产业链的拓展必须以提高农民收入为根本宗旨,利益是农民职业化的核心目标,唯有这样,才能抓住解决"三农"问题的关键。农业产业链中存在较为明显的"微笑曲线","微笑曲线"的两端朝上,代表农业产业链中附加值高的环节,即研发和营销,处于中间环节的生产与制造附加值最低。我国农产品总体呈现出供过于求的态势,农产品生产利润低,但农产品研发与营销的附加价值相对高,运输、加工、研发、销售等环节的利润会高于生产环节,传统农民主要集中在农业生产环节,这是利润最薄弱的环节,因此农业未来应朝"微笑曲线"的两端发展。农业产业链延长提升了农产品的质量和价值,为农民增收提供了一种可能和载体,为农民分享第二、第三产业融合带来的价值增值提供了新途径。为了更好地培育新型职业农民,需要建立农村第一、第二、第三产业融合发展的利益联结机制,实现利益一体化。利益一体化是农业产业化的核心,构成农业产业系列的相关经济主体演变成为风险共担、利益均沾、互惠互利、共同发展的利益共同体。"在这个利益共同体中,从事初级产品生产的农民,也可以平等分享农产品加工、销售增值的利益,农业就会因此从低效益产业转化为高效益产业。"[1]在农业产业链拓展中,维护新型职业农民的利益极其重要,农业产业链延伸的根基在农业,只有农业得到了可持续发展,延长产业链才有可能,最重要的利益主体是农民,要让新型职业农民特别是种植养殖的生产型职业农民获得较为合理的利润分成,收获实实在在的利益,才能吸引更多有文化、有技术、有能力的人投入农业生产和经营中。当人们觉得农业有奔头,农民这个职业有甜头,自然愿意投身其中,农民职业化之路才能起步顺、走得远,农业才能得到持续健康的发展,为国家长治久安奠定坚实的基础。

遗憾的是,从现实情况来看,在产业链拓展的利益分配过程中,生产型的职业农民很容易被边缘化。比如,从融合主体看,一些工商资本进入农业,很快取得优势地位,这些农业龙头企业代替了农民的农业主体地位,农民处于从属位置。从利益分配机制看,龙头企业与农户没有形成稳定的购销关系和利润分配机制,利润的大头让企业拿走了,农民没有获得产业融合中的应有红利,从产业价值链中所分享的收益较低。这些情况的出现背离了三产融合的初衷,不利于新型职业农民的成长,降低了农业发展的预期,需要采取有效措施,在产业链拓展中维护和实现好新型职业农民的利益。

一、提升农民的组织化程度

农民虽然人数众多,但是力量弱小,最根本的原因是组织化程度低,分散、单个、弱小的农民和层级庞杂的政府、瞬息万变的市场打交道时,力量的大小决定了博弈的结局,原子化形态农民的天然属性决定了其在利益分配中处于弱势地位。农民在与政府有效沟通、交流时经常陷入集体失语的尴尬境地,缺乏话语权和监督权,农民的市场谈判能力低下,有效发声的渠道不够,权益容易受到侵害,维权能力弱。把分散的农民组织起来,聚指成拳,"合力办大事"是解决农民力量弱小的重要手段,组织化是新型职业农民顺利成长的重要环境和保证。农村改革之父杜润生主张建立农民协会,以争取和保障农民的平等公民权利。"农民占中国人口的绝大多数,其他很多群体如青少年、妇女、工人等都有自己相应的组织,只有农民没有自己的组织,没有自己的代言人。有了农会,就能够保护

---

[1]许经勇.以体制改革与机制创新为根本途径:论深化农业供给侧结构性改革[J].福建论坛(人文社会科学版),2017(04).

农民的权益，替农民发言，强化农民的谈判地位。农民有了谈判地位，就能取得平等的政治地位，与其他社会阶层共谋国事。"❶成立新型职业农民协会，增强农民的话语权和谈判能力，对于更好地维护和实现新型职业农民的利益，具有重要的价值：一是职业农民协会利用信息和资源的优势，搭建新型职业农民之间便利的交流平台，可以为农民会员提供产业信息服务，做好市场预测工作，指导成员做好产业发展规划，避免盲目跟风地一哄而上，减少市场失灵现象，尽量避免农产品价格大起大落，降低市场价格波动对新型职业农民造成的损失和资源浪费，提高市场话语权和竞争力。二是成立新型职业农民协会后，可以由协会出面维护成员利益，扩大新型职业农民在市场中的话语权，增强市场谈判能力，增大维权的效果。"农民协会最常见的表现形式是合作经济，合作经济的功能就在于通过组织起来的力量提高农户抗风险的能力、抗中间商盘剥的能力以及使用先进技术和生产手段的能力。"❷通过农民协会，农民由原子化的孤立的小农，变为"市场化、社会化"的职业农民，突出农民对第二、第三产业的参与和利益分享，提高农民对运营管理和收益分配的话语权，在三产融合中，建立与新型职业农民更紧密的利益连接关系，让农民能够从三产融合中获得更多的利益。通过农民协会把农民组织起来，是为了提升农民实现"实质性自由"的可行能力，体现新型职业农民在三产融合中的主体性。三是加强自我监管与约束。三产融合的长远发展，需要建立在高质量农产品的基础上，农民数量庞大、监管难，原子化的个体不利于管理，依靠行业协会进行自我约束和管理，是走向职业化的趋势，可以大幅度降低政府监管的成本和压力。可以由农民协会出面监督新型农业经营主体成员的行为，实行行业自治，增强社会组织的自我管理能力，提高成员守法经营的自觉性，为生产高质量的农产品提供保障。总之，提升新型职业农民的组织化程度，是为了更好地促进新型职业农民与市场的对接，增强新型职业农民的市场谈判能力，维护自身利益，分享三产融合的成果，推动农业的可持续健康发展。

二、订单协作型利益连接

在农业产业链条中，生产型职业农民是利润最低的，在竞争性的大市场面

---

❶罗大蒙,徐晓宗.从"身份"到"契约"：当代中国农民公民身份的缺失与重构[J].党政研究,2016(01).
❷郭庆海.新型农业经营主体功能定位及成长的制度供给[J].中国农村经济,2013(04).

前，单家独户的生产型职业农民处于"被动挨宰"的地位，农产品生产出来以后，因为不易保存，农民内部无序竞争，购买方恶意压价，甚至出现打白条、欠款跑路的事情，定价权的丧失导致农民不能充分享有农产品的市场份额收益和定价权收益，农产品收益存在非自享性，丰产不丰收，严重挫伤了生产型职业农民的积极性。比如，西瓜从农民手中卖出时，才卖一毛钱一斤，还要自己把西瓜装上货车，这个价格只能让农民亏本。城市市民吃到西瓜时，一般是1.5~2元/斤，可以看出，中间商的利润太高，农民的利润太低，甚至没有利润，极大地挫伤了农民的积极性。弱小的农户在经营中也时常面临中间商的利益盘剥，为了让生产型职业农民更好地分享三产融合的成果，保护农民生产的积极性，需要建立订单协作型的利益联结机制。通过采取订单形式，用保护价收购，保障生产型职业农民的合法收益。双方合作经营，形成稳定的互利模式：职业农民严格按照公司的标准化要求进行生产，确保农产品的质量能够达到公司的要求，公司按事先约定的市场保护价收购农民生产的农产品，让农民免除价格下降和难以销售的风险，能够获得可预期的利润。通过订单农业的发展模式，生产型职业农民与农产品收购加工企业之间的利益关系是共享而不是盘剥，让农业产业链条创造出的效益能够最大程度惠及生产型职业农民，保证农民获取利益的稳定性与持久性，实现产业发展与农民增收更紧密地联结。农业产业链延长与新型职业农民之间的关系应该是"共享"，让农民能够共享农业产业链延长的成果，才能充分激发农民的种植积极性，为农业产业链延伸打下坚实的基础，促进农业可持续健康发展。

三、股份合作型利益连接

股份合作制源自工商企业的管理实践，可以借鉴运用到农业领域，工商资本如果使用恰当，对农业发展有重要的促进作用。但是，如果现代农业的发展以小农的破产、边缘化为代价，那么这种现代化注定是一种失败的现代化。因为资本的强势和逐利性，如果在政策上允许或倡导工商企业进入农地经营，势必出现较大规模的工商企业进入农地经营的趋势，对广大农民产生剧烈的"挤出效应"，导致大量农民失去土地经营使用权，由此引发巨大的社会问题。资本下乡将带来"一种由农户以外的资本力量主导的农业市场化"，在这种农业市场化下，农户将被边缘化，被囿于农业生产环节，而无法从农业加工和经营环节得到利润。有的地方忽视农民的主体地位，片面追求招商引资，在资本下乡的过程中出台一些有利于工商资本而不利于农民的政策，三产融合的增值效益中，工商资本拿走了绝大部分，背离了三产融合的初衷。为了让农民分享到应有的利益，需要引入股份合作型利益连接机制。农产品收购、加工企业，对纳入合同种植的农民合作社和种植大户给予股份，农户按股分红，获取流通、加工环节的相应利润。鼓励农民通过土地、资金和劳动力等要素参股农业龙头企业，使农民成为企业的股东，真正做到"风险共担、利益共享"。农业合作社要重点解决好合作社与农民的紧密度问题，可依据成员与农民合作社的交易量（额）按照一定比例进行返还，分配盈余，有些合作社规定比例不低于60%，交易量越大，农民获得的盈余返还就越多，通过股份合作的方式，切实保障新型职业农民的权利。对工商资本的引入一定要从基本农情出发，一方面要让工商企业可以正常经营农业，解决农业发展面临的资源短缺问题；另一方面，在人多地少的情况下，不能让工商资本与农民争夺稀缺的生存资源，工商资本对农业和农村只是起到正面的促进作用，绝不能是负面的剥夺。工商资本进入农业领域只能是对农民起"带动效应"，而不应该是"挤出效应"。也就是说，一定要处理好广大农民与直接经营种养业的工商资本的利益关系，鼓励工商资本积极投入现代农业发展的薄弱环节，如品种繁育、加工营销、品牌打造、质量安全、农产品加工等，尽量不在生产种植过程和农户进行低水平竞争，更不能瓜分种植环节职业农民的利润，工商资本要着力"带动"农民而不是"代替"农民，"融入"农民而不是"挤出"农民，形成一个有效的互补性的基本经营格局和利益共同体。工商资本要对新型职业农民起到带动效应，就一定要让农民分享到三产融合带来的利益增值，股份合作型的利益连接机制是重要的发展方向。

第五节 非粮化非农化与农业用地减少的风险

制约现代农业发展的一个重要因素是优质要素资源不能流动到农村，农业发展缺资金、缺资源。为了缓解资源制约因素，党的十九大报告提出，鼓励工商资本到农村去，参与农村的发展。工商资本进入农村是一把双刃剑，一方面可以提供现代农业发展需要的各种优质要素资源；另一方面也可能会挤压农民的利益空间，在逐利动机的驱使下导致土地经营出现"非粮化""非农化"等问题。为此，需要加强对工商资本的引导和监管。

一、非粮化非农化的主要表现与风险

部分农村地区在行政力量的推动下,工商资本大面积连片流转土地,带动流转价格快速上涨,生产经营成本提高,迫使工商资本要追求更高利益的项目,在成本和利益的现实考量下,存在非粮化和非农化的风险。

(一)非粮化

工商资本进入农村后,从事传统粮食作物生产经营的很少,过高的土地租赁价格让种植粮食作物基本无利可图,种植粮食作物管理成本高,挫伤了农民种粮的积极性。工商资本主要以种植经济作物和苗木花卉为主,"据农业部门测算,一亩地种蔬菜的收益是种粮食的5倍,搞水产养殖和花卉种植是种粮食的7倍"[1]。在农业生产的实践中,种粮不如种菜,种菜不如种花。在经济效益上,据经验丰富的农民估计,菜、果每亩产值约为粮食的3倍,在经济利益的刺激下,农民不愿意种植粮食,出现了土地租赁面积递增、种粮面积递减的情况。"河南省的农村调查显示,一般农户通过各种途径流转出去的土地中,耕地非粮化比例达40%,经营大户耕地非粮化的比例达60%。"[2]经营大户在土地的资金投入和管理成本上,比一般农户更多,需要更高的利润来弥补成本支出。在市场价格的调节下,由种植粮食改为种植经济作物是一个总体趋势。在合肥市的周边农村地区,基本上没有种植粮食的新型职业农民,没有"粮农",主要是"菜农"和"果农",通过向合肥市提供时令季节的各种蔬菜和水果来获取相较于粮食更高的利润。"有调查研究显示,河南、山东、安徽等传统农区土地流转的非粮化率达到61%。"[3]种植粮食与种植经济作物的政策侧重点不同,种植粮食主要是从政治稳定的角度考虑,确保国家粮食安全,为社会稳定奠定坚实基础。种植经济作物则是为了增加农民收入,缩小城乡差距,推进城乡一体化建设。稳定功能是中央政府的基础目标,经济功能是更高目标,满足中央政府稳定功能可能就损害了地方政府的经济功能。这里需要处理好两者的关系,在不危及粮食安全的情况下,通过发展经济作物来增加农民收入。改善种植结构,促进城乡协调发展,是

---

[1] 王颜齐,郭翔宇.土地承包经营权流转外部性问题探索:基于土地发展权的讨论[J].学术交流,2014(07).
[2] 河南省地方经济社会调查队.河南省农村土地流转情况调查报告[J].农村经营管理,2014(07).
[3] 周怀龙.如何走出土地流转"非粮化"困局[N].中国国土资源报,2014-06-30.

农业供给侧结构性改革的重要内容,具有重要的意义与价值。但中国是一个人口大国,粮食安全必须牢牢掌握在自己手中,农业是基础,粮食是基础的基础,大力发展经济作物需要以不危害粮食安全为前提。

(二)非农化

工商资本进入农村,很多集中在加工、流通、农业旅游等利润较高的环节,为了获取更高的经济效益,会将已流转的土地开发为农产品加工企业、休闲农业、乡村旅游和乡村酒店等,甚至违法违规开发房地产或建私人庄园会所,农用土地在事实层面上被转变为非农建设用地,出现经营行为的异化。比如,安徽省某县在县城城郊地区建有大型的农业田园综合体,在农业综合体园区内,种植桃子、葡萄等经济作物和开展垂钓等休闲娱乐活动,这些业务和农业关系较为紧密,但也有儿童游乐场、别墅屋体验、休闲食堂等与农业相差较远的业务。为了促进农村三产融合,培育农村的新产业新业态,很多基层政府大力发展农业综合田园体和现代农业产业园,这是农业产业转型升级的体现。但是在监管不严的情况下,很容易被工商资本钻政策的空子,突破法律和政策的底线,大规模地开发旅游业,在原来的耕地上修水泥路、建饭店、修宾馆等,打着发展现代农业的"幌子",进行非农化经营,改变土地性质和用途,把流转土地作为获取他利的手段。单纯的非粮化在很大程度上还属于大农业的范畴,但是非农化已经在事实层面突破了底线,比非粮化的后果更严重,非农化改变了土地的使用性质后,不一定能够再恢复成原来的良田,会削弱农业的基础性地位,给粮食安全和社会稳定带来隐患。

(三)农业用地减少

《中华人民共和国土地管理法》根据土地的用途,将土地分为农用地、建设用地和未利用地三类,进行分类管理。农用地是直接用于农业生产的土地,包括耕地、林地、草地、农田水利用地、养殖水面等。为了保证粮食安全,中央政府对土地使用进行了严格规定,不能改变土地用途、严格按照法律以及合同约定从事农业耕种、林业种植等农业生产活动。不得改作非农用途,是对土地经营权的前提要求,体现了国家保护我国有限的土地资源、重视农业生产的良苦用心。在一些特殊的情况下,如国家基础设施建设等,确实需要占用耕地的,也需要进行相应的补偿,为了从总体上保证农作物的种植面积,在区域范围内建立了土地耕种占补平衡和增减挂钩制度。非农建设经批准占用耕地要按照"占多少，补多少"的原则，补充数量和质量相当的耕地，目的是保证农业用地不减少，这项制度是坚守18亿亩耕地红线的重要举措。但是，现实往往没有理想那么完美，如果土地流转没有非常周全的考虑，没有有效的监督和制约机制，引发的后果可能会非常严重。要保证粮食生产的安全，18亿亩耕地红线不能突破，不仅要重视田地的数量，更要重视田地的质量，在占补平衡中，如果用土壤贫瘠的田地去置换肥沃的田地，虽然数量上没有变化，但事实层面上仍然减少了农业用地，而且具有隐蔽性和欺骗性，更不容易被发现和处罚。

二、对策思路

农业生产非粮化，大量耕地非农化导致农民丧失土地，严重损害农民权益，有可能危及国家的粮食安全，也与培育新型职业农民的初衷不符，需要高度重视，采取切实有力的监管措施。

（一）加强对农地用途的监管

针对土地流转后农业用地的非粮化非农化现象，学者建言各级政府规范、监管工商资本进入农业生产领域。认为此类农企近年的发展造成了农地的非粮化非农化，挤占了农民的就业空间和利益，效果已是弊大于利。在鼓励工商资本下乡的同时，必须建立和完善工商资本租赁农地监管和风险防范机制，坚守土地用途管理制度，抑制非农化倾向，维护农民的利益，保证国家的粮食安全。坚持以"严格准入—动态监管—规范退出"为政策主线。一是严格准入。必须进行准入资格审核，严格准入门槛。在流转前加强对工商资本的农业生产经营资质审查，从源头上控制风险。对企业通过大规模土地流转进行农业产业化经营项目的审批和监管要设置更严格的程序，审核经营权人是否有从事相关农业生产的经验和资质，其计划开展的农业项目是否符合当地政策和土地特质。通过在源头上进行监管和把控，严格限定入股土地的用途。二是动态监管。流转后要加强过程控制，进行非农化的监管，对"农业用途"作出必要的明确规定，农地为基本粮田的，土地承包经营权流转不得擅自改变农地的粮田用途。及时查处农地经营者的相关违法违规行为，严格监控流入方在农地流转和经营中的短期行为，拒绝以牺牲农民利益和土地质量为代价的农业产业化项目。三是规范退出。在生产经营过程中，发现流转经营户出现与承诺不一致的非粮化非农化倾向的，要采取法律的手段规范退出，及时阻止进一步恶化，把非农化的损失减少到最低程度。根据投资项目对耕地质量的破坏程度，让流入方支付一定数量的复耕费，在签订土地流转协议时，需要流入方提供一笔风险保障金，类似于城市商品房的房屋维修基金。如果投资失败了，土地需要恢复成原状，就从风险保障金中支付，避免流入方投资失败"跑路"后，由农民来承担土地恢复的费用，切实保护好农民的利益。

(二)理顺部门之间的关系

中央政府对全国实施了诸如粮食直补、综合直补、退耕还林补贴、农机补贴等多项扶持农业生产的惠农补贴。以洛阳市宜阳县上观乡为例，2012年该乡财政惠农资金主要有：种粮直补164.84万元，良种补贴41万元，退耕还林补贴19.37万元，公益林补贴33.19万元，村级公益一事一议奖补资金41.36万元，贫困寄宿生生活费27.1万元，危房改造资金发放47.1万元，低保资金发放28.3万元，五保资金发放13.6万元，等等。财政惠农资金总计415.86万元，这些资金都是指定用途，不能整合使用，资金使用过于分散，像撒"胡椒面"，仅仅是起到了调味的作用，而没有达到根本目的。在补贴过程中，由于环节多、补贴依据不实、计算复杂等原因，出现多补、少补、误补等情况，甚至会出现骗补、套补、重补等现象，政策的把握难度越来越大。参与农业基础设施管理的部门众多，难以进行统筹协调。从中央政府来看涉及发改委、财政部、水利部、农业农村部、林业和草原局、自然资源部等十多个部门，各级部门责任难以厘清，投资过程中缺乏综合协调，政出多门，职能交叉重叠。农业基础设施管理体制不配套，管护机制不完善，出现了"重建设、轻管理""有人建、无人管"等现象。这种问题在农田水利设施上尤为突出，由于供水、排水、治污环节实行分治，难以建立有效的规范管理措施，使得重建轻管问题长期存在，基础设施难以充分发挥作用，影响了农田水利设施的有效配置。各个部门之间各管一块，没有形成合力，甚至在出现问题时互相推诿。如果能理顺部门之间的关系，权责明确，简化程序，把各个部门的投入经费累计整合在一起，就会形成集中力量办大事的有利局面，能够把现有的经费发挥出更大更长远的效用和价值。

第五章

职业教育赋能乡村振兴战略的影响因素

随着新时代中国特色社会主义建设的不断发展与进步,根据社会建设的需要,党和国家正逐步推动城乡发展一体化,致力于缩小城乡之间的贫富差距,实现国民经济水平的提高。为了适应这一系列的需要,党的十九大报告明确指出了实施乡村振兴战略的必要性。农村教育作为实施乡村振兴的战略要点,是改善农村人口素质教育的根本所在。其中,农村职业教育是人们关心的焦点,对农村经济社会发展的影响和贡献最为突出,在乡村振兴战略中发挥着举足轻重的作用。然而,由于各种社会条件以及经济条件的影响和制约,例如经济结构调整不合理、保障供给落实不到位、群众认可度较低等,导致目前我国农村职业教育的发展与乡村振兴战略的实际需求之间的矛盾日益突出,对农村经济社会发展的推进还未达到理想的效果。随着乡村振兴以及脱贫攻坚战略的不断推进,农村职业教育逐步受到重视,职业教育的发展不但有利于开发农村人力资源、提高农民队伍的技能知识,而且有利于缓解农村自我发展能力不足的难题,这对于实现乡村振兴战略目标具有现实的重要作用。本章通过阐述新时代农村职业教育推动乡村振兴战略发展的现实意义,指出新时代农村职业教育赋能乡村振兴战略的影响因素,为新时代职业教育助推乡村振兴战略的发展提供了研究方向与理论指导。

第一节 新时代职业教育赋能乡村振兴战略的政策保障制度因素

政府作为农村职业教育的主力军,在农村职业教育的建设中发挥着主导作用。国家总体教育水平深受教育资源分配的影响,而农村学校职业教育作为我国基础教育的重要组成部分之一,政府必须逐步加大对农村职业教育的投资力度,不断颁布并完善农村职业教育扶持政策，增加公共教育资金在国民经济生产总值中所占比重，主要以农村基础教育建设为主，提高公共基础教育建设水平。

一、经济政策因素

在农村学校扶贫建设过程中，政府应发挥其主要作用，目的是均衡教育资源的合理分配，最终实现农村义务教育的全面稳定发展，提升农村居民的整体文化水平。在政府扶贫工作中，要重点关注经济困难家庭的子女以及残疾儿童，保障他们依法接受义务教育的权利。随着时代的变迁和社会的发展，教育扶贫的聚焦点应逐渐由受教育人口的人数占总人口数的比例转变为注重其受教育水平的方向。因此，政府作为农村扶贫教育的主导者，应积极承担起主要责任。首先，为更多贫困地区孩子提供受教育的机会，提高其受教育的质量和水平；其次，进一步加强对农村学校的教育资金投资力度，加强贫困地区的基础设施建设，加大人力、物力、资本的投入，培养更多优秀的乡村教师。

（一）人力资本投入

尽管在现代社会中导致贫困的因素多样化，但是农村地区贫困的主要原因始终是低水平的人力资本投入。贫困地区因受教育水平的限制，绝大部分人的思想观念在时代发展的潮流中落伍，文化水平也难以满足当今时代的需要，贫困地区人口实现高水平就业的机会将会大大减少。因此，提高我国贫困地区人口素质水平应当受到社会的重点关注，中央政府通过加大人力资本投资力度，为贫困地区人口提高生存和发展能力提供社会保障基础，解决过去农村地区受教育难的问题，并以此指标作为衡量地方政府扶贫工作的考核标准，以此来加强各级政府对贫困农村地区人力资本投入的重视程度。中央政府在加大对农村地区学校建设投资力度的同时，也应积极设立帮扶贫困地区农民的公共教育基金，以此作为他们加强脱贫技能培训和文化教育的资金支持，最终实现技术技能的增强以及教育文化素养的提高，从根本上改变落后的思想观念，紧跟时代的步伐，真正融入现代社会，锻炼他们的自我发展能力，进而带动自身脱贫致富，致力于实现最大化的幸福感和成就感。人力资本投入对贫困地区人口实现脱贫致富意义重大，因此，各级政府部门应加大人力资本投资力度。一方面，有利于推动农村扶贫建设进程，并在一定程度上降低返贫率，实现真正脱贫。另一方面，随着社会矛盾的变化，物质层面的需求早已不能满足人们的生存发展，人们也需要精神层面的满足，因此，政府的贫困扶持满足其双向需求，真正做到利为民所求。只有这样，各级政府为贫困地区人口脱贫致富所做的各项努力才能体现其根本意义，实现其最终价值。

目前，我国乡村人力资本的积聚和分配还存在诸多制约因素，我国基层组织中仍存在许多根本性的缺陷，主要包括以下几点。

1. 制度体系问题

目前我国乡村教育体系由于改革不到位、不彻底等诸多因素，难以适应乡村人力资本所需要的现实积累。首先，人力资本的积累需要与社会多方面的努力相结合，其中主要依托正规学校的高素质教育，为乡村振兴发展提供更多高素质人才。其次，需要健全的健康提升体系，为人们提供健康安全的服务；通过在职人员"干中学"与"学中干"相结合，只有这些主导因素相结合才能真正实现人力资本的有效积累。因此，学校教育体系、公共卫生保障体系、劳动力市场就业体系，这一系列为乡村振兴服务的体系都是人力资本积累的动力源泉。但是，我国人力资本供给侧结构性改革仍存在诸多不足，主要体现在乡村教育体系改革相对落后，难以适应现代乡村振兴的本质需要。如今，随着社会的发展以及城镇化进程速度的加快，乡村人口向城镇流入的速度也随之加快，这将影响乡村地区的学校布局情况。随着人口的激增，城镇地区教育资源趋于集中化，乡村地区学校的小学规模日益缩小。但乡村学校数量的减少速度远远大于在校就读学生的减少速度，这就会造成学校规模的扩大以及大班额状况，乡村学生上学路途距离将会加长，其中的利弊影响是显而易见的。这也表明，乡村地区的教育教学机构正在不断减少，这给乡村教育的发展带来了许多弊端。

目前，不仅农村基础教育处于瓶颈状态，职业教育也开始转向培养非农化技能，渐渐脱离了农业农村发展的正常轨道，这将导致农业农村持续发展所需技能型人才短缺，并且将远远落后于现代化农业发展。新时代的发展需要现代职业农民的参与，现代职业农民培养体系中存在的弊端还有待改进。

2. 投资回报问题

乡村人力资本的"市场前景"不足，政府对乡村地区进行人力资本分配受到多方因素的制约。人力资本被分配的首要因素是人力资本的回报状况，这也影响着人力资本配置的去向。在过去农业经济占社会经济主导地位的时代，原始劳动力作为最为关键的因素在农业生产中发挥着主要作用。因此，在传统农业生产模式下，人力资本常常被人们所忽略，其分配也没有实际性的意义所在。随着工业时代的不断发展与社会资本的积累，人力资本的价值在工业生产部门得到了实现，工业部门对技能型人才的需求远远超过农业部门，其回报水平也明显高于农业。这就引导人力资本不断向工业部门转移，并不断加速积累以获得更高水平的回报。改革开放以来，工业化生产所产生的经济效益大大超过农业化生产，吸引了大量农村剩余劳动力不断向城镇转移，这就导致城镇地区的教育投资回报水平远远高于农村。另外，教育为农村人口转移户籍提供了更多的机会，人们渴望得到更多受教育的机会，这一系列影响因素都在吸引农村人口向城镇转移，人们对于城镇地区的向往值日趋增加，最终影响其生活的经济环境。随着大量农村劳动人口的转移，导致城乡人力资本分配存在严重畸形，农业生产总值长期处于缓慢增长的状态。另外，受城乡劳动力市场分割与城乡社会保障制度两极化的影响，乡村的人力资本配置与城镇非农部门相比有较大的差距，其存在的限制性因素仍未得到解决。

3. 设施建设不完善和市场不健全问题

由于农村市场基础设施建设不完善、农业信息化建设存在大量不足、农村市场半径仍然处于限制人才配置的范围内等诸多因素的影响，人力资本的配置问题一直没有得到根本性解决。舒尔茨认为，人才配置能力的好坏时刻影响着经济发展的平衡性，其中包括失业率的波动、地理和时空上的工作变化以及其相对激励因素的变化，人才的配置能力存在可观的市场价值和反响。此外，经济非平衡性、劳动力所获得的市场回报率与人才配置能力成正比，非平衡性越高，人才配置能力所起的市场调节作用相应就越大，劳动力的市场回报率也越可观。但目前，在我国乡村振兴战略实施的进程中，还存在大量限制性问题，其中最为突出的问题是农业信息化建设不够健全，时效性信息传播速度较慢，人们接收信息不完整。此外，还包括农村市场基础设施建设不完善、乡村市场的整合性较差等。随着时代的发展与进步，信息技术这门通用型技术已经普遍渗透进社会生产的各个层面，对于现代农业而言，它着重提高了农业整体生产效率。首先，农业信息技术作为传播媒介有效减少了农业技术的传播成本，缓解了农业技术传播难、传播不到位等问题，培养了一大批农村技能型人才，扩大了农业技术在农业生产中的影响程度。其次,信息技术能有效减少农业产品市场供需信息传播的成本,降低农民工市场经营的风险,增加安全系数。最后,农业生产要素配置结构的完善也依托于农业信息技术的发展。农业信息化在农业生产过程中体现出门槛效应,如果农村人力资本积累受到限制,农业信息化会影响农业全要素生产率的增长效率;相反,如果农村人力资本的积累水平提升,农业信息化所产生的积极效应就显而易见了。

(二)当地经济发展状况

改革开放以来,政府一直以经济建设为中心,但城乡经济发展不协调问题一直困扰着我国整体发展,政府采取不同方法推动我国农村经济建设,扩大对农村地区的资本投资,完善公共基础设施建设,实施优惠政策吸引创业者扎根农村创业,为农民提供更多就业岗位,实现当地就业,增加农民的收入,减少农村居民外出务工人数,缓解农村空心化问题。减少农民长期外出务工一方面不仅能促成农村家庭的整体性;另一方面还能减少留守儿童的数量,解决因缺少家庭教育所带来的教育问题。政府在加强乡村经济建设的过程中,应扩大二三产业的规模,加大二三产业在经济总生产中所占的比重,因地制宜地推动各种中小型乡镇企业的发展,例如纺织业、养殖业、果树种植业、运输业、食品加工业等,为农村劳动力提供除务农以外的更多就业岗位,确保更多农村年轻人留在家乡发展,为农村孩子营造良好的家庭生长环境,同时为农村经济发展注入更多活力。农村的各项基础设施建设也是农村经济发展的一大动力,政府应加大力度对其进行建设与完善,例如卫生保健、生态环境保护、农田水利设施等。与此同时,随着生活水平的提高,人们在经济、文化、政策、科技、体育等方面的需求也日趋增加,政府部门也应提供更多的制度保障政策以便于全面提高生活水平,让人们切实体会到幸福感,降低外出务工的向往值。

1. 农村经济发展滞后且处于不均衡状态

中国幅员辽阔、地形复杂多样,这对于我国农村经济的发展造成了严重的影响,地域发展的差异性大于整体性。其中,不同地区的乡村所处的地理环境不同,所拥有的自然资源也各有千秋,这会导致不同地区的乡村发展前景有所不同,经济发展水平存在较大差异。政府对偏远贫困地区的扶持力度还仅仅处于表面,贫困山区始终难以得到国家的援助和支持,这使得我国经济发展更加不平衡。此外，国家针对不同地区的经济发展状况所对口实施的政策也有所不同，使得经济发展滞后地区无法得到政府的有力扶持，这也成为某些贫困地区经济发展滞后的重要原因之一。这种现象在中西部地区农村尤为突出，而对于发达的沿海地区，由于经济发展前景较好，政府相应的投资较多，受重视程度较高，地区发展机会比中西部地区的农村较为多样化，拥有优越的经济发展平台。由于我国乡村经济发展不均衡，且不同地区发展存在较大的差异，因此，乡村经济始终处于滞后状态，这对我国实施乡村振兴战略有着严重的影响，最终阻碍了农村乃至全社会总体经济发展水平的提升。

2. 农村经济发展总体水平普遍较低，农民生活质量有待改善

通过分析比较不同农村地区的发展状况，如果仅通过当地农产品的销售作为农民生活收入支撑，农民很难达到富裕的生活状态，收入水平也很难得到提升。目前，部分农产品因受到国际市场的冲击，农民被迫降低其销售价格，使得农产品的销售额大不如前，农民收益也大幅下降。因为农民的经济收入来源过于单一，一旦农产品的市场价格下降，大部分农民的经济收益将受到严重打击。所以一大批农民工会选择放弃原有的产业而选择外出务工，这就导致了农村年轻劳动力极度短缺，对国家实施乡村振兴战略起到了制约作用。大部分青壮年劳动力由于乡村的经济发展产业难以满足其需求，会选择到大城市务工，造成农村经济发展产业人手短缺，从而导致其闲置或者处于粗放型发展模式，对产业产生效益的多少也逐渐忽视，从长远来看，农村经济发展将持续陷入瓶颈时期，经济发展状况难以得到有效改善，最终导致农村的生态环境也随之恶化。

（三）教育扶贫力度

我国广大农村地区需要不断加大人力资本投入力度，培养更多职业技术型人才作为农村经济发展的持续动力，这就要求政府不断加大对农村地区的教育扶贫力度。实践表明，教育工作是扶贫工作的根本问题，只有使农民受到教育、获得知识，才能真正改变农村地区的思想风貌，用知识作为人们摆脱贫困的强有力武器。政府应加大对农村地区的教育投资力度，保障适龄儿童依法享有受教育的权利，全面提高其文化素质；设立职业技能培训机构为青壮年提供职业技能培训的渠道，提升其就业能力和自身素质，这样才能有效防止贫困的延续。政府在主持扶贫工作中，应积极结合贫困地区的发展潜能方向，通过先进科研单位以及各高校的实践与研究，为其制定合理的发展项目，针对不同贫困地区的农民进行定向培养，确保提高他们的基本职业技能素质，不断学习科技文化，培养创业管理型人才，真正实现人力资本的合理配置。在此基础上，政府还应因地制宜地引进合理的种植养殖项目，实现农民收入的多元化。

1. 教育资源的投资精准度不够

根据调查显示，虽然我国政府在教育投资领域的投资金额较多，投资力度较大，但对于人力资本投资的重视程度还不够，所以造成扶贫工作难以达到预期效果，农村始终处于仅仅依靠财力物力的帮扶状态下。其中在绝大部分农村地区，政府在组织进行教育扶贫的过程中，过于注重硬件设施建设，认为只要为农村学生提供良好的教学环境就能实现真正的教育扶贫，但忽略了教育本身的发展仅仅依靠硬件设施是远远不够的。因此，政府在开展教育扶贫工作的过程中，应以建设教学硬件环境为基础，更重要的是人才的培养，注重师资配置。只有抓住了教育扶贫的本质问题，才能从根本上改善农村教育，提高教育整体水平。

2. 教育扶贫工作的主体参与度不高

在教育扶贫工作中不能仅仅依靠政府的主导，还需要全社会的参与，只有通过多方的协调工作才能真正完成教育扶贫。目前，党和政府颁布了相应的脱贫政策和管理办法，并同步出台了《教育脱贫攻坚"十三五"规划》，为农村教育扶贫做好制度保障。只有坚持"政府主导、合力攻坚"的扶贫准则，教育脱贫工作才能真正做好，真正做到人民满意。现如今，政府部门过于将自身主导作用转化为全权负责，所有工作都过于"集权化"处理，造成政府独当一面的局面。教育扶贫工作是一个社会性工程，它覆盖了全国教育贫困地区，需要社会各部门的参与协作，这也体现了教育扶贫工作的艰难性。因此，教育精准扶贫工作想要实现最大化的效益成果，需要全社会的共同努力。

3. 扶贫教育目标不明确，存在一定的偏差

精准化作为教育扶贫的重要目标之一，政府在明确目标的前提下，要做好相应的计划措施，而个人技能素养则是基础。根据国家的教育发展水平，教育精准扶贫工作应针对具体的扶贫对象，而不仅仅把扶贫目标停留于整体。政府应制定分阶段扶贫政策，结合目前中小学生的受教育状况，对于不同学龄阶段的学生采用不同的扶贫手段，其中要着重培养学生的文化素养和学科知识。但在社会上还存在一批由于环境问题和教育空缺，造成厌学、辍学的孩子，政府应积极结合国家职业教育、再教育的现实情况，适当设立职业技能培训机构，并在其中增添思想教育课程，让他们深刻认识到教育的重要性和必要性，调整以往的旧思想，不能一味地依靠政府的扶持来维系生活。

总而言之，精准教育扶贫首先要从思想上扶贫，拥有健康的心理和良好的精神状态，让教育贫困地区的人们认识到精神扶贫的重要性，而不仅仅只在意物质的富有。政府要加大对农民心理及精神层面的扶持力度，改变原有的旧思想，跟紧时代前进的步伐，紧密结合目前乡村振兴的实际状况有目的性地进行有效扶持；另外，要加强对农民的思想政治教育，从根本上改变知识无用论的观念，改变金钱观和价值观，依靠自己独立自主、自力更生地走上脱贫致富的正确道路。

二、教育观念因素

在未成年人的成长教育中，学校教育和社会教育固然重要，但对孩子影响最深刻的还是家庭教育。父母是孩子的第一任老师，无时无刻不在影响着每个孩子的心智成长，孩子在潜移默化中会受到父母行为的影响。因此，父母应起好带头作用，给孩子树立榜样，引领孩子走上正确的人生道路，一个健全完整的家庭才能给孩子带来良好的教育环境。与此同时，家庭教育要与学校教育、社会教育有机结合、相互配合，争取达到教育的良好合力。

家庭教育作为农村教育质量提升的重要组成部分，发挥着举足轻重的作用。政府要积极改变农村地区落后的教育面貌，从根本上改变人们落后的教育观念，注入新时代的新型教育理念。有关政府部门应当设立家庭教育咨询机构，积极开展家庭教育有关讲座，组织专业人士进行经验分享，为农村地区的人们提供优质的家庭教育服务，让更多农村孩子享受到国家的优惠政策服务。农村家长通过一系列学习交流项目，深刻了解了孩子在成长过程中不同阶段的教育方式和规律，给孩子营造一个良好的教育环境。此外，家长通过了解优秀的家庭教育观念来改变原有的传统教育模式，学习与现代教育相符合的先进教育观。每个家长不仅要学会如何教育孩子，还要从自身做起，努力学习科学文化知识，提高自己的文化素养，营造更好的家庭成长环境。

在我国农村地区，存在大量教育空缺、道德低下、传统文化淡化甚至缺失等教育问题。针对这些问题，政府应认识到，对于农村教育扶贫不仅要提供财力、物力的扶持，更应关注人们的精神面貌，精神层面的扶持才能真正改变人们的思想，让他们真正认识到学习的重要性，想要摆脱贫困单单从物质上改变是微不足道的。有关部门应大力建设更多基础性设施，组织更多学习活动，让孩子们有机会参观外面的世界，定期播放具有一定教育意义的电影，让农村学生在玩耍中快乐学习、有效学习，提高其对学习的兴趣，带领他们走出贫困的沼泽。农村教育机构通过组织多元化的学习活动，并设立社会主义核心价值观课程以及开展相应实践活动，将精神扶贫有效融入物质扶贫过程中，增加更多情感交流与心理关爱，让农村学生受到全方位的扶贫教育。在此基础上，政府还应开展多种志愿者实践活动，让受助的学生有机会报答社会，为社会作出自己的贡献。

政府在扶贫工作中应有针对性地设立对口扶贫机制，实现"一对一"帮扶政策，让每一位贫困建档立卡户学生都有机会受到专业老师的对口指导，还应特别关注因某些因素不能正常去学校接受教育的学生，不能让他们落后在基础教育学习阶段，在贫困扶持过程中，应将物质帮扶与精神帮扶有效结合，从而达到最有效的扶贫效果。各级地方政府在对农村学生进行精神扶贫的过程中，也要对学生家长进行精神扶贫，改变其自身观念，摒弃以往"等、靠、要"的旧思想观念，提高自身能力，凭借自己的努力真正走出贫困的沼泽。

三、社会支撑因素

现如今，高等教育受到了全社会的共同关注，但忽视了职业教育的发展，我国接受职业教育的学生逐渐增多，但政府的重视程度无法支撑职业教育的发展，导致我国在职业教育的发展方面仍处于瓶颈状态，社会需要大量拥有专业职业技能知识的技能型人才。由此看来，农村地区的适龄劳动力可以通过职业教育培训，提升职业技能水平，最终依靠自己的能力实现脱贫致富。

政府在进行职业教育扶持的过程中，要不断完善其帮扶政策。有关部门要严格落实免收中职学生学费、颁发国家奖学金等优惠政策。政府应根据实际情况，对高等职业院校中来自农村的经济困难学生，尤其是就读于涉及农业方面以及环境艰苦专业的学生，应给予更多的优惠政策。与此同时，对于那些未能成功升学的学子，政府应提供免费的职业技能培训，例如农业、养殖业、种植业等方面的培训等。此外，各政府部门应紧密结合起来，科学制订相关培训计划，积极设立职业技能培训机构，并定期开展技能培训活动，给那些本身具有一定知识与技能但未成功升学的青少年提供成长成才的机会。

四、城乡资源因素

政府在加强对贫困农村地区进行教育扶贫的过程中，要切实保护好农民群众的切身利益，让农民群众感受到国家对他们的帮助与关爱。因此，政府在公共教育资源的配置过程中，应进行适当倾斜，让农村地区获得更多的政府援助。近年来，国家针对广大农村教师与学生颁布了《乡村教师支持计划（2015—2020年）》。这项计划意在解决乡村教师严重短缺的问题，并积极改善乡村教师的教学以及生活条件，提高工薪标准，力求建设一支能吃苦、肯实干、乐于奉献乡村教育的高素质人才队伍，让每个农村孩子都能受到公平公正的待遇，以及获得高质量教育的机会，走学习这条成才之路，防止贫困态势继续延续至后代。与此同时，政府应提高对偏远地区农村教师的师资补贴并给予更多优惠条件，让贫困地区的教师切实感受到政府的帮助与关爱，吸引更多优秀教师下乡支教。

实践表明，在农村教育扶贫工作中，一对一帮扶方法是切实可行的，将城镇某些优秀学校与农村学校进行一对一结合，农村学校通过有效学习城镇学校先进的管理模式，将其与自身的实际情况相结合，创立独特的办学机制，其中还包括幼儿教育与义务教育，最终实现先进教育资源的共享。在此基础上，政府应实施轮岗制度，让乡村教师、校长有机会进入城镇学校工作，形成城乡合理流动机制，以便使城乡教育资源得到均衡化发展，让农村地区的学生接受高质量教育。为了促进乡村地区教育发展，除了城乡教师、校长的流动，城区教师的下乡支教，政府应积极号召退休教师到乡村幼儿园、中小学进行教育援助。城区学校应对自己所对口扶持的农村学校进行彻底帮扶，从教学硬件设施、师资、办学方针等进行全方位扶持，促进优质资源的合理共享。

此外，政府应注重教师队伍建设并不断改进建设方案。目前，我国政府正在加大对农村教师薪资的改善力度，但由于诸多客观因素的影响，严重阻碍了贫困地区师资队伍的建设，如工作地区较远无法顾及家庭、交通条件艰苦、城乡发展差异明显等。针对这一系列问题，政府开启了大批扶持援助计划，发放交通补贴、建设城乡公路、分配住宿等。由于农村地区职业吸引力较弱，教学、生活条件艰苦，由此导致了大量乡村教师的流失，高质量教师不愿下乡支教等问题。农村教师在在职过程中，不仅希望有良好的物质待遇，还需要国家和社会的人文关怀，只有这样才能让乡村教师切实感受到自己的价值所在，才能感受到自身是被社会所关注、所需要的人才。放眼发达国家，他们不断在教师所需要的人文关怀领域进行探究，例如，在地区分配时，着重考虑家庭因素；在选择轮岗学校时，着重考虑距离问题；夫妻双方有一人在贫困地区支教即可获得优惠条件。我国政府在乡村教师队伍建设中可借鉴发达国家的建设模式，以此来增强教师队伍的稳定性，减少乡村教师的流失，最终建设一支高素质的人才队伍，为我国乡村振兴添砖加瓦。

第二节 新时代职业教育赋能乡村振兴战略的职业教育观念因素

一、人才培养因素

现阶段，人才已经成为社会市场的关键因素，也随之成为乡村振兴的关键，人才保障在很大程度上能促进乡村振兴战略的进步与发展，为乡村振兴提供各方面的人才。乡村振兴战略的落实需要一大批具有专业知识的一线技术人员，需要对农业认识透彻，心怀农村。建立一支这样的人才队伍去积极建设乡村，起到模范带头作用，带领乡村人民真正走上脱贫致富的道路。与此同时，实施乡村振兴战略的主体不应仅限于政府，农民自身也是乡村振兴的主力军，也应积极发挥其主体作用，通过不断学习专业技能，学习农业经营方式，参与到乡村振兴的建设中去。县级职教中心作为该区域内权威性职业教育机构，能够有效汇聚不同优质教育资源。县级职教中心通过在社会各行各业以及各种社会组织中吸取各类精英人才，为乡村振兴战略提供源源不断的活力，建设一支高素质、高水平的乡村教师队伍，为乡村振兴建设提供强有力的人才保障。

1. 中职学历教育

2017 年，党的十九大报告中计划了高中阶段教育的总体发展趋势与布局，为各级政府提供了有效的理论指导方针。2017 年，教育部出台了《高中阶段教育普及攻坚计划（2017—2020 年）》，这一计划指出，到 2020 年，高等教育应全国普及，实现初中毕业生能够享受良好高等教育的计划指令，为祖国培育更多高素质人才，提高社会整体文化水平。县级职教中心创办的一系列中等职业教育学校在本质意义上都属于高中时期教育，对于推动全国高中阶段教育的发展起到了积极作用，这就需要政府努力推动中职学历教育的发展。与此同时，县级职教中心培养的对象属于农村学生，毕业之后直接与农村生产产业相对接。这部分中职学生通过在县级职教中心的学习与历练，不断学习科学文化知识，培养职业技能以及解决相应问题的应变能力，建设一支这样的人才队伍能为我国乡村振兴战略注入新鲜的活力，助推乡村振兴战略更好更快发展。

2. 新时代农村职业农民

乡村振兴要想达到产业兴旺发达的效果，迫切需要一批"心怀农业、高技术、懂经营"的新型技能型人才，与此同时，还需要"会创业、懂创新、求致富"。现阶段，全国各地已经开展培育新时代农村职业农民，并取得了良好效果。农广校作为县级职教中心的主要组成部分之一，在新型职业农民的培育过程中发挥了积极作用。政府根据乡村振兴的实际需要，新型职业农民的培养是一项长期工程，并非坚持短期工作就能取得显著效果的工程。县级职教中心应积极联合家庭农场、农村合作社、农业龙头企业等组织，加强校企合作，为学校学生提供更多对口就业岗位。学校在教学过程中应不断改进办学方针，开设合理的教育课程并增强其趣味性，为新型职业农民的培养提供高质量的教育环境，不断推进乡村振兴战略快速发展。

3. "新农人"的培养

培育乡村振兴人才不应局限于培养传统经营农业生产的农民，而应该紧跟时代步伐，培养一批能够立足于经济全球化、信息化、现代化发展的新型农民，树立新型的人才观，为乡村振兴提供更多创新型人才、技术型人才、管理型人才等。培养新型职业农民，还要培养大量擅于新农村产业经营、管理的管理型人才、销售人才、设计人才等。目前，新农村已经运行电子商务经营的新模式，此模式是通过与互联网相互关联，将产品通过网络扩大销售与经营范围的智能农业模式。它渗透至农业生产的各个部门乃至乡村旅游产业。这种经营模式要求政府积极培育乡村振兴的实用型高技术人才，并组织其学习乡村振兴的法律法规以及国家政策，积极开展生态农业、绿色农业的新业态，不断完善农村基层组织形式，将乡村治理能力提升到一个新的台阶。

二、经济发展因素

目前,乡村振兴备受社会关注,而经济发展作为乡村振兴战略实施的前提与关键,自然成为政府工作的重中之重。经济发展也应满足乡村振兴发展战略的需要,其中主要针对乡村职业教育、区域经济发展等。现阶段,我国乡村整体生产力较弱,"三农"问题仍然是困扰我国经济发展的主要短板,这就造成农业农村问题始终是我国现代化经济建设的瓶颈。事实上,我国政府始终将发展职业教育作为促进经济发展的重要目标,这成就了我国几代人的目标和梦想。中华职业教育社成立以来,我国就明确了先宣传后号召最后研究职业教育的宗旨,为我国经济发展注入活力。如今,党和国家明确指出构建现代教育体系的重要性,新时代的发展需要高素质劳动力,培养一大批高素质人才是扩大就业创业、促进社会经济发展的基础。研究表明,产业振兴、精准扶贫成为目前我国乡村振兴经济发展的推动力,职业教育自然成为主要助推力之一。职业教育培养的技能型人才是产业振兴的基本保障,其能为产业振兴提供专业的技能知识,并且能作为全面的信息来源。我国乡村振兴战略的首要任务是脱贫致富,职业教育机构应为精准扶贫提供全方位的服务。政府也应严抓、狠抓,确保乡村振兴战略的有效实施。

由于农村经济发展较为缓慢,农村人口长期处于信息来源较为封闭的山区。农村教育的空缺,农民思想难以跟上时代的步伐,受到旧思想观念的影响,农民长期忽略了知识的重要性,始终将个人能力和社会实践经验放在首位,这也是农村贫困的重要因素之一。还有一群拥有一定知识储备,但不愿意实干,认为读书是改变命运的唯一渠道的人。这两类人没有充分领会到"知行合一"的道理,学识和实践同样重要。事实证明,单纯拥有高学历而缺乏实践能力的人很难在社会上立足,单纯拥有实践能力而缺乏学历也同样难以找到理想的工作。正是由于传统思想的束缚,职业教育的不充分发展,降低了农民对职业教育的重视程度,最终造成农村职业教育难以拥有优秀的生源,以及职业教育的社会影响力难以产生较大反响等后果。

三、科技支撑因素

目前,乡村振兴战略的发展需要多样化的发展动能。其中,科技创新成为新动能发展的主力军,主要着重于农业知识的生产、传播以及配置问题。现阶段,我国社会经济的发展模式逐渐由高速度向高质量转变，社会发展逐步向工业化、城镇化、信息化方向发展。总体格局的变化会带动部分的变化，乡村经济跟随着时代发展的潮流也步入了大变革阶段，政府利用科学技术构建了新型农业产业体系、生产制度、经营模式等，与以往的制度体系以及运营模式相比大相径庭，这打破了农村地区一直以来发展第一产业的单一模式，促进了三大产业相互融合发展，给农业生产带来了无限生机与活力，增强了第一产业的市场竞争力与创新力。县级职教中心促进了科技文化以及职业知识的推广与传播，农民可通过在其中的学习得到相应的创新知识、了解更多乡村振兴的理论知识。政府应积极引导农民改变以往的小农生产意识，推动农业生产的产业化转型，扩大生产的规模化改革，带动农业一体化经营，延长产业链，开辟属于中国特色社会主义的乡村振兴道路，以科技创新为指导，加快农业管理升级，实现农业资源的合理分配，制定培养农村创新型人才的独特机制，最终推动乡村经济的发展。

1.聚集先进技术资源，加快农村产业发展

当今，我国政府创办的科研室以及高等院校都布局在经济发展水平较高、拥有优质科研资源的先进城市，在很多普通的县级市内科学研究机构仍处于空缺状态，科学研究水平和职业技术水平都处于低水平层面，严重阻碍了我国农业的现代化发展。与此同时，广大农民群众的信息来源渠道单一，先进技术的传播条件有限，闭塞的信息化空间难以满足现代农业经济发展的需求。针对此问题，政府认为中介部门的参与是解决问题的关键，可将农业、农村、农民以及科研机构紧密结合起来，其作为桥梁与纽带发挥了积极作用，此举加快了农业先进技术的传播与发展。县级职教中心具备相应的师资队伍与硬件设施，是与科研机构以及高等院校进行沟通与协作的选择之一，职教中心可定期号召在校生以及区域内劳动力开展科学技术学习，提高广大农村劳动力的技能水平，构建区域内技术培养体系，从而加强产业整体技能水平，最终实现农村科技水平的创新发展。

2.构建先进的技术研发团队，产生吸引力

根据调查显示，农民、农户和当地经济实体以及社会服务机制都是乡村振兴的必需条件。目前，在我国农业劳动力发展模式、产业经营体系处于大转型的背景下，可积极利用县级职教中心所具备的专业技能型教育组织，将其作为吸引主体，将广大农民、农户及其他生产主体、科研团队等紧密联合起来，构建一个综合性科教整体，研发各种新型农业实用技能、生产经营模式、手工艺术等；研究并推广运用各种相应的农产品与新途径等。此外，县级职教中心还可与政府、科研团队以及其他社会组织联合，构建一个拥有先进技术、高素质技术人员；促进先进技能推广应用并转移；拥有健全的技术咨询体系、先进技术服务、先进管理水平的整体工程，此举为农村产业发展、农民脱贫致富提供了前进的动力，最终实现乡村振兴的长远目标。

3. 健全各类体制机制，更加注重技术研发

自从县级职教中心成立以来，促进县域内的技术研发与技能推广应用一直是县级职教中心追求的目标。所以，不断进行技术研发是县级职教中心的主要任务之一。随着我国乡村振兴战略的进一步推广，县级职教中心应号召职业技术人员，联合相应科学研发团队积极学习习近平新时代中国特色社会主义思想，结合本县区实际发展状况，出台合理的管理政策与制度体系，为乡村振兴提供坚实的物质基础。政府还应结合各项制度体系变革开展专业性的科学研究，加强农村生产企业与新时代科学技术的紧密结合；设立技能型人才培训机构，为乡村振兴提供大量高素质劳动力人才，通过坚定的理想信念和职业精神挖掘人才、培养人才、巩固人才。认真总结与学习发达国家地区乡村振兴的合理制度与经验，结合我国发展实际状况为我国乡村振兴提供积极有益的指导。

四、文化发展因素

乡村文化作为乡村振兴的根本精神支撑，为乡村振兴战略提供不竭的精神动力和思想保障。广大农村地区作为我国农耕文明的基本物质载体，延续了中华上下五千年的文化，源远流长、博大精深。我国实施乡村振兴战略，不仅旨在促进乡村经济发展，还能为世人探究农耕文化中所蕴含的人文精神、优秀传统文化以及高尚思想道德提供重要的机会，这些优秀传统文化与道德的传承与发展需要乡村职业教育作为传播媒介，乡村职业教育能在继承与弘扬优秀传统文化、对非遗文化进行保护的过程中，对其进行创新型提升与发展，让优秀传统文化与道德为乡村建设提供不竭的活力。此外，乡村振兴要利用县级职教文化中心的作用，积极探究县域内优秀文化资源的根本价值，建设现代化乡村文化体系；开设有关乡村文化的基础性课程，积极提升乡村文化的创新创造能力，向村民传播先进的乡村文化，提高村民的文化素养，为乡村文化资源转变为经济资源做好充分的思想准备，用文化振兴助推经济振兴。在乡村文化教育工作建设中，新生代青年作为文化发展的主力军，应积极领悟乡村文化的意义，不断增强我国乡村的文化软实力。县级职教中心应积极培养能够建设乡村文化企业的先进青年代表，并不断加强乡村文化的职业教育引领青年学生积极学习乡村文化，成为传播乡村文化的领头羊，为更好实现美好乡村生活而努力。

乡风习俗包含了一个特定地域内文化生活的总和，是乡村精神支柱的基础。政府在推进乡村振兴战略实施的过程中，把根植于农耕文明中的优秀文化的优势毫无保留地挖掘出来，将优秀传统文化与现代文化紧密结合，为乡村提供既包含传统文化又融合现代元素的优秀乡风习俗，此举不仅有利于促进乡村传统文化的传播，还有利于现代文化融入传统文化，实现文化的创造性转换、创新性发展。县级职教中心被人们视为县域内权威的教育组织，应不断挖掘农耕文明中的优秀传统文化，为县域文化设施提供优秀的文化元素，丰富农村文化内涵。县级职教中心通过兴办乡村文化培训机构，例如积极开展书画班、表演班、手工艺班等，为农民群众提供丰富的文化生活和展现自我的舞台。由于乡村经济文化发展状况欠佳，县级职教中心作为县域文化建设的主力军，应积极挖掘优秀乡贤文化，不断为传统乡村文化注入活力，为农村青年在乡创业提供强有力的思想支撑。政府应积极提升乡村文化的传统魅力，增强乡村文化的自信力，从而扩大乡村文化的吸引磁场，吸引更多年轻人积极扎根于乡村建设，为乡村振兴注入新鲜的血液。

五、产业融合因素

乡村产业是乡村振兴的前提与基础，新型农村的发展与进步需要新兴产业的助推。在农村开展产业振兴背景下，乡村职业教育抓住了大融合的发展机会，在新兴产业发展的过程中，职业教育可运用技术、人才提供、智力扶持等多元化途径，把资源、人才、技术都融入新兴产业的建设中，为农村新兴产业提供源源不断的支持与活力。职业教育还应积极与农副产业、旅游观光业进行校企合作，为在校学生以及农村劳动力提供更多就业岗位，积极开展更深程度的产教融合。

1. 产教融合有助于推动农村职业教育精准扶贫最大化发展

县级职教中心与社会企业联合发展，为广大农村青少年劳动力提供了更多的就业岗位，扩大针对农村地区的就业招生数量，利用订单式培养农村青壮年劳动力，进一步助推精准扶贫，让职业教育普及更多贫困地区，提升贫困人口的职业

第五章 职业教育赋能乡村振兴战略的影响因素

技能,为其继续参加高一级阶段教育以及创业提供理论知识基础,提高就业数量和质量,为农村地区人口真正摆脱贫困提供更多途径。产教融合能够吸引大量高素质职业技能型人才。在农村职业院校毕业的学生有多种就业抉择,他们可以选择留在本地,为家乡建设贡献自己的力量;学生在校就读期间,可接受来自企业的直接培训,从而更早地适应社会职场工作。此举可为乡村经济、文化更高更快发展提供更多高质量人才,减少人才流失,最终建设一支高素质的人才队伍。

2. 产教融合发展有利于推动我国农村职业教育的教育教学办法

首先,农村职业教育要设立与对口产业对接的专业课程,优化专业配置,为学校与企业之间的良好沟通与合作搭建桥梁,最终培养大量产业发展需要的专业对口人才。其次,农村职业院校的职教知识内容和方式应与产业发展标准相吻合,应按照产业发展标准设立课程进度与模式、选择合理的职业教学内容,扩大课程体系中所包含的专业知识,例如相关职业规范标准、职业资格衡量等,使得毕业生在成功毕业获取毕业证书的同时也能获得职业资格证书。此外,农村职业院校在教育教学进程中应直接与产业生产相通,根据产品生产方式进行教育教学设计,真正达到"知行合一"的效果,丰富实践能力。

3. 乡村在产业融合创新过程中需要实现产品创新、流程变革、技术变革、管理变革等

深度处理农产品、绿色农业、娱乐产业、生态农业、体验农业等,是更高形态的现代农业,具有更高价值形态和更高附加值,成为新的经济增长点,进而推动农村经济增长。农村产业融合"新业态""新模式",比如有机种养和发展餐饮经济结合起来,形成"前餐后种""前餐后养"的商业模式;电商平台和农业跨界融合的"互联网+"农业电商模式;物联网和大数据等信息技术和农业融合的智慧农业;农业和休闲旅游融合的休闲农业和体验农业等新业态。

农业产业融合的产业结构效应表现为三个方面:一是横向拓宽了现代农业产业体系。产业融合促进各产业间技术渗透,并进行产品创新和产业创新,开发农业多种功能,增加农产品品种,生产高质量农产品,加快新兴产业发展,逐步形成包含生态农业、特色农业、休闲农业、旅游农业、智慧农业等多元化产业体系。二是纵向深化现代农业产业体系。产业融合中各产业突破边界实现产业链前后延伸,增加农产品价值链的作用,深度拓展现代农业发展体制机制。三是提高产业协调发展。促进不同产业之间的技术渗透和交叉融合,导致各产业之间的增长速度和生产速度差距减小，实现产业更高效率与更先进技能的优质资源分配模式、生产方针与管理方法，让乡村产业结构朝着大规模化、高技术含量、高经济效益、高效能和高加工度演进，实现农业产业结构的优化升级。

第三节 新时代职业教育赋能乡村振兴战略的教育办学基础因素

一、动力因素

(一)农村职业教育思想观念

随着城市经济发展水平的提高，越来越多农村人口逐步转向城镇发展，这导致乡村职业教育计划招生人数减少，办学机构规模也逐渐缩小，乡村职业教育日趋走向衰落，其中阻碍农村职业教育发展的重点问题就是生源问题。

根据农村职业教育的满意度调查报告显示，农村人口对农村职业教育的满意程度较低，这自然也成为农村学生对农村职业教育产生一定"偏见"的主要原因，大多数农村父母也和孩子一样持有相同的观点，他们普遍将农村职业教育视为夕阳产业，认为其发展前景渺茫，对其认可度低和自信心不足成为他们不愿接受农村职业教育的理由。他们将上农村职业学校视为一件不光彩的事情，好学生不会就读这样的学校，这就导致无法上普通高中的初中毕业生就算外出务工也不愿接受农村职业教育，始终将它看作是浪费时间、浪费金钱的行为。据此可以看出，农村职业教育被视为一种低水平教育，这种看法和偏见已成为困扰农村职业教育发展的主导因素之一。

从农村职业院校毕业的学生就业前景不乐观，难以符合城市经济发展的人才需求标准，这毫无疑问会造成农村人口对农村职业教育缺乏一定的自信心。调查报告表明，学生未来岗位就业前景是农村父母是否愿意让孩子选择农村职业院校的主要因素之一，农村职业教育所提供的就业前景会降低农村人口对农村职业教育的认可度，需求也随之减少。而生源质量差、人数少正是农村职业教育需求降低造成的严重后果。人们将职业教育视为低水平教育这一观点至今仍是困扰农村职业教育发展的主要因素之一，针对此问题的存在，政府的教育与引导是极其重要的。

(二) 农村职业教育办学方向

目前,大量农村职业学校缺乏明确的办学方针政策,其根据政府提出的"普教中融合职业教育因素"的教育变革的号召,开始追求学校升学率,却不够重视新型技能型农民队伍的训练与培养,没有为当地群众找到真正可以实现脱贫致富的道路。大部分农村职业学校在办学方针上出现了问题,陷入了是该重视升学还是重视就业的抉择中。这一系列问题造成农村职业院校难以设立合理的专业课程、缺乏正确的教育方式和低水平的实训基地建设,且学校建设过于单一化且缺乏正确功能定位等,这些都难以满足农村发展需求的标准,最终导致农村职业教育发展缓慢。农村职业学校如果过于将升学作为主导办学方向,始终将文化知识的教授放在首位,与普通高中实施同样的教育标准,这样会造成职业教育丢失其本来的创办理念,最终将无法为社会提供职业技能型人才。

现阶段,农村职业教育缺乏明确的办学目标,这导致农村职业教育走上了不正确的发展道路,最终陷入了无法自拔的泥潭,使得农村职业教育一直处于停滞的发展局面。造成此情况发生的因素是多元的,但其中确定的因素是农村职业教育无法满足现代化农村发展的需求,而现代化农村的发展需要新型职业农民参与,只有满足双向因素才能实现农村职业教育的真正发展。实践表明,农村职业教育在培育新时代农民的同时,要紧密结合社会的变化发展趋势,培养一批真正能满足现代化农村建设的新型人才。

人们在农村劳动力的输送方向上存在较多的争议,到底是该将劳动力输往农村还是城市?绝大多数人认为农村劳动力理应为农村发展贡献自己的力量,农村职业教育应当致力于培养一批"高技术、懂文化、会经营、善管理"的高品质新时代农民,为农业现代化发展注入源源不断的活力,最终实现"三农"问题的调和。但事实上,此观点过于片面化,这并不能适应全社会的进步与发展。首先,农村巨大的人口基数和缺乏土地资源之间的矛盾是"三农"问题始终无法得到解决的根本所在。而解决此问题的关键就是农村剩余劳动力的配置问题,农村剩余劳动力如果无法得到妥善配置,那么现代农业想要获得长足发展以及"三农"问题的根本解决是难以实现的。农村职业教育培养的人才,不仅要能为现代农业发展服务,还要成为能为第二、第三产业服务的综合型技能人才。其次,如果农村职业教育只立足于培养高素质、高水平的职业技能型人才，这无法满足社会发展需求，是一种不切实际的观点。目前，城乡结构依然呈现出二元化发展模式，农村和城市发展差距过大。城市相比农村而言，拥有更好的发展资源、更充足的发展机会，这对大量农村劳动力形成了一个巨大的磁场，去城市务工在他们眼中已成为改变生活、脱贫致富的重要途径。因此，农村职业教育在影响农村劳动力去向问题上发挥了重要的作用，这不仅符合现代农业发展的需要，还满足了整个社会发展的需要，是社会发展的必然结果。最后，农村剩余劳动力的转移不但符合农业人口的诉求，而且能促进农业的现代化发展，为解决"三农"问题以及促进城市发展提供相应的人才。所以，农村职业教育应兼容性地培养多种技能型人才，为城乡协调发展提供专业人才。

二、支撑因素

（一）农村职业教育培训供需

研究表明，农民在农业技能培训方面存在大量缺陷，造成我国农村职业教育的供给与需求发生了较大的错位。事实上，农民对于接受技能培训持有十足的热情，广大农民希望在接受职业培训之后能掌握现代化农业生产技术，最终实现农业生产效率的大幅提升，以此来稳定人们的收入水平，改善生产生活条件。随着农业现代化的不断发展与进步，农民的文化素质与技能在农业技能培训中得到了较大提升，农业技术培训为农村人口提升各方面素质提供了重要途径。但在实际操作中，虽然农业技术培训的普及范围和推广力度较大，但影响作用较小，这归根于农村职业教育供需存在严重缺陷，难以达到相应的理想效果。

农业生产的前期和中期培训作为农业技术培训的主要内容，满足的是农业生产的关键环节，但政府在农业技术培训的过程中过于注重农业生产环节过程，对于生产后期的质量服务、技术保障、售后服务以及经营模式等方面缺少一定的培训。调查表明，农民需要更大强度的生产后期培训，其中涉及农产品生产、加工、储存、营销、售后等方面的知识技能，但事实上这方面的培训是极度缺乏的。针对此现象，我国目前主要采取以会议模式代替培训、集中农民培训等方法对其进行详细地教授。但事实上，这难以调动农民的培训积极性，因为农业生产与经营需要专业的实践指导，仅凭专业知识的培训是很难实现农民对于农业生产与经营的通透理解与应用,因此,选择合适的培训地点是十分重要的。只有当培训模式满足了农民的诉求,才能真正激发农民的学习与生产积极性,农业技术培训才能真正发挥其作用,最终为现代农业培育一批"高素质、高水平、有技术、善管理、会经营、新思想"的新时代农民。

与此同时,创新作为新时代职业农民培训的要点之一,并未得到相应的重视。"专家讲述,农民听"作为一种单向的知识传授模式是我国传统职业技能培训的主要方法,很少有农村能将理论知识的学习与实践经验相结合,这也是为什么我国农业农村难以实现长足发展的重要因素之一。随着我国新型职业技能培训开展,一些乡村学校、广播电视大学发挥了重要作用,培训方式取得较大的改善与提升。但就总体格局而言,我国大多数农村的职业技能培训方式依然较为单一,缺乏多元化组合模式,难以成功应用创新型培训方式满足广大农民的诉求,最终难以达到理想的培训效果。新型职业技能培训是以为农民服务为根本方向,当然应采取能满足农民需求的方针政策。有关学者的调查表明,在大量新型职业农民的培养过程中,35.90%的农民更希望利用多样化的模式;27.70%的农民更愿意在集中课堂进行学习;19.20%的农民希望通过实践获得更多技能型知识。由此可知,职业技能培训需要多元化的培训模式,单一的培训模式无法满足现代农业背景下农民的诉求。

(二)农村职业教育体系构建

在农村职业教育发展进程中,以往能起到重要作用的农村学校以及技术培训单位由于各种影响因素造成功能缺乏或消失,这类机构的缺乏严重阻碍了农村职业教育的发展与进步。另外,职业教育正在扩大化地朝城市推进,这加重了农业职业教育系统的空心化现象。

首先,农村职业教育与普通教育两者难以实现有机结合与协调发展,导致不同类型的学生无法获得自由选择权利。学生只能在农村职业教育与普通教育之间选择其一再进行下一步的学业计划,这极大程度限制了农村学生未来的发展,最终导致大量农村学生和家长宁愿选择外出务工也不愿接受农村职业教育。另外,由于农村学生缺乏一定的基础性学业知识,在学校学习过程中接受深层次知识的能力严重不足,最终造成学习效率低下的结果,致使其学习积极性严重下降。

其次,农村职业教育在其发展过程中缺乏内部结构的沟通,各自为政,采取独立的招生与升学方针，缺乏有效沟通与协作。尽管在校学生有通过勤奋学习进入更高层次的教育阶段接受教育的能力，但政府和社会却无法提供相应的途径，呈现出严重的断层性、阶段性等特征。由于农民教育管理制度、农业技能培训体系、农业经营标准认可体系以及农民职业资格准入体系的空缺，导致农民这一职业出现低水平、低层次入职的不真实现象，最终导致农村职业教育无法继续发展的事实，这极大挫伤了广大农民对农村职业教育发展的自信心。

再次，参与农村职业培训的主体较为单一，社会力量的参与度过低，且参与者积极性不高。只有乡村龙头企业等社会组织能够直接参与新型职业农民培训，因为这些社会组织在以往的经济发展过程中打下了可观的经济基础，能够通过自身能力去构建新型职业农民培训机构并开展农民培训，但会造成农民参与积极性较低的现象。农村职业教育培训缺乏一定的社会力量，这与当地政府的宣传效果不足紧密相关。目前，我国新型职业农民培育体系并未健全，培养对象的覆盖范围较小，依托政府本身能力足以完成农民职业技能培训的任务，但社会力量的参与度始终没有得到足够的重视，其宣传工作开展也未达到预期效果，无法构建一种全社会整体参与的和谐局面。大多数乡镇企业都拥有自己稳定的发展模式与方针，若新增新型职业农民的培训任务，改变原有的发展制度与模式要面临大量潜在的风险，对于企业实力较弱的乡镇单位而言，如果不是在政府强力要求下，将会选择保持原有的发展模式，以此来躲避新型职业农民培训造成的各种风险。此外，新型职业农民的社会参与度低，其主要原因还包括政府的经济补贴无法满足乡镇企业的需求。企业是以营利为目的的社会组织，如果政府缺少对社会参与力量的补偿，甚至让企业在培训过程中花费了多余的费用后仍未得到补贴，此举在很大程度上严重降低了社会力量参与农村职业培训的积极性与参与信心。

最后，政府虽然出台了大量关于新型农村职业教育的法律法规，但最终都无法实现完整的规模体系。一方面，政府管理存在大量缺陷，如"职责分工不明确、协调合作不到位、管理权力分散"等，相关制度体系缺乏合理的沟通协调机制，实际上政府在农村职业教育中并未发挥其应有的作用。另一方面，农村职业教育初高中招生难度过大，生源来源途径单一，其传授文化知识和技术知识的硬件设施和衔接设备跟不上时代步伐，出现了大量与现实脱节、不符合实际就业等问题。此外，许多学生将农村职业教育视为普通高中学业教育，缺乏一定的技能性学习，导致缺乏相应的实践能力。与此同时，也会影响其继续进入高层次阶段学习的能力，最终造成我国农村职业教育内外发展不平衡、发展道路受阻的局面。

三、保障因素

(一) 农村职业教育师资力量

在农村，教师是提高农村职业教育质量的关键。师资水平的高低则会影响农村职业教育改革及可持续发展。师资力量薄弱、缺乏某些学科专业化的教师是制约农村职业教育发展的核心问题。对于一所学校来说，最重要的是学校自身的实力。在农村职业教育的教师团队中，很难见到既有理论教学知识，又有实践经验的老师，具体表现在以下几个方面。

从教师团队的整体学历来看，目前职业院校团队的综合素质水平整体偏低。专科学历老师占比最大，其次是本科、研究生及以上学历。所以导致教师团队的整体学历水平偏低，无法满足农村职业教育教学的需求。

从教师团队的职称资格来看，农村职业院校师资团队的基本结构是不均衡的，绝大部分的教师取得中级职称，极少部分取得高级职称，甚至还有一部分教师取得初级职称。

从教师的数量来看，职业教育教师的数量严重缺乏，其中高质量、高素养的教师严重匮乏，因为职业学院的教师环境差、待遇差、发展前景小，所以职业院校吸纳人才的优势不够。依职业教育的性质特点，对教师的理论知识和动手能力的要求都较为严格，事与愿违，真正的职业教师的理论知识很丰富，实际操作能力的经验不足。拥有过硬的专业知识和实际操作能力较强的高质量教师有利于农村职业教育的健康发展。

(二) 农村职业教育经费投入

近年来，农村职业教育经费投入总体在不断上升，但实际投入教育的资金较少，甚至比其他性质的教育要低得多。中等职业院校对教育投资不足会影响农村职业教育发展，导致农村的教育水平不能满足现代化的需要。

从农村职业教育经费的来源看，农村职业教育的经费主要来自政府的财政支持，政府并未真正地认识到发展农村职业教育能够推动农业现代化、解决"三农"问题、促进劳动力的转换。所以政府对农村职业教育的投资力度不大。

职业教育具有公益性，需要政府与社会共同投资建设。实际上，职业教育最大的资金来自政府财政，社会投资的力度、范围小，对农村职业教育的影响不大。加之农村职业教育公益性强，发展前景小，对企业、社会的吸引力小，但仅仅依赖于政府投资的农村职业教育很难有大的突破。

第六章

乡村振兴战略下的职业本科人才培养模式

我国经济高质量发展亟须高端技术技能人才，职业本科教育应运而生，为我国产业转型升级发展、创新发展培养高层次技术技能人才助力。而人才培养活动的有效实施依赖于构建完善的人才培养体系，人才培养质量与效率依赖于设计合理的人才培养模式。职业本科人才培养具有高等教育与职业教育的双重属性，其人才培养模式除了遵循人才培养模式的范式，同时应具有其自身独特的内涵特征。乡村振兴战略是党和国家在新时代提出的重大历史任务，在此战略指导下，各大高职院校也应当积极优化自身专业课程，使高等教育能够与乡村振兴战略要求相契合，培养专业技术型人才已成为每位高职院校教育工作者需要深入研习的重要课题。结合乡村振兴战略要求不难看出，高职院校亟待培养更多人才，使其投入乡村建设工作，共同推进乡村地区向更好方向发展。

第一节 职业本科人才培养体系建构

当前高职院校在积极探索职业本科，对职业本科人才培养体系尚未形成统一的标准认识，仍处于各自摸索阶段。厘清职业本科人才培养体系的特征、建构理念与思路框架，有助于高职院校构建合适的高水平的职业本科人才培养体系。

一、职业本科人才培养体系的特征

（一）注重高层次定位

职业本科人才培养定位是职业本科办学的基点，是人才培养的根本方向。职业本科人才培养定位一定是与经济社会发展紧密相关的。当前中国制造正向中国"智造"转变，迈向中高端，数字中国以及国家创新驱动等战略的实施，对技术技能人才需求层次上移。高职培养的高技术技能人才已满足不了产业现代化、高级化的人才诉求。2021年初教育部印发《本科层次职业教育专业设置管理办法（试行）》，明确了职业本科高校建设围绕"高层次技术技能人才"这一培养目标。因此，职业本科人才培养体系必然要注重高层次定位，彰显职业教育的本科层次。王学东、马晓琨等学者也认为职业本科教育要着眼于"高层次"培养技术技能人才。❶但对于"高层次"的内涵，目前还没有形成统一的认识。例如，吴学敏认为，职业本科人才应体现金的人格、铁的纪律、美的形象、强的技能、创的精神五方面的高层次特征。❷方泽强认为，高层次体现在创造性地运用理论知识解决复杂的现场技术问题，而且具有高水平的操作和应用能力。❸李政认为，高层次应该表现为技能人才的专业性。❹可见，职业本科人才培养的"高层次"应表现在具有高超的专业实践能力与高尚的职业价值观，能胜任当前与未来产业发展的工作岗位。

（二）注重德技双修

教育的本质是育人，是实现人的全面发展，本科层次的职业教育更不能例外。职业本科高校肩负着我国新发展阶段高层次技术技能人才培养的重任，在人才培养过程中要充分关注人的全面发展，一方面要将立德树人的任务贯穿于职业本科人才培养的全过程，引导学生德智体美劳全面发展，帮助学生树立理想信念，使培养之人是中国特色社会主义建设所需之人；另一方面要强化技术技能的培养，促进学生掌握先进技术，使培养之人能解决企业实践发展难题，能够推动我国产业的转型升级、创新发展。所以，职业本科的人才培养规格要注重人才培养的德技双修，其人才培养体系要强调对学生的知识、能力和素质的综合培养，以促进学生思想道德和技术技能的全面发展。

（三）注重产教融合

产教融合是提升现代职业教育社会发展适应性的重要路径，提升学生的技术服务能力是职业教育的本质要求。职业本科教育是应产业升级而生，只有注重技

---

❶王学东,马晓琨.职业本科高校人才培养定位与体系建设[J].教育与职业,2022(5):21-27.
❷吴学敏.本科职业教育人才培养体系构建研究：基于技术本质视角的分析[J].中国职业技术教育,2021(12):52-57.
❸方泽强.本科层次职业教育的人才培养目标及现实问题[J].职业技术教育,2019,40(34):6-11.
❹李政.职业本科教育办学的困境与突破[J].中国高教研究,2021(7):103-108.

第六章　乡村振兴战略下的职业本科人才培养模式

术服务能力培养,才能更好地满足产业形态高级化、集成化、数字化变革的人才需求。《本科层次职业教育专业设置管理办法(试行)》,也明确指出本科层次职业教育的服务要面向产业基础高级化和产业链现代化,要注重产教融合、校企合作。产教融合依然是职业本科专业人才培养体系的重要内容,也是职业本科专业发展的重要属性。在职业本科人才培养过程中需强调将企业实际生产环境引入教学,将新规范、新工艺、新技术融入教学,追求人才培养与行业发展相统一,提升教学的现实价值,同时积极探索更高水平的"做中学""学中做"的教学模式,提升高层次技术技能人才培养的契合度和适应性。

(四)注重创新思维

职业本科教育是以职业为导向、以技术为本的教育,培养的高层次技术技能人才不仅能运用新技术新方法,还要能创造性地解决企业技术问题。这就意味着在职业本科人才培养体系中,不仅要技术教育,也要创新教育,要注重职业本科人才的创新思维的培养。职业本科教育虽然是职业教育的类型,但层次是本科,因此其人才培养体系需兼顾本科人才能力培养的特点,不管是普通本科人才培养还是应用型人才培养都要强调学生创新思维的培养。浙江广厦建设职业技术大学王兴提出,本科层次职业教育应培养作为"技术人""职业人""完整人"的高素质技术技能型人才,以提升技术应用能力为核心,突出"应用性""层次性""创新性"和"复合性";广东工商职业技术大学方泽强认为,职业本科应培养"将理论转换成具体的操作构思或产品,并组织实施和指导生产实践"的高层次技术技能型人才,即技师、高级技师,具备创新性、复合性、行业性和可持续发展能力;南京工业职业技术大学王博认为,职业本科与高职专科相比,其专业对接的职业岗位和岗位群发生了上移,培养定位应瞄准高端性、复合性、创新性。职业本科人才培养是以技术技能积累与突破为基础的创新,更侧重使学生形成理论化、抽象化的技术知识体系,熟练从事技术创新相关工作,具有创新意识、创新精神和创新能力,不仅能动会用,更能够突破创新。

(五)注重贯通融合

职业教育分为中等、专科与本科三种类型。普通高等教育类型分为普通本科、应用本科以及硕士研究生、博士研究生。目前职业教育有几种贯通模式:中高职一体化模式(中职与高职贯通),专升本(高职与普通本科、应用本科贯通),

联合本科(高职与普通本科、应用本科贯通),独立职教本科。不同层次的教育贯通是促进人全面发展的重要路径,是满足人民对更好教育诉求的重要举措。因此,职业本科人才培养体系必然要注重与中职、研究生等类型层次的贯通,打通学生对高层次技术教育的追求之路。另外,国家为推动高素质技术技能人才培养,积极构建"1+X"证书制度体系、社会培训体系,因此,职业本科人才培养体系必然要体现与"1+X"证书制度体系融合,推进人才培养满足产业发展诉求,同时也要体现育训并举,落实国家实施学历教育与培训并举的措施。

二、职业本科人才培养体系建构的理念

人才培养体系是为实现人才培养目标,整合校内外资源发挥教育要素价值的有机整体。从系统论看,职业本科人才培养体系是各相关教育要素的组合并形成相互作用、相互促进的关系结构。因此,建构职业本科人才培养体系的重点在于教育要素的提质以及创新组合。

1. 要强化专业技术与教育要素的融合

职业本科教育的定位是培养高层次技术技能人才,能够在职业岗位中运用先进技术,能够创造性解决产业升级中的复杂问题。因此职业本科人才培养体系要强化专业技术与教育要素的融合,真正实现职业本科人才目标。首先要引导新技术、新规范与新工艺进教材、进课堂、进课程体系,实现教学内容的先进性;其次要探索"岗课赛证"融通,将行业标准、竞赛标准、"1+X"证书考核标准等融入课程、融入人才培养体系中;最后要提升教师、校内外实训基地、教学资源等要素的高水平化,以支撑高技术人才的培养。

2. 要坚持理论与实践并重协同育人

职业本科教育在人才培养过程中要遵循职业教育的本质,更高水准地推进产教融合,强化人才培养的实践育人环节,同时还要坚守宽厚的隐性知识。因此在职业本科人才培养体系的建构中,要注重理论与实践并重协同育人。一方面对接新型产业、产业升级的人才能力需要,深化产教融合,打造多主体育人,推进产学研合作协同育人;另一方面要构建工学交替的实践教学体系,支撑学做一体化模式。提升学生的技术技能培养,可以借鉴职业教育多年探索的现代学徒制、订单班等实践教学模式。

3. 要促进人的全面发展

人才培养体系是促进人的全面发展的根本保障。职业本科人才培养体系要体现人生观、价值观与世界观的培养，重点体现本科人才职业能力的拓展性发展和职业教育的职业技能性发展，同时还要尊重学生差异性发展。在人才培养目标上要"五育"并举，在课程体系构建上要有层次性、先进性，在教学模式探索上要有多样性，在人才培养模式上要有灵活性，在管理制度上要有基本原则和弹性，以满足学生发展的共性需求和个性需求，从而促进学生的全面发展。

4. 要践行国家职业教育改革方针

为推进现代职业教育提质培优赋能产业发展，教育部等部门出台了一系列的职业教育改革措施和指导意见。比如《国家职业教育改革实施方案》中提出，要完善高层次应用型人才培养体系，促进产教融合校企"双元"育人，促进"1+X"证书制度的实施等教改精神。2020年教育部印发《高等学校课程思政建设指导纲要》，强调高校要全面推进课程思政建设，回答好"培养什么人、怎样培养人、为谁培养人"这一教育的根本问题。2021年全国职教大会提出要深入推动"岗课赛证"综合育人。职业本科人才培养是国家职业教育改革的重要内容，也是践行产教融合、"岗课赛证"融通、课程思政建设等国家职业教育改革措施的重要载体。构建职业本科人才培养体系要贯彻落实国家职业教育改革方针，保障高层次技术技能人才培养能够满足产业升级发展、创新发展等高端技术技能人才需求。

三、职业本科人才培养体系建构的思路框架

(一) 目标层：高层次技术技能人才培养

厘清人才培养的规格与目标是建构人才培养体系的首要问题，职业本科人才培养体系是培养高层次技术技能人才，这一点从学校人才培养的顶层设计到专业的人才培养方案必须明确。从学校层面看，在构建职业本科人才培养体系的过程中，需要厘清区域的产业结构、技术技能人才需求层次，同时也要厘清职业本科人才培养目标与专科、应用本科以及普通本科人才培养的定位区别。基于此要从顶层设计专业人才培养的目标方向，引导优化本科专业布局、选择育人路径等，为各专业开展人才培养提供准确指向。从专业层面看，真正落实高层次技术技能人才培养的载体，区域产业升级需要什么样的高技能人才，职业本科专业就要培

养什么样的技术技能人才。因此，开设职业本科专业要深入调研产业升级发展的人才需求点，梳理清楚本专业高层次技术技能人才的知识、能力与素质目标。以浙江工贸职业技术学院与本科高校合办的机械工程专业为例，学校采取联合办本科的模式，为区域激光装备制造产业提供了高技能人才。该校通过对长三角地区的激光装备制造产业的人才需求调研发现，职业等级分为中级工、高级工、技师和工程师与高级工程师，对应不同的岗位与培养层次，其中中职可完成中级工的培养，高职可完成高级工的培养，职业本科可完成技师的培养，普通本科可完成工程师与高级工程师的培养，因此机械工程职业本科专业将人才培养层次定位为以技师为主，高级工为辅。同时，通过对该产业集群的岗位能力要求进行梳理，将职业本科人才培养目标定为熟悉激光设备生产流程，具有一定的质量管控能力，熟悉各类激光设备加工工艺，能够设计安排高等复杂程度的零件激光加工，以区别于高职的设备检测、维修能力培养，也区别于普通本科光、机、电各种功能的系统综合设计。

(二)主体层：多元育人主体的内涵建设

高水平职业本科教育是现代职业教育提质培优的重要方向，也是学校办职业本科的追求。高职院校既是职业本科的办学主体也是育人主体，其内涵升级建设是办高水平职业本科专业的基础，是高技能人才培养质量的保障，因此，推进多元育人主体的内涵建设可以归为职业本科人才培养体系构建的重要内容。首先是高职院校内部升级建设。高职院校作为职业教育的主力军，虽然培养技术技能人才有着得天独厚的基础优势，但如何从培养高职层次的技术技能人才跨到培养本科层次的技术技能人才，需要对自身目前的办学条件升级改造。比如高水平的双师队伍建设机制、校内外实践基地建设机制、数智化教学资源建设机制等，以保障职业本科人才培养主体的软硬件标准提升，以支撑高层次技术技能人才的培养。其次是构建学校、企业、行业协会、政府等育人命运共同体，以服务产业发展为逻辑基点，推进校校合作、校企合作等，整合校内外育人资源，为深化产教融合、实施学徒制等人才培养模式，从而强化高校培养高层次技术技能人才的能力。比如南京工业职业技术大学通过构建校企双向流动机制，与企业共建生产基地、产业研究院、协同创新中心等，推动企业参与学校人才培养。其中，该校与华为共建信息通信技术人才培养基地、与阿里云计算公司共建物联网基地、与北京精雕共建"南工—精雕学院",深化了校企育人主体对职业本科人才培养的作用。

(三)模式层:人才培养模式的创新维度

人才培养模式是提升人才培养效率与质量的关键。不管是普通高等教育还是职业教育,人才培养模式的创新是其教育改革的重点。人才培养模式改革虽无统一标准,但却有范式可以参考,比如可以从培养理念、培养目标以及培养方式等方面去探索,同时融入产教融合、专创融合、产学协同、"岗课赛证"融通等元素。职业本科专业在设计人才培养模式时,可以从明确人才培养的理念、目标、主体以及方式等维度出发,探索适应本科层次的职业教育人才培养模式。比如在人才培养理念方面要深化产教融合,要坚持课程思政育人,要推进"岗课赛证"融通,也可以借鉴现代学徒制人才培养理念,彰显职业教育的特色;在人才培养主体方面要探索多元主体协同育人,凸显技术技能培养的特点;在人才培养方式方面要根据专业特点推进"岗课赛证"、专创融合等模式,增强高层次技术技能人才培养的社会适应性。

(四)平台层:协同育人平台的创新打造

职业本科教育的实施离不开协同育人平台,协同育人平台是专业推进产学合作协同育人、产教融合育人以及多主体协同育人等育人模式的重要载体。一是学校、学院以及专业等不同层面可以结合自身的专业优势、机制优势,联合产业、行业协会等社会主体建立产业学院,更好地服务区域产业的转型升级发展。二是专业群借助区域行业协会构建实践服务共享平台,整合区域中小企业资源,为职业本科学生提供中小企业的实践机会,一方面助力中小企业克服技术瓶颈、提高创新能力,能更好地匹配产业链的现代化发展,另一方面通过服务中小企业锻炼学生的新技术应用能力,从而提高学生的技术技能服务能力。比如南京工业职业技术大学结合本科职业教育试点目标和创新创业教育发展趋势与自身特色,打造支撑平台"升级版",整合创业、产业等教育资源,培养学生的基础创新能力和应用能力。比如浙江工贸职业技术学院与本科高校合办的机械工程专业,依托国家级协同创新中心平台,整合资源,联合龙头企业,开展机械工程技师层面的人才培养。

(五)保障层：多层级多层面的体系联动

高职院校从多层级、多层面建立切实可行的职业本科教育生态体系，是职业本科人才培养有序开展的根本保障。从学校层面看，可以综合考虑普通本科、应用本科以及高职专业的管理模式，梳理建立职业本科教育的管理体系，如学位管理制度、教学管理制度、实训实习管理制度、招生就业制度、教学质量监控制度以及教学改革试点等激励考核制度，既遵循本科教育管理的规则，也坚持职业教育的本色，发挥职业本科教育的价值。以立德树人为根本指向，结合学校办学模式、办学特色设计三全育人体系、课程思政实施体系等，实现为中国特色社会主义强国建设培养高层次人才的使命。从专业建设层面看，要重塑课程体系以适应职业本科层次的需求。职业本科专业要对照产业岗位群的能力要求、"1+X"等职业技能等级标准以及行业竞赛标准，梳理专业基础、专业核心以及专业拓展等课程模块，同时匹配相应的创新发展课程模块，形成"通识课+专业平台课+专业核心课+拓展课"的课程结构体系。同时，构建"课程内实训—专项实训—综合实训—企业实践"的实践教学体系，递进式培养学生的技术技能，提升技术技能培养与企业的匹配度，保障职业本科高层次技术技能人才的培养质量与社会适应性。从教师层面看，针对职业本科教育的要求，建立教师发展体系、三教改革体系等，打造高水平职业本科教学创新团队，为职业本科人才培养提供有力的师资保障。

第二节 职业本科人才培养模式设计

职业本科专业要有效实现培养高层次技术技能人才的目标，需要探索适宜的人才培养模式。目前部分高职院校开设了职业本科专业，对于人才培养模式的实践探索，既有普通本科的人才培养影子，又有高职教育的人才培养做法。基于此，本节将剖析职业本科人才培养模式的内涵与要素，同时提出职业本科人才培养模式的设计原则与基本框架，以供探索职业本科专业人才培养模式者参考借鉴。

一、职业本科人才培养模式的内涵

所谓模式是指可遵循、可再现、可简化的一种标准形式。而对于人才培养模

第六章　乡村振兴战略下的职业本科人才培养模式

式的具体定义在学术界中也存在着不同的说法，有学者从过程的视角认为人才培养模式是对人才培养过程质态的总体性描述，是对整个人才培养过程的一种设计、构建和管理，在整个人才培养体系中发挥着统领作用。但也有学者从方式的角度界定"人才培养模式"，是指通过建立并运用教育与教学的方法，或者通过一定的培养方式与方法设计，从而达到人才培养目标。也有研究者从结构要素的角度将人才培养模式细分为不同要素构成的组合体，或提出它是整个人才培养过程中管理模式、教学模式和课程模式的统称和集合体。综上所述，人才培养模式是人才培养的结构和过程及其相互关系的模式，它涵盖了人才培养的方向、目标、过程、途径等七个基本要素，因此，本书将从这七个基本要素去把握职业本科人才培养模式的内涵。

（一）人才培养的方向内涵：要服务地方高质量发展

人才培养方向是专业开展人才培养的方位指向，是回答"为谁培养人才"。职业本科作为一种职业教育类型，其人才培养方向是面向新时代经济社会发展各领域所需的高端技术技能人才及应用型人才。职业本科专业在确定人才培养模式时，必须以服务地方经济社会高质量发展为宗旨，准确把握地方产业高级化、现代化以及产业数字化和绿色创新发展的人才诉求，培养为当地经济发展亟须的高端技术技能人才及应用型人才。

（二）人才培养的目标内涵：要培养高层次技术技能人才

人才培养目标是专业人才培养质量与规格的总体要求。职业本科在教育类型上隶属于职业教育范畴，在层次上为高等教育本科层次，因此，职业本科的人才培养目标既要有职业教育的特征要求，又要有高等教育的特征要求，也就是说职业本科的人才培养目标要为中国特色社会主义在新发展阶段面向生产、建设、服务和管理等经济社会发展领域培养高层次的技术技能人才。职业本科专业在确定人才培养模式时，要以"高层次技术技能人才"为总目标，在结合专业与产业的对接环节、层次，明确各个专业的具体人才培养目标。

（三）人才培养的内容内涵：要融合新知识、新技术与新规范

人才培养内容直接关乎人才培养目标能否达成，它是所有课程内容的概括、总称，涵盖知识、技能、行为规范、价值观和世界观等，通过课程体系实现人才培养目标和内容的有机结合。职业本科面对新一轮科技革命和产业变革，课程既

要强调高等教育的学科性，也要注重职业教育的实践性，更要适应新时代的经济社会发展需要。因此职业本科的课程要体现新知识、新技术、新规范的高层次深度融合，要参照行业职业技能等级标准、职业从业标准，与企业合作开发教学资源内容，注重学生高层次职业综合能力的培养。

（四）人才培养的过程内涵：要坚持工学结合、理实融通

人才培养过程是以人才培养目标为牵引，将培养内容按一定原则、方法推进的教学活动过程，是人才培养模式创新的核心环节。职业本科人才培养过程要符合职业本科的特征，在注重理论学习的同时也要注重实践锻炼，而高层次技术技能人才培养路径体现在"理论—实践—实践"的过程中。因此，职业本科人才培养模式要坚持工学结合，学校可以利用职业教育产教融合、校企合作的优势创新工学交替的教学模式，使得教学内容理实融通、有效落实，保障专业高层次技术技能人才培养目标的实施。

（五）人才培养的途径内涵：要深化产教融合、校企合作

人才培养途径是实现人才培养的通道。职业本科人才培养通道的构建要将实践基地教学与学校教学融合，要将企业的文化培训、知识培训及技能培训与课程教学融合。通过校企合作，在龙头企业建设专业实践基地，在学校建设职场化的教学环境，构建模拟与实战双循环的工学结合人才培养路径，从而实现"产与教"的深度融合，促进学生职业能力和专业服务经济社会的能力建设提升。

（六）人才培养的制度内涵：要注重人性化与弹性化结合

人才培养制度是人才培养方案实施的保障和前提，主要包括专业设置、课程重修、学分互换、修业以及日常教学管理制度等。职业本科人才培养应以地方经济社会发展需求为导向，构建具有终身职业教育贯通、学分互换与学分银行实施、弹性学制以及工学结合等特点的人才培养制度体系，促进学生的个性全面发展，深化高等职业教育的现实意义。

（七）人才培养的评价内涵：要实现育人和管理功能并重

人才培养评价是指按照一定的标准、方法，对人才培养的成效等进行测量、考核、评定和判断，以促进人才培养目标的实现。职业本科人才培养可以剖析其他类型教育的评价方法、标准，从自身人才培养的层次出发，围绕"谁评价、怎

么评、评什么"的问题，构建多元的评价体系，促进学生的个性价值和社会价值的全面发展，在教学中发挥育人功能，在管理中发挥管理功能。

二、职业本科人才培养模式的要素解析

人才培养模式是学校人才培养系统中至关重要的子系统之一，是多种基本要素的综合体，其明显特征是组成要素极其复杂、组合形态变化多样。高校对人才培养模式的革新主要表现为对其要素结构方面的优化。因此，设计人才培养模式首先必须解析其构成要素。

（一）人才培养理念

人才培养理念是指从学校顶层设计层、专业建设规划层到教师教学设计层所遵循的教育理念。人才培养模式是人才培养理念的体现，人才培养理念是人才培养的指导思想，其核心旨在回答如何培养人才的问题。从理论逻辑看，人才培养理念的功能旨在揭示人才培养的内在逻辑与最终价值；从实践逻辑看，旨在指导人才培养过程，包括培养的程序与环节等的设计与构想，所以对人才培养模式其他要素的选取、组合有着至关重要的影响力。

（二）专业设置模式

专业设置是指高等教育部门设置与产业结构相匹配、与市场需求相适应的学科门类，专业设置模式是人才培养模式的重要组成部分。专业设置一般可以在口径、方向、时间、空间等方面进行设置。专业口径指的是在一定专业范围内所涉及的广泛学科以及相关业务的覆盖范围，有大小宽窄之分，因此专业口径的设置一方面要能够培养出具有普遍适应性的受教育者，另一方面要能够实现在学制之内完成对合格人才的培养。专业方向则是指专业口径范围内所分化的专攻方向及其分化程度，比如现代物流管理，在实践中有国际物流、港口物流等方向。专业时间指的是学生分流培养的时间有早晚、松紧之分，既可以一进校门就分流，也可以模糊专业身份，到一定阶段再定向培养。专业空间指的是学生选择专业后，专业能力拓展或专业调换的机制。

（三）课程设置方式

课程设置是指专业为达到人才培养目标所需要的教学科目及其目标、任务、内容、范围、进度和活动方式等的总体规划。课程设置是否合理，是衡量培养人

才的质量、规格和要求是否达到预期目标的标尺,是衡量学校办学方向和效益的标尺,也是评价人才培养模式现状的标尺。职业本科专业可以结合应用型本科与高职专业的课程设置,从课程结构、课程内容等方面进行总体规划。课程结构是指课程门类或内容的组织形式,课程内部各要素、各成分的内在联系和相互结合的比例关系变化,对课程功能产生直接的影响。课程内容指的是根据教育观及相应的课程目标,从科学知识、经验中选择和组织的案例、观点、法规和问题等有机要素。

（四）教学制度体系

教学制度体系是为了落实教学管理目标而制定的与人才培养的微观过程密切相关的规定、标准、程序及其实施的体系,它是维持正常教学秩序、促进学校健康发展的基本保证。职业本科教育教学制度体系的核心内容应该包括学分制、选课制、导师制、实习制、日常教学管理制度等。它们自成体系,却又相互关联。以学分制为例,它是以选课制为核心思想,以学分计量制度为重要基础,以导师制为重要条件的学分转换、积累、互认的一种教学管理制度。

（五）教学组织形式

教学组织形式是指为了完成教学任务与实现教学目标,教学主客体借助一定的媒体,围绕学生知识的获得、智力的形成和人格的提升,在一定的教学时间和空间中相互作用的方法、结构和程序。教学组织形式服务于教学目标的达成,教学内容的实施以及教学方法的运用,直接影响教学质量。在实践教学中,教学组织形式通过设计师生组合方式,安排教学的时间和空间,有机组合教师与学生、教学时间、教学空间、教学内容、教学手段等教学活动构成要素。

（六）教学管理模式

教学管理模式是指在一定教学管理理念指导下对教学过程进行计划、组织、评价、指导、协调,以得到最优化的教学资源配置,实现教学目标的过程。教学管理模式涉及诸多要素:教学计划、课程等"事"要素,教室、实验室、多媒体设备等"物"要素,教学文件、学生成绩、课表等"信息"要素,教师、学生、教学行政管理人员等"人"要素。教学管理模式在一定的社会条件下,会随着各要素的变化而变化。职业本科教育作为一种新生的教育类型,其教学管理关系到职业本科是否有序发展,因此应吸取高职院校和应用型本科院校的经验,创新"以规章制度为本"的管理模式，依照规章程序的程序化管理进行教学管理，保障教学管理的统一性、标准性、计划性，不断促进教学管理水平的提高。

(七)隐性课程形式

课程指的是学习主体在学校场域中产生积极发展的教育因素和教育性经验的总和，一般可划分为两大类：显性课程和隐性课程。显性课程是教学主体以一定的教材为依托，有计划、有组织地实施教学，达到预期教学目的的课程；与之相对应的隐性课程指的是教师在授课过程中以潜移默化的形式，在受教育者身上有意识或者无意识地发生作用的教育因素和教育性经验的总和，它是一种潜在的、内发的课程。学生习得知识、确立世界观、形成道德规范、确立兴趣和志向，都离不开隐性课程和显性课程的共同作用，职业本科教育也不例外。

(八)教学评价方式

教学评价是根据一定的标准，以目标为导向，系统性地对人才培养过程、质量和效益作出价值判断的过程。教学评价分为两个层面：微观层是对教学实施的水平和学生学习的成绩进行评价，引导教学改进与激发学生的学习主动性；中观层是对学校办学的整体质量的评价，引导学校教学诊断与改进。作为职业本科专业的教学评价方式，它不仅要能从内部界定教育的质量，还要能衡量高层次的人才培养标准，所以，教学评价是检验高层次技术技能人才培养效果的方式和对教育主客体的身心施加积极影响的有效手段。

三、职业本科人才培养模式设计的原则

(一)坚持系统论与要素论

众多学者对人才培养模式有不同的理解与说法，比如"人才培养规范"说，"人才培养系统"说，"教育过程总和"说，"培养活动样式"说，"人才培养结构"说，"整体教学方式"说，等等。综上所述，人才培养模式可以界定为"人才培养的系统"。人才培养本身可以说是一个系统性工程，包括人才培养的理念、主体、客体、目标、途径、模式与制度等要素，而人才培养模式是"人才培养"系统中最重要的要素系统，即人才培养模式是由诸多要素有机结合的整体，具体表现为由导向性要素——培养目标、规范性要素——培养规格、关键性要素——课程体系、表象性要素——教学形式、保障性要素——运行机制、凭借性要素——教学

方法、补充性要素——教学途径、促进性要素——隐性课程等构成的有序系统。这些要素相互作用、相互影响，共同促进提升人才培养的质量与效率。职业本科人才培养也不例外，我们要设计职业本科人才培养模式，从职业教育属性和高层次人才培养定位出发，结合人才培养模式的构成要素，围绕要素创新实施方法，同时从系统的角度进行要素创新组合，形成具有职业教育特色的人才培养模式。

(二)注重时代性与创新性

职业教育的人才培养一定是满足当前经济社会发展需求，人才培养模式必然会烙上时代之印。职业本科人才培养模式设计必然要与我国新发展阶段经济社会发展紧密联系，保证高技能人才的时代性和实用性，保证高技能人才的培养质量与效率，实现人力资源的可持续发展。人才培养模式虽有基本的构成要素，但人才培养模式的改革创新一直是教育变革的主要内容。职业本科人才培养模式作为培养高层次高技术技能人才探索的核心环节，应从学校层面与专业层面出发，从教育理念到培养主体、从人才培养定位到培养模式、从学生学习到教师教学、从培养途径到培养制度，在探索和构建中不断与时俱进，不断优化与创新，赋予职业本科人才培养模式的时代内涵。

(三)体现行业性与应用性

职业教育的人才培养是以"就业为导向"，面向行业培养"职业人"的教育。面向行业培养技术型人才，行业的高层次技术技能人才需求是职教本科专业培养人才的基本依据。职业本科人才培养模式必然要通过专业设置调整，适应行业发展需求，甚至引领行业的发展。同时人才培养注重高端应用能力的培养，人才培养模式的探索要以高层次技术技能型人才培养为根本任务，设计人才培养方案，创新人才培养方式，增强职业人才培养的应用性。

(四)遵循理论性与实践性

人才培养模式回答的是怎样培养人，完成的是育人育才的工作。不同类型教育的人才培养模式做法不同，但目的一样，都是培养经济社会发展所需的人才，它们都要遵循教育的规律与本质，都要体现知识、能力与素质，只是职教本科更体现应用能力。因此在构建职业本科人才培养模式过程中，既要考虑人才成长的规律以及育人本质，注重德智体美劳的全面发展，同时又要不断去探索育人主体、培养过程以及评价体系等，在实践的基础上完善、修正，最终形成具有校本特色的人才培养模式。只有既符合教育理论又经过实践证明了的人才培养模式，才是行之有效、具有推广价值的模式。

（五）强调内涵式发展

内涵式发展是结构模式发展的一种发展类型，是指在以人为本的基础上，以事物内在要素为发展动力，事物内在本质属性的科学式、上升式发展模式。从职业本科人才培养的高层次定位看，职业本科必须紧密结合行业的前沿技术创新、管理创新等，抓住高等职业教育改革的机遇，走内涵式的人才培养道路，保障人才培养与产业高级发展相契合，从而实现职业本科教育的社会价值。因此，职业本科人才培养模式的设计必须注重人才的内涵培养，将人才培养的高层次性、高适用性以及高拓展性作为人才培养模式实施的目标。要依托学校办学条件，整合校内外教育资源，围绕人才培养的要素，积极探索改革，培养能够适应我国产业转型升级、科技创新发展、中国数字化以及乡村振兴等社会发展所需的高技能人才。

四、职业本科人才培养模式的基本框架

（一）人才培养目标：突显技术性与职业性相结合

职业本科人才培养模式首先要考虑的问题便是人才培养目标。职业本科教育培养的是适应生产、建设、服务和管理等经济社会发展领域的高层次技术技能人才，注重人才实用性技能和职业技能的培养。因此职业本科人才培养目标应要求学生既要掌握扎实的专业基础理论知识，又要具备高超的实践技能，还要具备综合职业素养，突显人才培养的技术性与职业性。以浙江工贸职业技术学院设置的现代物流管理职业本科为例，在人才培养方案的制定中，除了培养学生能对大数据进行统计、执行物流给定方案、进行基本物流管理及智能设备操作的能力，还要培养学生能进行大数据分析、进行物流方案设计、进行供应链运营管理、智能设备操作与维护等能力。

（二）人才培养理念：坚持课程思政与"岗课赛证"协同育人

职业本科人才培养的根本任务是"立德树人"，高校对课程思政的实践探索已经从"点"上升到"面"。"将高校思想政治教育融入课程教学和改革的各环节、各方面"，实现各类课程与思想政治理论课的"同向同行"，也是职业本科人才培

养遵循的教育理念。"岗课赛证"融通综合育人是培养高技能人才的重要途径,其理念蕴涵于我国职业教育的实践和职业教育改革的政策中。2010 年,党中央、国务院颁布的《国家中长期教育改革和发展规划纲要(2010—2020 年)》(以下简称《教育规划纲要》)明确提出"坚持德育为先,促进德育、智育、体育、美育有机融合""开展职业技能竞赛""积极推进学历证书和职业资格证书'双证书'制度""实行工学结合、校企合作、顶岗实习的人才培养模式"等一系列战略举措。近年来,我国职业院校围绕"岗课赛证"融通与课程思政建设进行了持续有益的探索实践,两者协同育人便是职业教育人才培养实践的结果,也是其实践的路径方向。职业本科作为职业教育在人才培养模式的探索中自然需要以课程思政建设与"岗课赛证"融通协同育人来推进高技术技能型人才的培养。以浙江工贸职业技术学院新设置的现代物流管理职业本科为例,在人才培养方案中,坚持两者协同育人的理念,从专业建设层面推进课程思政建设、"1+X"课证融通、课赛融通等,促进专业育人与育才的统一。

(三)人才培养主体:形成双元主体协同育人

对于职业本科教育来说,"校企合作、产教融合"仍是其重要内涵,简单来说,就是要与企业深度合作,实现高校与企业之间的资源共享,促进高校、企业与学生三方的共同发展,形成双元主体协同育人。从学校层面看,一方面构建校企命运共同体机制,引导企业参与人才培养的过程;另一方面要设计职教本科人才培养目标与地方产业互动的调整机制,提升人才培养的实用性。从院系层面看,构建实习、教学培训、资源共享等管理制度,构建校企合作平台,落实学校产教融合要求,引导专业推进人才培养实施。从专业层面看,与龙头企业合作,推进工学交替的人才培养方式,推进校企在课程开发与课程体系重构、人才培养方案制定、培训开展等方面的共同合作,推进顶岗、轮岗实习与毕业设计一体化,同时实现资源共享,包括师资队伍共享、教学资源共享,优化职业本科人才培养的条件。以浙江工贸职业技术学院设置的现代物流管理职业本科为例,专业依托温州现代物流学院,整合政府、企业、协会等资源,构建多方协作育人共同体。一方面,完善校企协同育人机制,推进校企融合。即与京东物流、顺丰速运等相关企业建立紧密的校企合作关系,优化具有产学研一体化功能的校企融合机制,建设紧密性校外产教融合实训基地,打造校企合作的新高地。另一方面,推进教育、培训等资源共建共享,实现协同开发。以校企为核心,多方参与、共建物流人才培养方案、课程标准、专业课程资源、培训课程资源;建立共享型实践教学基地,利用物流管理专业"1+X"证书试点的优势,开展职业技能等级培训考核合作、项目制培训合作等,实现协同发展和多赢。

(四)人才培养课程体系:科学化与系统化相结合

职业本科人才培养的课程体系是培养高层次技术技能人才的根本保障,是职业本科人才培养模式的关键。职业本科既区别于普通本科、应用本科,也区别于高职专科,但又具有本科教育和职业教育的特征,因此,职业本科的课程体系既要体现本科的学科特征,又要体现职业教育的实践性与技能性特征,即要构建科学化、系统化的课程框架,包括通识课程、专业基础课程、专业核心课程、专业拓展课程、专业实践课程等。通识课程注重人文、思想政治、身体素质等综合素质的培养,包括人际交流能力、问题解决能力以及学习能力等;专业基础课程注重学生知识厚度的培养;专业核心课程强调理论与实践结合,注重专业知识的应用能力培养;专业拓展课程注重学生知识、技能的广度培养,能够适应岗位迁移与升级的需求;专业实践课程注重实践技能的训练和形成,注重学生动手能力和操作能力的培养。以现代物流管理职业本科为例,在人才培养方案的制定中,设计了通识课程、专业基础课程、专业课程、专业拓展课程以及实践课程。其中专业基础课程包括管理学、经济学、计算机科学与技术、信息管理、物流管理基础等,以培养学生系统的现代物流基础理论知识和技术技能;专业课程包括供应链管理、物流成本管理、运输管理、采购与仓储管理、配送管理、物流信息技术、物流设计与优化等,培养学生具备物流数据分析决策能力、智慧物流的运营与操作技能以及数字化供应链管理思维,能进行大数据分析、进行物流方案设计、进行物流部门运营管理、进行智能设备操作与维护;专业拓展课程包括营销策划、人力资源管理、电子商务等,培养学生岗位群的职业拓展能力以及创新创业能力和可持续发展能力;实践课程包括跟岗实习、毕业设计、顶岗实习等,培养学生适应岗位需要的专业核心技术技能。

第三节 职业教育人才培养模式的特征

相较于一般专科层次职业教育的人才培养模式，职业本科教育需要采用更高要求、更高层次、更高标准的培养模式。本节拟从主体层面协同育人、流程层面贯通培养、内容层面课程建构、要素层面"三教"改革等角度阐述职业教育人才培养模式的特征，为创新人才培养模式提供依据，做到学校升格不变"质"，专业升本不忘"本"，学生升学不变"道"，有效提升人才培养质量。

一、主体层面的协同育人模式

（一）校企融合，双主体迈向整体化

以产教融合、校企合作为核心的双元结构是职业教育作为一种类型教育的显著特征。通常情况下，普通教育中的各项活动全部在校内完成，都是教育系统内部结构框架下实施的教育行为；而职业教育中涉及的各项活动，则需要在学校、企业等多个学习地点中完成，学校与企业相互支持、相互促进，形成一种在教育系统内部结构及其外部结构相互耦合连接的参照系下实施的教育行为。因此，中、高等职业教育与职业本科教育等各个层次职业教育不仅需要关注学校、学习和教育等普通教育中的要素，还要关注企业、工作和职业等普通教育中较少关注的要素。

职业本科人才的培养，基础是让学生掌握能够顺利投入工作的各项技能，核心在于强化学生的能力，目标是培养联结研发环节与生产环节的高层次、创新型技术技能人才。这一目标的实现需要广泛吸引行业企业深度参与专业建设，拓展校企合作形式和内容，积极推进产业与教学密切结合，把学校办成集产学研用等功能为一体的产教融合体。

因此，职业本科要求将传统产教融合、校企合作等举措进一步深化，促进校企双主体整体化融合，通过引企入校、引校入企，创新校企合作方式，着眼当前产业发展和企业需求，从创设合作办学框架、深化育人模式改革、深挖教育类型特色、优化培养方案内涵等角度入手努力提高人才培养质量。

南京工业职业技术大学聚焦职业本科教育，校企协同发力、系统攻坚，形成技术联盟型、协同服务型、双创孵化型、国际伴随型四类协同育人模式，打造了南工—北京精雕学院、华为5G+数字化人才培养基地、西门子智能制造中心、ABB智能技术工程中心等校企深度合作育人平台16个。还成立了产业技术研究院6个，师生联合攻关企业技术难题500余项，仅2021年横向到账经费就超过3000万元。

(二)校际联动，"中高本"走向一体化

从培养目标定位角度看，中等职业教育人才培养更加注重岗位技能，以技能为主、技术为辅；专科职业教育人才培养以技术技能的融合为中心，侧重于某一专业领域技术技能的培养。对于融合了"本科"和"职教"两方面属性的本科职业教育而言，它的培养目标定位应为兼具高素质、高技术、高技能，并且能够创新性地运用技术手段解决一线问题。

中职、高职、职业本科的培养目标定位逐步延伸，将"职业学校"这一人才培养主体进一步细分，在引入职业本科后更加强化了层次性、递进式特点。为避免职业学历教育和职业资格证书纵向衔接不良、培养目标和教学内容重复割裂等问题，各层次学校将逐步走向一体化。

浙江工贸职业技术学院立足"双高"专业群特色与优势，在此方面做了大量有益探索，通过优势互补、校校联合开展"专升本"联合办学培养，实现了学生在高职院校和本科院校"双注册"。学校根据学生学业成长和职业发展需要，从学历层次和技能等级两个方面拓展阶梯式可持续提升的机会与路径，厘清各层次人才培养之间的关联与差异，制定了一体化人才培养方案，解决了长期困扰本科院校的学历认定和高职院校的技能提升问题，打破了高职教育和本科教育的藩篱，为学生的专业纵深发展创造了有利条件，实现了"1+1>2"的叠加效果。

二、流程层面的贯通培养模式

(一)分段培养，系统制定人才培养方案

中职、高职、职业本科一体化贯通培养以及"中—高—企—本"等新形态贯通培养模式，对培养方案的制定提出了较高要求。但是，由于受到中职、高职、职业本科之间教学理念、培养目标和课程设置等差异所限，学生很难获得知识和技能的有效衔接，进而造成了人才培养目标错位、课程结构内容重复浪费、实践能力脱节等一系列问题。因此，系统化的人才培养方案是贯通培养模式的重要特征之一。

人才培养方案遵循服务发展、促进就业导向，清晰设置职业能力和学历层次的向上通道，中职阶段重点开设操作性较强的实践操作类课程，夯实操作技能，强化其基础地位；高职阶段重点开设技术技能应用类课程，注重专业理论支撑，提升操作技能，熟练技术应用并树立技术创新意识，巩固其主体地位；本科阶段开设技术技能应用及研究类课程，并深化专业理论知识学习，夯实技术应用并进行理论探索和实证研究，体现其知识积累与能力进阶，并为学生后续发展打下基础。

（二）对口贯通，构建校际沟通协作机制

随着职业本科的引入，现阶段职业教育已经形成了以中职为基础、高职为主体、职业本科为引领的完整职业教育链条。但是，由于中职、高职、职业本科之间涉及多个层级学校，缺乏统一的保障和沟通机制，产生了诸多问题。因此，畅通的校际、校企沟通协作机制也是贯通培养模式的重要特征。

在工作组织方面，国家层面组建专家咨询委员会，为解决"中—高—本"衔接工作中的重大问题提供组织保障；省级层面统一"中—高—本"职业教育的归口管理部门，结合国家政策与省内实际情况，对各中职、高职、职业本科院校开展具体管理与指导；校级层面成立衔接工作委员会，加强各级领导和教职员工在相互衔接过程中的沟通与管理，及时正确处理衔接过程中遇到的问题。

在制度保障方面，研究出台"中—高—本"衔接一体化人才培养相关政策制度，从招生考试管理、人才培养过程管理、学籍管理、质量监督与管控、转段与退出管理及"中—高—本"院校职责分工协作等方面做出明确规定，全面指导规范"中—高—本"衔接贯通人才培养工作。在质量监控方面，构建包含学校、合作企业、管理部门等主体的质量体系。

首先，根据不同层次人才培养目标，中职、高职、职业本科以及管理部门、行业企业协会联合组织专家，调研岗位需求，明确人才培养目标，制定"中—高—本"一体化人才培养方案。其次，在实施过程中，通过学校教学管理部门和"中—高—本"一体化工作组对教师团队、教学资源、教学实施等要素开展考核，同时对学生的知识技能掌握情况进行评价。最后，整合多方信息，形成年度质量报告，根据报告及时优化培养方案。

三、内容层面的课程建构模式

(一)把握类型，彰显职业教育特色

2019年1月，国务院印发《国家职业教育改革实施方案》指出："职业教育与普通教育是两种不同教育类型，具有同等重要地位。"作为一种教育类型存在的职业教育，首次获得了官方积极而明确的导向。因此，职业教育类型是职业本科课程建构最鲜明的特征，职业本科教育依然未超越或脱离职业教育的类型范畴，必须赓续"职教基因"。

职业本科需以"岗课赛证"融通为主线强化职业教育育人特点，结合本科层次人才培养实际，拓展"岗课赛证"为"岗课赛证研"，融合岗位需求（专业技能）、证书考试（职业素养）、学科竞赛（综合素质）和科学研究（创新能力）于课程体系中。同时，体系的建构要坚持理实并举，充分考虑企业一线需求及最新技术的发展，培养高素质职业人才。

今后要进一步增加实践应用的占比，紧密联结生产一线，提高实践应用的专业性和复杂性，引导学生在现有技术、工艺进行一定程度的创新，突出职业本科教育的鲜明类型特征。

(二)筑牢标准，坚守本科层次底线

2021年11月，国务院学位委员会办公室《关于做好本科层次职业学校学士学位授权与授予工作的意见》指出，职业本科与普通本科两种类型、不同特色、同等质量，将职业本科纳入现有学士学位工作体系，按学科门类授予学士学位，学士学位证书格式一致。因此，在职业本科课程建构时应关注本科层次这一底线要求，避免把职业本科混同于一般的专科职业教育，套用低层次课程模式，从而降低人才培养质量标准。

职业本科的课程建构应使毕业生具备联结研发环节与生产环节的完整理论知识，以此为基础面向高端产业与产业高端开展科技成果转化、生产加工和技术服务，灵活运用理论知识和实践技能开展复杂操作，实现以理论知识带动实践能力提升，促进人才培养提质增效。

浙江工贸职业技术学院依据激光装备制造与应用产业链中岗位能力要求，明确培养两年制学生熟练操作使用激光设备的能力，培养三年制学生激光设备制造及售后的能力，培养四年制本科层次学生提供解决工艺及售后方案的能力。依据培养目标，差异化制定"激光加工技术"等课程标准，不同学制精准实施同课不同标。依据课程标准，整合构建模块化教材，明确区分不同学制的教学内容难易程度和知识深度，取得了良好的培养效果。

(三)衔接学段，统筹课程体系建设

职业教育学校主要包括中职、高职、职业本科，遵循技术技能人才成长规律，衔接贯通各个培养阶段，实现立体化技术技能人才培养，是职业教育发展的必然要求，也是课程建构的重要特征之一。

中职、高职、职业本科联合研制一体化课程体系，中职打基础，以专业基础和基本技能为主；高职突出基本理论和综合实践；职业本科在强化专业理论和实践水平的基础上强化管理和创新能力，如图6-1所示。

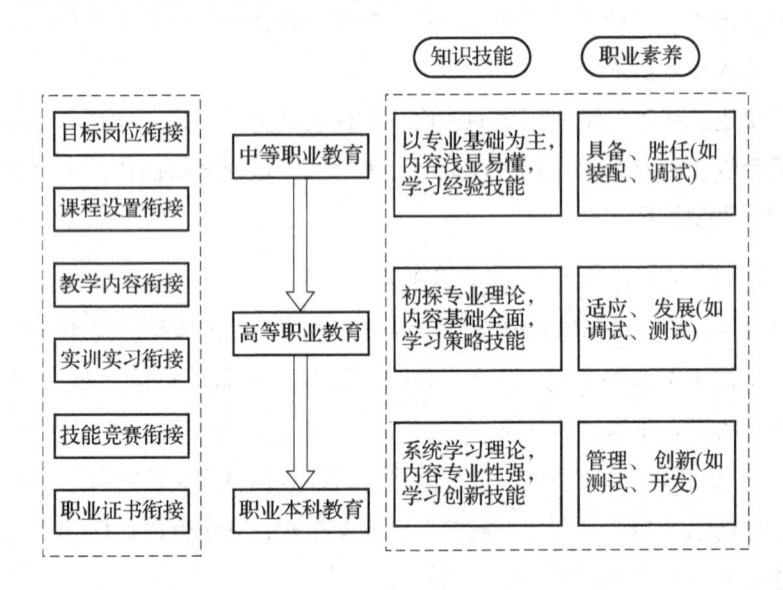

图6-1 "中—高—本"立体化贯通衔接体系

体系通过各层次之间的连通和承接，学生更加顺畅地实现知识积累和能力衔接，避免了同类专业的各层次教育中出现的课程重复、无衔接、不成体系等问题。接力培养下，"岗课赛证"融通进一步深化，在一定程度上化解了新知识、新教学内容的不断增多与教学学时相对不足的矛盾，构建起"中—高—本"进阶

第六章 乡村振兴战略下的职业本科人才培养模式

式人才成长通道，以职业本科为引领，有效促进职业教育高质量发展。

浙江工贸职业学院聚焦包括职业本科在内的多元化学制培养，联合武汉软件工程职业学院等10所高校、奔腾激光(温州)有限公司等16家企业、华中科技大学等高校，178位教师与企业专家牵头共建国家职业教育光机电应用技术专业教学库，如图6-2所示。

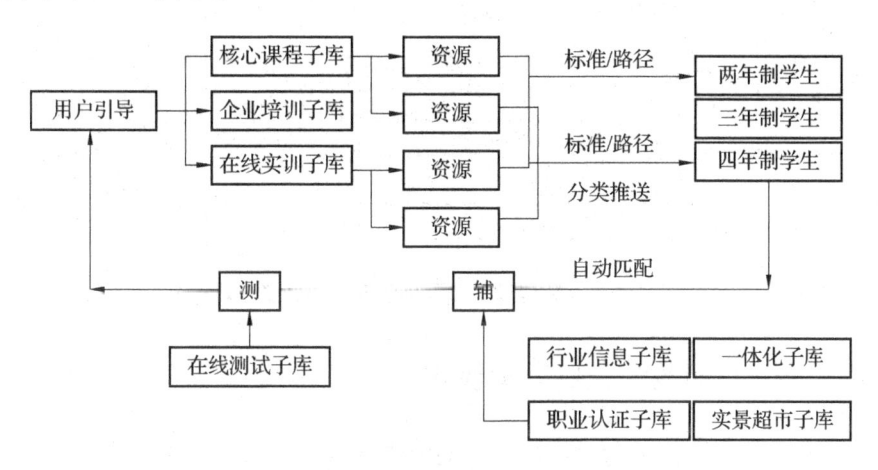

图6-2 光电专业在线教学资源导学辅测功能架构示意图

资源库包括核心课程和中高职一体化等八大子库，包含课程23门、微课1184门以及动画、视频等颗粒化资源47752条。资源库基础资源共享，以导学辅测为一体，同时设置匹配机制，对照两年制、三年制与四年制本科层次人才培养目标以及岗位技术技能要求，分别制定相应的教学标准以及学习路径。

依托国家级激光制造与材料应用技术协同创新中心、奔腾激光产教融合示范基地等科研平台和校企合作中心，以企业真实生产项目为载体创建基本技能实践平台，以校企合作项目和专业竞赛项目为载体创建专业技能强化平台，以科研项目为载体创建创新实践平台，构建设备操作、设备安装与调试和激光加工工艺设计等三个实践教学模块，如图6-3所示。

光电专业依托基础技能平台对两年制学生实施生产项目训练式人才培养，依托基础和强化平台对三年制学生实施现代学徒制人才培养，依托基础、强化及创新实践平台对四年制本科层次学生实施导师制人才培养。以课程衔接贯通为基础和重点，统筹协调培养目标、教学资源、考核评价、校企合作等领域有机衔接，进而实现中等、高等职业教育与职业本科教育协同进步，全面提升职业教育的竞争力和吸引力。

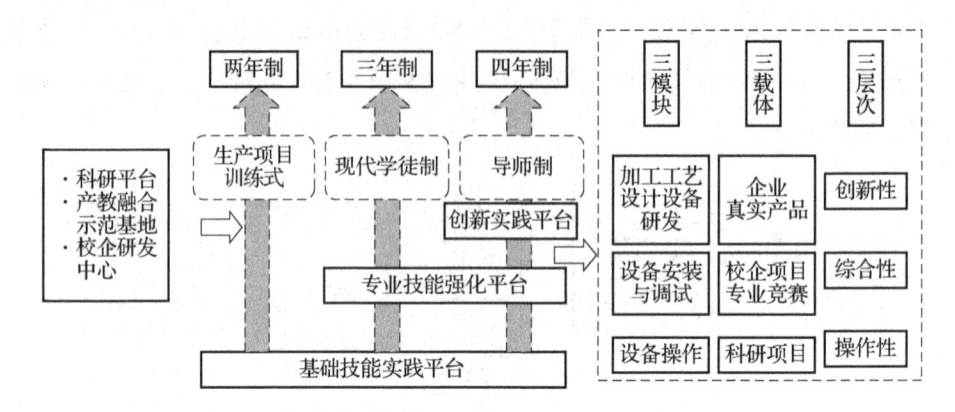

图 6-3 光电专业以项目为驱动的能力递进式实践平台

四、要素层面的"三教"改革模式

(一)理实兼顾，打造高层次"双师型"教师

在师资队伍方面，打造一支以"双师型"博士教师为引领，"双师型"硕士教师为主体，理论水平高、实践能力强的高层次师资队伍，为职业本科建设提供强大发展动力。

建立健全体制机制，制定科学灵活的教师聘用政策。以"既能够胜任教学，又善于解决复杂技术难题"为目标，对外广泛引进国内外优秀人才，在全球范围内选聘"双师型"教师，积极开发国际化师资合作培养和引进项目；对内推动一线教师自我革新，常态化开展专业技术和教育教学能力学习。

要求教师认真研究职业本科学情，因材施教实施教学，适应职业本科人才培养定位。与时俱进，有良好的创新意识和科学研究能力，能开展科学研究以服务于教学。以"双师型"教师为导向，鼓励一线职业本科教师继续攻读兼具实践能力和研究、创新能力的"双师型"博士学位。

引进行业企业技术专家、优秀工程师、能工巧匠进校园培训、指导。根据本科阶段职业教育特点，选聘行业企业技术专家等为一线教师开展培训、指导实践教学，重点将行业企业需要的最新技术、工艺及标准需求等融入实训，提升教师教学针对性，学界、业界优势互补，共同搭建合作平台。积极与行业头部生产企业联合建设产业学院和协同创新中心、实验室、实习实训基地,行业企业、学校在人才培养、技术研发、职业培训各领域全方位合作,完善行业企业人员互兼互聘制度,畅通"双师型"教师流动与使用渠道。

在职业本科教育高层次"双师型"教师队伍建设方面,南京工业职业技术大学做出了许多有益探索。学校围绕建设"双师型"教师队伍,聚焦"高层次"和"应用型"两个方向,打造师资"蓄水池"。一方面,采用灵活多样方式大力引进培育全国技能大师、全国技术能手、专业型博士等高层次人才;另一方面,面向行业领军企业,大力引进高级工程师、技术骨干等应用型人才。

(二)对接岗位,探索新形态应用型教材

教材既是重要的专业教育资源,也是专业建设、专业发展的重要支撑,职业本科教育应在充分总结和吸收高职院校教材特色基础上,不断深化教材改革,处理好学科属性和工作项目之间的关系,突出职业本科的类型教育特征,确保定位明确、规格适当、特色鲜明,打造对接岗位、内容丰富、灵活多样的高水平专业教材。

优化编写团队结构。充分发挥"双师型"博士教师的引领作用,把握本科层次标准,抓住学科重点,整体掌握所编课程教材与前后课程之间的内容连贯,考虑学生的认知水平和知识结构,符合认知规律与教学规律。开展多元合作,运用好区域产教融合平台和校企协同机制,吸纳行业专家和企业一线技术骨干参与教材建设,引入最新的、具有很强实用性的基础理论知识和从事专业工作的基本技能,使理论与实践相结合,确保学校教育与社会需求有机统一。

优化思政融入模式。作为现阶段职业教育最高层次教材,既要体现先进的课程思政理念,又要凸显高质量的专业技术。为此,要将正确的思想政治导向放在首位,结合职业本科的层次特点和类型特点,准确把握专业知识与核心思想、重要论断等思政要点的关联之处,纵向系统研究思政理念、思政目标、思政元素等要素,横向全面联系培养方案涵盖的思政课程,课程思政与思政课程相得益彰,促使学生完整理解吸收,并将思想转化为行动。

优化知识呈现形式。《国家职业教育改革实施方案》提出:"建设一大批校企'双元'合作开发的国家规划教材,倡导使用新型活页式、工作手册式教材并配套开发信息化资源。"职业本科院校应充分借鉴现阶段高职院校开发活页式、工作手册式教材的方法,以实用为出发点,牢牢把握职业教育类型特征,对接目标产业和目标岗位,以一线真实场景为蓝本优化呈现形式。同时借助"互联网+"技术,开发数字化、网络化资源,建设与教材相配套的教学课件、虚拟仿真系统、试题库、二维码平台。

(三)紧扣目标,强化多元化复合型教法

知识目标、能力目标与素质目标构成的三维目标体系既是教学实施的核心,又是科学选择教学方法的前提。职业本科教育与高等职业教育、中等职业教育既有区别又有联系,部分在中等、高等职业教育中实践验证过的教学方法,面对职业本科学生又会出现新的问题。因此,应紧紧围绕教学目标,以马克思主义辩证法为指导,以全面的、发展的思路开展职业本科教法改革。

传统教学方法包括讲授法、讨论法、直观演示法、讲练结合法等,各种方法互相孤立,缺乏联系。当今时代信息技术快速发展,利用"互联网+"技术和各种课程管理平台,既可以对传统的教学方法进行改良创新,又能够实现教学方法的多样化实施,使学生的技术技能水平和职业素养得到全面培养。

在实践层面,职业本科教育要特别把握课前、课中和课后三个教学环节,在"课前"熟悉学生学情、在"课中"传授知识技能、在"课后"开展复习提升。针对每一个环节科学选择与教学内容匹配的教学方法和线上、线下教学环境,重视适合职业教育学生的启发式、探究式、讨论式、项目式等教学方法在教学中的应用。要充分认识到每一种教学方法都有其优势和不足,适用于解决当前问题的教学方法可能针对另一问题就不能奏效。

通过系统推进"八个有"(即网络课程安排有规划、线上教学设计有预案、课程思政融入有方法、平台资源丰富有选择、翻转模式探索有亮点、网络教研活动有氛围、全程质量监控有力度、技术服务平台有保障),实现线上教学与线下教学"同质等效",不断激发学生学习兴趣,提升学生理论联系实际的能力、发现和解决问题的能力以及终身学习能力。

第四节 职业本科特色人才培养模式

"职业本科教育主要面向高端产业，服务产业基础高级化、产业链现代化"，其在知识水平上要达到本科水平，在应用创新能力上要高于高职专科水平。本节将从强化产教融合协同育人、彰显高层次人才培养定位、注重职业素养养成教育、实现"岗课赛证"有机融通等方面分析职业本科特色人才培养模式，为构建区别于普通本科教育，培养"精技艺、善经营、会管理"工程师的职业本科人才培养模式提供新思路。在产教融合背景下，高校在进行农业专业人才培养的过程中必须结合地区农业发展的现状，根据实际的行业需求进行更精准的人才培养。与此同时，还需要将产教融合与新农科理念进行融合，激活农业专业人才培养模式的创新之路，真正为农业的兴旺发展培养更加优秀的人才，进一步推动乡村振兴战略的落实。

一、强化产教融合协同育人

（一）一条主线、产教融合，三位一体培养创新型大国工匠

1. 锚定职教主线，培养高层次应用人才

教育部在《本科层次职业教育专业设置管理办法（试行）》中指出，应"坚持高层次技术技能人才培养定位"，明确了职业本科教育从类型角度是培养"技术技能人才"。因此，本科层次职业教育在有机衔接中等、专科层次职业教育的同时将职业教育进一步纵向贯通，需要以现代化产业链中职业岗位为本，突出学生应用创新能力的培养，这是职业本科与其他普通院校的主要区别。

以国家"双高计划"建设院校之一——浙江工贸职业技术学院智能光电技术专业群为例，在机械工程（光机电应用技术）、自动化等本科专业教学过程中实施"三真三化"教学：真实激光加工机床、真实加工产品质量要求以及真实规范化工厂生产，同时做到教学职场化、操作实景化以及项目综合化。在教学中充分体现出适应现代化高端制造业中光电制造技术中职业技能技术的要求，突出理论知识与岗位实践的有机结合，于生产一线培养学生应用创新能力，达到职业本科层次"高等性"要求。

2. 融合校企主体，打造一体化职教体系

产教融合是行业企业和职业院校双向发力、双向整合的过程，企业和高校都是产教融合的主体，只有组成一个利益共同体，才能真正实现产教融合。校企合作、工学结合、顶岗实习是深化产教融合的实施路径，通过校企深度合作对接产业企业和职业教育，实现职教培养体系一体化，最终为产业发展作出贡献。

职业本科阶段人才培养模式需要适应更高层次、更高水平的创新型技术技能人才培养需求，迈向更深层次的产教融合。在办学主体层面，从校企合作转变为校企融合，从行业企业和职业院校"双元主体"走向校企"一体化"；在人才培养层面，从工学结合转变为工学融合，强调工作过程导向的学习，将学习和工作融合在一起；在实践学习层面，从顶岗实习转变为顶岗工作，更加强调顶岗实践、毕业设计和就业的统一。

职业本科教育产教融合一体化人才培养体系在实现企业和院校培养目标、培养内容、培养评价等层面的融合以外，需要通过人才培养机制和科研育人机制的创新，确保校企合作能够融入专业建设、人才培养和社会服务全过程，构建校企融合育人的生态体系。

职业本科教育产教融合一体化人才培养体系除了在培养目标、培养内容、培养评价等方面实现校企一体化外，还需要确保校企合作能够融入专业建设的全过程。例如，在实训方面，将部分实践课程接入企业平台，引入企业导师对学生开展技术技能考评，带给学生理论知识与实践技能的双重提高。在科研方面，进一步引导学生参与院校与企业指导老师科研项目，鼓励学生基于课本知识开展应用创新实践，为企业解决实际生产问题，凸显本科层次培养要求。

3. 变革教育方法，明确立体化培养目标

职业本科教育不同于普通应用型大学建设，以工程教育普通本科与职业本科为例，其本质区别在于人才培养的逻辑起点是知识体系还是岗位职业能力。职业本科是职业教育体系的组成部分，与普通高等教育分属不同教育类型；职业本科也遵循培养适应岗位需求的技术技能人才这一定位，遵循实操能力为主、理论知识够用原则。

随着人工智能技术和现代通信技术的发展，越来越多的重复性体力劳动被智能化设备取代，职业本科教育需要进一步明确"知识、技能、素质"三位一体培养目标，推进教育内容的调整和教育方法的不断变革。中等职业教育、高职职业教育更加注重操作与模仿，要求熟练掌握技术规范与操作规程；而职业本科教育应当注重技术应用的复杂性和综合性，要求学生在已有基础上开展新工艺、新方法的技术创新，实现从被动"技术人"的培养转换成具有创新思维的主动技术人才的培养。

(二)立德树人、启智润心，德技并修培育新时代劳动榜样

1. 坚持立德树人，培育全面发展的时代新人

在当前制造业新一轮技术革命背景下，迫切需要大量高素质、高水平技术技能人才进入制造企业，不仅要具有高超而精湛的实际操作、运行维护等业务知识，还要具备良好的职业素养。因此，在职业本科人才的培养过程中发扬精益求精、严谨细致、创新奉献、爱岗敬业等新时代工匠精神显得尤为重要。

对于青年学生而言，其饱含着对未来的美好憧憬与期待，充满着无限的工作热情，德技并修将使之既掌握扎实的专业技能，又树立职业敬畏感、秉持职业操守、恪守职业道德，成为全面发展的时代新人。

2. 探求启智润心，打造"双结构型"育人团队

职业本科教育具有职业教育的类型特征和本科教育的层次要求，相比普通本科教育更为注重学生职业精神的培养，也更加强调与行业企业的紧密联系。"双师型"教学团队由学校、企业双方组成，校内专任教师专业理论知识扎实，具有较强的课堂教学驾驭能力，能为学生打下扎实的专业基础；企业技术能手有着丰富的工程实践经验与社会阅历，能拓宽学生视野，引导学生主动适应社会，有助于培养学生的责任意识和职业意识。

因而，要合理配置学校专任教师与企业技术能手，要将企业核心价值观、职业行为准则、行业道德规范等内容融入日常教学，达到"培根铸魂、启智润心"的育人效果。

(三)浙工贸"一核二体三平台"校企协同人才培养模式

浙江工贸职业技术学院根据机械工程(光机电应用技术)、自动化等职业本科专业学生特点，通过学校和企业双主体共同研究制定培养方案实现人才共育，共建通用能力、综合能力和专业能力三个能力培育平台，构建以职业本科为引领、"中—高—本"梯次人才培养为主线的"一核二体三平台"校企协同人才培养

模式，主要做法包括以下五个方面。

校企共建课程资源。优化现有课程资源，联合企业新建一批虚拟仿真和企业智慧生产实训教学资源，引导学生提前熟悉工作环境、智能设备和先进生产技术。

全面改革教材教法。以企业岗位工作内容为导向，开发理实一体、岗课融通的教材；以工作手册式教材为依托开展基于工作过程的项目式教学，推进"做中学、学中做"的教法改革与创新。

组建专兼结合教师团队。依托校企实训基地，培养"双师型"教师。学校鼓励青年教师下企业进行生产性实训或项目研发实习，时间为每年不少于1个月；建立"固定岗+流动岗"资源配置机制，推动校企人员互聘、职务互兼政策实施，实现企业高层次技能人才和专业教师良性双向流动。

共建"三真三实"实训基地。面向企业人才需求，打造"真实"实训环境、引入"真实"产业项目，开展"真实"生产教学管理与运作。

联合开展重点项目科技攻关。根据企业对新工艺、新技术需求，校企协同开展项目攻关，形成以科研促进教学的正向反馈，同步完善人才培养方案，吸纳学生加入团队，预留为企业技术骨干，形成应用技术协同创新与教学新机制。

模式实施后，围绕智能制造融入实际案例，对"材料成型加工工艺与设备"等3门课程资源更新，以企业为主建设的3D打印线上教学资源已为8000余名学生与社会人员提供在线学习服务；校企共建校内"铝合金生产实训基地"和"智能制造"校外实训基地；结合企业一线实际需求开展的科研项目2项，为企业输送专门人才8人，获科研经费资助150万元，研究成果极大缩短了企业产品研发周期，产品性能和成品率明显提高。"一核二体三平台"校企协同人才培养模式成效显著，为全国职业本科产教协同育人贡献了"浙工贸经验"。

二、彰显高层次人才培养定位

(一)贯通职教体系，培养高规格技术技能人才

我国职业教育从最初培养"技术型人才"，再到"实用型人才""应用型人才""高技能人才"，最后确定培养"技术技能型人才"，职业教育的职业性、实践性、一线性自始至终均是职业教育人才培养的类型特征。我国职业教育从中等职业教

第六章 乡村振兴战略下的职业本科人才培养模式

育、高等职业教育、职业本科教育纵向设置在注重知识与技能培养的同时，也对职业素质提出了更高的要求。

教育部在《本科层次职业教育专业设置管理办法（试行）》中指出，应"坚持高层次技术技能人才培养定位"，明确了职业本科教育从类型角度是培养"技术技能人才"，从层次角度是培养"高层次"人才。与中等职业教育、高等职业教育相比，职业本科人才培养的高层次不应仅局限于培养时限的加长，更应体现在培养质量的提升和能力水平的价值变化上。

职业本科是职业教育的本科层次，其意义涵盖职业教育的类型特征与本科教育的层次特征。职业本科毕业生既应当是具备优秀核心素养的"职业人"，又是具有高超操作应用能力的"技术人"，能够胜任更加复杂、综合的专业技术工作，其特质包括职业人高尚的人格、严明的纪律、职业的形象、精湛的技能、崇高的精神等。

（二）融通普教序列，培养多元化异质互补人才

职业本科与普通本科享受同等本科高校学历权益，培养院校都是教育部审批，纳入国家统一招生计划的高校，职业本科与普通本科在证书效用方面价值相同，在就业、考研、考公等方面具有同样的效力。

但是，职业本科与普通本科存在明显的差异性。就培养目标而言，普通本科立足于"专业学科的发展"，学科和专业的建设是普通本科教育研究领域中的关键问题。而职业本科是以能力为本，属于就业导向的教育，以其鲜明的职业教育属性，深刻诠释了职业本科的教育功能定位。

职业本科立足于培养学生在爱国、爱党、敬业、爱岗、创新等方面的综合素养，整合多重资源协同育人，通过理论和实践相结合的教学方式，指导学生掌握相关职业或岗位的新知识和新技能，成为具备实用性、专业性、技术性和职业性的高素质应用型、复合型、创新型人才。

就专业设置而言，职业本科属于培养某一个特定领域的人才，更侧重于技能。相对于普通本科，职业本科这一教育类型与社会市场经济的联系更为密切，其专业设置不但要考虑当前社会和市场的需求，而且要考虑一定时间内市场需求的动态变化，以职业岗位为依据，针对职业岗位来设置专业学科，并优先考虑市场需求大、就业相对稳定的岗位需求。

就学生就业而言，职业本科毕业生的就业走向基于市场与经济的实际需求，以技术上的操作与创新为主，从而使各专业领域的技术能够得到更好的积累、创新与传承。普通本科毕业生的就业走向以科学发现、理论突破为主，发现学科发展规律，从理论方向实现突破。

综上所述，职业本科与普通本科在培养目标、专业设置、学生就业等方面存在显著的差异互补的特点。普通本科人才培养偏重于认识世界，职业本科人才培养侧重改造世界。如同自然界要保持生态平衡，必须保护生物的多样性。高等教育和人才培养要实现科学发展，则应努力寻求多样化人才培养之路。

三、注重职业素养养成教育

（一）职业素养教育的必要性

近年来，《引导部分地方普通本科高校向应用型转变的指导意见》、《国家职业教育改革实施方案》等文件指出技术技能型人才是职业本科人才培养的类型。《关于深化职业教育教学改革全面提高人才培养质量的若干意见》指出，要"把学生的职业道德、职业素养、技术技能水平、就业质量和创业能力作为衡量学校教学质量的重要指标"。《本科层次职业教育专业设置管理办法（试行）》明确了，职业本科教育的培养目标为"高层次技术技能人才"。职业本科的提出，对职业教育人才培养提出了新的要求，同时也将职业素养教育提到了更加重要的位置。

随着产业现代化和集群化发展，岗位对知识和能力的要求更为细化和复杂化，人才边界更加模糊，综合素质能力要求更高。基于此背景，职业本科要求在人才培养过程中需充分落实职业性，以培养大国工匠、能工巧匠为根本使命，以技术技能人才需求为导向，同时切实把握高端性，应对数字化、智能化时代产业集群化，面向高端产业和产业高端，注重通识能力、创新能力培养。而职业素养作为职业道德、意识、习惯、技能的内在表现，是高职人才培养目标的重要组成部分，是学生在职业岗位上可持续发展的有力保证。强化职业素养教育，是实现职业本科人才培养新要求的内在需求。

尽管职业本科对高层次技术技能人才培养提出了新要求，将职业素养教育的重要性进一步提升，但目前实践层面仍存在许多问题。

首先，素质培养与技能传授相互游离情况较为突出。目前，部分高校存在重

第六章 乡村振兴战略下的职业本科人才培养模式

专业技能传授，轻职业道德教育、工匠精神培养和职业素养培养的问题，专业技能和职业素养培养之间存在隔断，缺乏有机融合。

其次，职业素养教育内容、教育方式缺乏科学性。目前高职院校对学生进行职业素养教育更多是基于政策文件的人才培养定位和方案开展探索实践，存在教育目标模糊、笼统不清晰，教育内容空泛、与学生专业联系不紧密的情况。大多通过设立素质教育类课程，企业工程师讲座等途径开展素质教育，形式单一。以"教"为主代替以"养"为主进行职业素养教育，混淆教与养的概念，违背了职业素养教育的规律。

最后，校企协同育人仍需进一步深化。企业注重效益，高校强调育人，在校企合作实施过程中二者的目标并不是同一的。如何实现效益与育人的协调统一，实现双方共赢在合作过程中没有很好解决，缺乏一套具有可持续性、健全的合作机制规范企业和学校的育人过程，职业素质教育内容相对空白。

(二) 职业素养养成的多面性

从人才培养目标看，职业本科人才培养精准面向高端产业和产业高端中的特定职业岗位群，培养具有较高职业素养和实践水平的高层次技术技能人才。相较于传统高职培养，强化了创新应用要求、综合素养养成教育、技术知识迁移能力等，突出了人才在岗位上有创新性产出、具备可持续发展的能力，即要有"后劲"。知识技能传授具有时效性，而素养的养成则具有永久性，容易形成"自主意识"，使学生的职业发展"后劲"充足。

从实际育人效果看，职业素养是学生专业水平的内在体现，能帮助学生在工作中找准定位，树立职业道德，强化职业意识，养成自我规范的职业行为习惯，使学生在岗位上具备长期自我提升，可持续发展的能力。

从企业用人需求看，扎实的技能水平，良好的适应能力、沟通能力、组织能力、价值创造能力、创新能力等综合素质表现是企业和单位招人用人的重要考量标准。短学制培养无法彻底弥补高职院校职业人才教育现状和用人单位对职业高适应型人才需求的落差。强化职业素养教育，有针对性地提高学生自主学习、自我提升的能力和意识，对解决招人难和就业难的"双难"局面具有一定的积极意义。

(三)浙工贸"三维联动"职业素养养成模式

1. 系统化设计学生教育体系

浙江工贸职业技术学院深入调研机械工程(光机电应用技术)、自动化等职业本科专业学生重点就业岗位方向,针对学生职业素养养成教育进行科学地顶层设计,贯彻以"养"为体,以"德"为主的设计思路,形成了系统的本科层次职业素养教育体系,如图6-4所示。

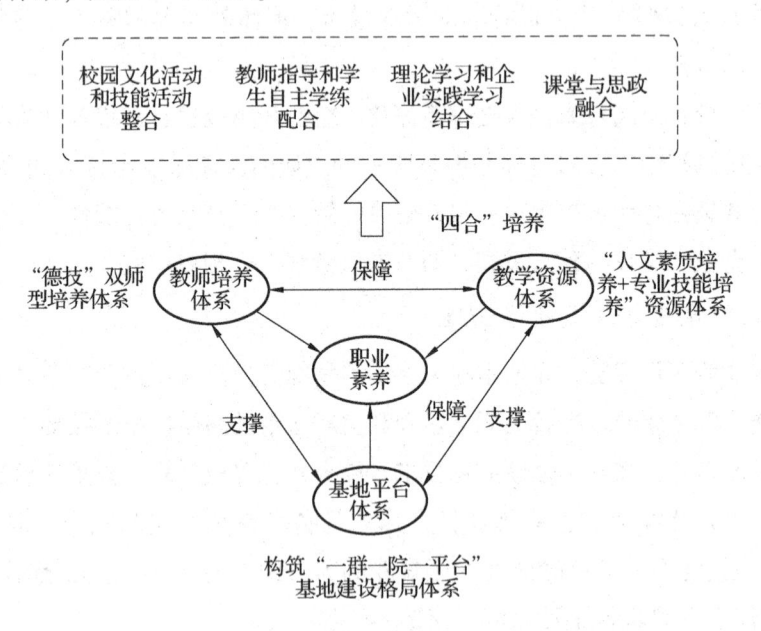

图6-4 职业本科素养养成教育体系设计

基于立体化培养平台,通过课堂与思政相融合、理论学习和实践学习结合、教师指导和学生自主学练配合、校园文化活动和技能活动整合,形成"四合"培养模式,促进了文体、道德、素质和技能的自然养成,全面强化了学生职业素养教育。

2. 专业化提升教师引导能力

浙江工贸职业技术学院从师德和技术双元角度重新定义新时代职业本科教育高层次"双师"内涵。借鉴学者研究成果,筛选高水平"双师型"教师专业能力构成的关键因子,从职业品质、专业素养、教育素养、服务素养四个维度构建教师专业能力指标,构建德育为先、职业能力为核心的指标架构。

在指标架构的指导下，以"企业主体、学校主导""学生主体，教师主导"的原则为引领，落实下企业、进课堂、访寝室，做到生活上与学生交朋友，技能上做学生导师，把握住学生学习、工作、生活三条主线，形成教师与学生之间良性互动、亦师亦友的和谐关系。

3. 常态化构建校企协同机制

浙江工贸职业技术学院把握职业本科专业特点，发挥校企共同体的体制优势，构建校企多维动态协同机制，通过校企双方共同制定人才培养方案，将企业对人才的定位标准作为高校教育培养的重点。据统计，95%实践教学环节行业企业参与，90%本科毕业设计项目来源于企业生产实际。

基于以上的校企协同模式，学校将职业素养教育渗透到实习实践、比赛培训、毕业设计等各个环节，实现了真实环境下的常态化工学结合，使职业素养教育落到实处，达到鲜活而有效的职业素养养成。

四、实现"岗课赛证"有机融通

（一）"岗课赛证"融通育人现状

"岗课赛证"融通人才培养模式，是2021年4月全国职业教育大会提出的新概念。"岗课赛证"指的岗是职业岗位，赛是职业竞赛，课是课程教学，证是职业资格或技能等级证书，"四位一体"的全新整合，是我国职业教育在总结岗课对接、工学结合等传统教学实践经验的基础上，经过不断探索形成的更符合我国产业实际、灵活有效的育人模式。

目前，在职业本科背景下，人才培养趋向高端化，强调技术技能并重，现阶段"岗课赛证"培养模式还无法完全适应职业本科人才培养需求，仍存在一定的不足。其一，"引岗入课"有待进一步深化，对接岗位缺少数字化、智能化技术，停留于低端制造业岗位；其二，"岗课赛证"融通路径有待进一步系统化，人才培养形式单一，复合能力和创新能力匮乏；其三，未形成优势互补、良性互动的格局，环节间存在错位和短板；其四，"岗课赛证"融通能动性有待进一步加强，现大多依靠政策驱动，开展具有明显的"受动"特点。

（二）"岗课赛证"融通模式分析

"岗课赛证"融通的基本逻辑是基于四要素间的内在联系，将职业岗位技能、职业技能竞赛项目和证书标准融入课程体系，以课程为载体，形成"岗是逻辑起点、课是载体基石、赛是重要补充、证是评价标准"的内在关系，构建成有机的知识技能网络，形成理实一体的培养体系。

根据人才培养定位，职业本科的最终目的是培养面向高端产业和高端产业链的高层次技术技能人才。因此，"岗"是课程设置的依据，是"赛"和"证"的源头，具有导向作用；"赛"作为技术技能提升的有效途径，是实训体系的高端延伸和优化手段；"证"是一种检验机制和评价标准，要求职业本科课程设置能够精准落实对应职业岗位群的能力需求，融入相应的职业技能大赛项目和职业技能证书标准，提高人才培养过程中的针对性；"课"是融通过程中的基石载体，同时也是融通的重要媒介，"赛证"的成果是课程教育的结果体现。

在职业本科专业的"岗课赛证"融通模式方面，河北工业职业技术大学智能制造学院自动化技术与应用专业提供了行之有效的实践样板。在开展充分而翔实的专业调研、确定专业培养规格、构建专业课程体系的基础上，学校专业团队以"岗课赛证"为指导制定了人才培养方案并绘制了专业地图。培养方案主要依照三项原则：以岗定课，是明确职业岗位和职业能力要求，分析典型工作任务，以岗位工作内容为主线进行课程体系设计；赛教融合，是将大赛项目融入课程体系，将大赛内容融入课程教学内容，将大赛评价融入课程评价；课证融通，是重构课程体系，将学校专业课程与企业认证（证书）对接，实现专业课程与企业认证共生共长。

(三)"岗课赛证"融通路径探索

1. 岗位制导，课程实现——岗课融通

技术岗位直接反映了时代产业技术技能人才的动态需求，决定了所需人才的技术、专业、素质要求，是实施整体融通的逻辑起点，具有鲜明的制导功能。

根据岗位的导向作用，主动对接高端技术产业链，校企共同梳理岗位工作任务和职业能力，建立起岗位需求和岗位能力之间的关系，岗位能力和教学内容之间的关系，由岗位能力反推教学内容，并将其转化为可教、可学、可练的具体模块教学任务，形成项目库资源，将岗位能力需求以课程为载体得以实现。

2. 协同并重，能力提升——赛教融通

职业技能大赛有利于职业本科教育观念的更新。确立"能力本位、成果导向"思想，促进人才培养模式转变，其价值体现在课程内容上的拓展创新和课程评价上的引领带动，形成勇于竞争的良好技能学习氛围。

职业技能大赛的标准来源于实际岗位要求，竞赛形式又高于岗位内容。选择关键切入点，将大赛评价标准与教学考核标准相结合，大赛比拼内容与实践教学环节相结合，大赛训练方法与实践教学方法相结合，有效促进学生能力提升。

此外，将大赛项目化内容进行数字化改造形成任务模块，嵌入项目驱动式教学方法中，与原有资源形成互补，实现教砥砺支撑赛，赛拉抬提升教，协同并重。培养学生的竞争意识，落实赛课互认，根据竞赛规模和内容，学生可以参赛成绩顶替对应课程学分，免试相关课程，实现以赛代考。

3. 终端检验，标准评价——课证融通

"岗课赛证"融通是以取证作为终端检验，以此评价先前的知识和技能学习水平，最终形成完整的人才培养链。考虑到职业技能证书种类较多，在选择时要重点考虑证书的考核标准与课程的知识能力传授是否契合，明确课程中的章、节、知识点与证书中的工作任务、领域、技能点的对应关系。

重视课证融通的过程赋能，在课程教学中有选择地融入行业标准、岗位要求和考证内容，研究职业技能等级证书与专业(实践)课程内容的融合路径。紧扣"知行合一、工学结合"的教学理念，基于企业实际工作过程、对接职业等级标准，将证书考核模块内容分解、重组，有机融入课程教学。结合考核模块特点挖掘思政元素，确定课程思政教育目标，寻找思政教育与证书课程的融合点，形成具有对接岗位、能力培养、思政辅助的"三型共进"的课证融通教学模式。

第七章

乡村振兴战略下职业教育与新型职业农民培育的实践路径

党的十九大把乡村振兴战略作为党和国家未来发展的"七大战略"之一，关系着国家全局的、长远的、前瞻的总体布局，是国家发展的核心和关键问题，即关系我国是否能从根本上解决问题以实现国家整体发展均衡、城乡统筹、农业一体化的可持续发展，为我国全面建成社会主义强国打下坚实的基础。实施乡村振兴战略，推动农村经济社会发展，关键在人，就是要让农民来做主角，他们不仅是农村的主体，更是乡村振兴的主要人力资源。随着新型职业农民队伍初步形成规模，"谁来种地""怎样种好地"等问题将迎刃而解，乡村振兴也必将指日可待。值得注意的是，改革开放一方面为我国带来了丰富的物质财富，另一方面也改变了我国传统的社会人口结构。随着工业化、城镇化进程日益加快，农村劳动力转移分化日益加剧，农村"兼业化、老龄化、低文化、空心化"现象日益突出，谁来坚守乡村振兴的前沿阵地，谁来传承"三农"事业创新发展，是摆在我们面前不容回避的现实问题。毋庸置疑，新型职业农民是乡村振兴的主力军，乡村振兴的受益者是农民，建设主体也理应是农民。从目前来看，农村地区人口转移到城市的现象比较突出，尤其是西部地区，乡村衰落已经是一个不争的事实。如何把人留住，这就需要从国家层面制定有效的政策并将其落到实处，为乡村振兴提供切切实实的人才支撑。

2018年中央一号文件指出全面建立职业农民制度，实施新型职业农民培育工程，大力培育新型职业农民，助力乡村振兴。新时代的新型职业农民是具备"高文化、善经营、懂管理、懂技术"的现代农业从事者，而长久以来，由于我国农业产业的特殊性，即便是改革开放极大地充实了农民的腰包，依然无法改变他们是社会弱势群体的地位象征，他们与新时代的新型职业农民依然存在差距，

第七章　乡村振兴战略下职业教育与新型职业农民培育的实践路径

农民问题已经到了不得不重新审视的时候。基于此，新型职业农民培育不仅要关照农民的物质和技术需要，还要关注农民的思想和价值观的形成。这就需要深入挖掘新型职业农民培育的政策支持，构建新型职业农民培育模型，确立好新型职业农民培育的各个环节；深入探索新型职业农民培育的现状，发掘新型职业农民培育存在不足的原因；借鉴发达国家的经验，立足于国情完善新型职业农民培育路径，调动广大农民的积极性和创造性，抓好新型职业农民培训教育，做到有的放矢、以点带面，从而为我国逐步建立起一支稳定的新型职业农民队伍，促进乡村振兴战略在农村落地生根、开花结果尽微薄之力。

第一节　农村职业教育培育新型职业农民的实践路径

一直以来，解决好"三农"问题都是全党工作的重点，农村职业教育必须顺应时代需求，围绕"三农"建设进行转型和回归。借鉴脱贫攻坚战取得伟大胜利的经验，在乡村振兴视域下，"志、智、技"依然是农村职业教育培育新型职业农民的关注点和落脚点。因此，立志以定向强化农民务农动力、强智以引领塑造农村现代气息、持技以立农促进农业转型升级，是农村职业教育服务"三农"，培育"爱农业、懂技术、善经营"的新型职业农民，实现"农民富、农村美、农业强"的全面乡村振兴的应然实践路径。

一、立志以定向强化农民务农动力

志愿和志趣是决定事业发展方向、引导事业走向成功的关键因素，志向的确立能够有效凝聚力量，精准实现奋斗目标。农民是推进乡村建设的核心力量，新型职业农民是乡村振兴的生力军，因此，在乡村振兴视域下，必须激发农村务农劳动力与务农后备力量参与乡村建设的内生动力，唤醒其乡土情怀，建立其务农信心，引发其职业认同，使其以"爱农"的蓬勃姿态向新型职业农民转型，为乡村全面振兴提供强劲推动力。农村职业教育在乡村人才培育中具有不可或缺的地位，面对全面乡村振兴中"农民富"的目标要求，农村职业教育必须回归服务"三农"的价值取向，以新型职业农民为主要培养对象，增强其务农的动力和实力。

农村职业教育要树立服务"三农"的志向，锁定新型职业农民为主要培养目标。乡村振兴视域下农村职业教育应改变主要以学生为培养主体、向城镇输送劳动力的现状，转向以培养新型职业农民为己任，为农村农业的现代化提供充足的高质量劳动力。

首先，要调整教学内容设置，使其充分体现涉农特色。应改变以升学为目的的培养思路，使理论与区域农业发展相结合，为本地的农业生产培养人才，如交通运输类专业可以向农产品运输、储存和配送方面转化；信息技术类专业可以向互联网农产品销售、农业网络课程开发等方面转化；加工制造类专业可以向农产品深加工等方面转化，且加强不同内容之间的关联性，为整个农业生产链提供各类技术技能人员。另外，针对农业生产管理和一线务农人员的培养内容设置所占比重较低，应着重予以添加。其次，改变教师能力结构，使其具备培养新型职业农民的素质和能力。"欲化农民，须先农民化"是晏阳初于百年前对乡村教育提出的忠告，对今天农村职业教育培养新型职业农民仍有重要指导意义。为解决教师长期从事理论教学工作而对农村、农业、农民的实际发展现状不甚了解的问题，农村职业教育可以通过培训与实践相结合的方式重构教师能力结构，定期参与农村、农业培训，使教师了解农村、农业的实时变化及未来趋势，长短结合的不定期实践使教师深入参与到农民的生活和农业生产中，明确农业、农村的实际建设情况和农民的现实需求。基于此，教师可以进一步发挥自身的能动性、自主性和创造性，将理论与实践相结合，重新架构教授内容，提升新型职业农民的从业知识和技术技能的实用性。

针对农村务农劳动力与务农后备力量，农村职业教育应以唤醒其乡土情怀、建立务农信心、引发职业认同为重点，充分激发其"爱农业"的情感，破解其趋于城镇化和过度功利化的心理，促使其向新型职业农民转化，为乡村振兴提供内生活力。首先，我国作为古老的农业大国，人们对土地的天然亲近和复杂情感已经融于血脉，在灵魂深处始终保留着最朴素的乡土情结，但时代发展的洪流使其被深埋和掩盖，使农民产生逃离农村、逃避农业的行为。因此，农村职业教育培育新型职业农民振兴乡村，必然要唤醒受教育者的乡土情怀。一是以新型职业农民培训项目为依托，融入乡村情感教育内容，激起受教育者关于乡村生活的回忆，产生情感共鸣，体会到乡村社会的温情与美好；二是可以与当地政府合作建立乡村百年发展历史长廊，向受教育者展示乡村发生的巨大改变，使其认识到在党和国家的强力推动下我国乡村建设已取得重大突破，未来的道路充满希望和光明。其次，农业是乡村振兴的基础，处于优先发展的战略地位，但农业生产的低

第七章 乡村振兴战略下职业教育与新型职业农民培育的实践路径

效率和低收益使人们逐渐对务农致富失去信心，放弃从事农业劳动，因此，农村职业教育培育新型职业农民需帮助受教育者重建务农信心。一是可以通过数据展示和实际计算对比传统生产投入产生的收益与使用现代化农业技术实施生产产生的收益差距，用清晰的数字展示现代化农业技术的应用不仅能提升生产速度，而且能够提高产量的事实，使受教育者了解务农困境在现代化农业技术的支持下将会得以改善，从而萌发学习现代化农业技术的兴趣。二是可以发挥榜样的力量，通过融入新型职业农民成功致富的案例，增强其对从事农业生产的信心。最后，职业认同感低是人们不愿成为农民的重要原因。农村职业教育可以通过向受教育者展现成为新型职业农民的实际收益增长，或邀请创业成功的新型职业农民讲述自身经历，使受教育者以收益的角度产生职业认同。另外，农村职业教育可以以越来越多取得高学历的青年人能在城市获得工作机会却乐于回乡成为新型职业农民的人员为典型，编制优秀新型职业农民典范案例册，向受教育者展示现代农业生产所具有的强大吸引力，使受教育者认识到成为新型职业农民与选择其他职业的平等性以增强其职业认同。

二、强智以引领塑造农村现代气息

与时代发展相宜的智慧汇聚是推动社会前行，实现社会现代化发展的基础性力量。乡村振兴是国家现代化的必经之路，乡村劳动者的现代化是实现乡村振兴的重要支撑。新型职业农民作为乡村劳动者现代化的典型代表，其培养必然要强调内在素养的现代化，即"智"的现代化，现代科学知识的掌握和基础人文素养的提升能够引导其有效参与乡村生态农业建设和乡村文明建设，推动全面乡村振兴中"农村美"的目标顺利实现。农村职业教育是培养新型职业农民的主体力量，但在实践中依然存在诸多问题亟待解决。因此，农村职业教育要结合乡村建设需要及新型职业农民可持续发展需求进行转型，以教育现代化推动农业农村现代化，以教育振兴服务乡村振兴。

农村职业教育的办学模式需由以学校为主、培训为辅转向培训为主、学校为辅，满足乡村所需建设人才的"智"的可持续发展。福斯特的农村职业教育思想得到国际社会的广泛认可，他指出虽然正规学校教育对农村发展具有重要作用，但其主要是通过基础教育而不是学校形态的职业教育，农村职业教育的开展重点应是农民培训。同时，随着我国乡村振兴战略的实施，乡村对高质量新型职业农民的需求量不断增加，当前大量农村成年劳动力向新型职业农民转变的需要，新型职业农民的后续可持续发展诉求，均表明农村职业教育应向培训为主转型，且大有可为。因此，农村职业教育应以针对新型职业农民的培训为主，为乡村振兴提供适宜人才。另外，农村职业教育在转型的同时要采取分层分类的差异化培养措施，克服目前培训中存在的"漫灌"问题，促进新型职业农民的个性化发展。首先，农村职业教育可将新型职业农民培训分为生产经营型、专业技能型和社会服务型等类型供受教育者自行选择并为其选择作出合理建议；其次，不同类型的新型职业农民培训需依据受教育者自身所具备的能力基础，设置不同层次的培训内容，并采取模块化的教学方式使受教育者在不同类型和层次的培训之间存在流动的可能性，保证新型职业农民的个性化和多元化。分层分类的农村职业教育应充分尊重受教育者自身的意愿，利用"最近发展区"理论合理确定受教育者的学习起点，使教育内容更容易被接受和理解，提高新型职业农民的培育质量，促进农村职业教育向现代化迈进。

农村职业教育应以现代化农业生产过程为基础重新架构课程体系，并加强对新型职业农民精神世界的充盈，使新型职业农民能够采用科学绿色的技术手段进行农业生产，以更高的道德标准引导自身的日常行为，促进生态农业和乡村文明的崛起。首先，以现代化农业生产过程为基础重新架构课程体系，并非简单地复制实际的现代化农业生产过程，而是将理论与实践相结合进行系统化处理，破解以学科知识体系为基础架构课程所造成的理论与实践"条块分割"的弊端。以现代化农业生产过程为基础架构课程体系应经历完整而复杂的过程。一是应对现代化农业生产过程进行实地调研，详细了解每个生产步骤和环节；二是总结不同生产过程的异同，在此基础上对现代化农业生产过程进行基于教育学的系统化处理；三是邀请专家对初步形成的新型职业农民培训课程体系进行评议；四是结合意见组织修改，并重复评议和修改两到三次，形成较为成熟的基于现代化农业生产过程的课程体系；五是在进行试点、修改的基础上广泛推广。其次，农村职业教育促进新型职业农民精神世界的充盈必须采取一系列支持措施使之达成。一是可以依据区域特色专门设置传承乡村文化、匠人文化、生态文化的课程或依托文艺表演形式送文化下乡，使受教育者较为集中地、明确地接受优秀传统文化的熏陶，清晰地认识和感知优秀传统文化的魅力，自觉传承和发扬优秀传统文化；二是可以将乡村文化、匠人文化、生态文化中的优秀因子融入其他课程，如将淳朴善良、精益求精、环境保护等精神以及当地优良的民俗习惯通过情景再现、影片观赏等方式渗入课程计划，通过具体的教学活动潜移默化地影响新型职业农民正确价值观念的形成，产生共同体意识，促进乡村现代化和谐氛围的形成，实现乡村文明振兴。

三、持技以立农促进农业转型升级

科学技术是第一生产力。先进的科学技术在农业生产发展全过程中的广泛应用，将有效提高农业能级与效率。因此，先进的科学技术不仅在工业生产中发挥着不可或缺的作用，在高质量农业生产中同样被需要，尤其是在农业农村现代化、乡村振兴战略中"农业强"的目标要求下，其作为农业转型升级的重要推动力量日益受到国家和社会的重视，成为农村职业教育培育新型职业农民的核心内容。

农村职业教育要动态更新已有的技术技能传授内容，并加深与现代农业生产性实训基地合作的深度和广度，保证自身开展技术技能教育基础与实力的与时俱进，以培养高质量的新型职业农民，促进农业的转型升级，助力乡村产业的兴旺。首先，现代农业科学技术的快速发展和广泛应用对新型职业农民的技术技能更新速度提出新要求。农村职业教育是新型职业农民技术技能获得的主要途径，因此，农村职业教育必须对外界的变化作出及时的判断和反应，灵活调整和添加技术技能传授内容，确保新型职业农民培养的适时性和实用性。对现代农业科学技术发展作出判断并非易事，需要建立专门的调查和预测团队以对本地区现代农业科学技术应用情况进行调研为基础，深入解析国家相关政策内容、研究国外农业科学技术的发展经验和趋势，并与其他地区保持信息沟通。以大量的理论和实践资料的搜集、汇总、分析为依据，以合理的时间间隔对本地现代农业科学技术的发展作出判断和预测，对应调整农村职业教育的技术技能传授内容。其次，现代农业生产性实训基地是新型职业农民技术技能知识得以深化、修正和应用的重要载体，农村职业教育需要增强与现代农业生产性实训基地合作的深度和广度。相近地区的农村职业教育机构可以尝试联合开办现代化农业生产试验基地，或与多地多个规模化农业生产大户建立深度合作关系，建立实习实训基地共享联盟，使生产、实践与教学同步进行，充分满足不同受教育者的实习实训需求，提升新型职业农民技术技能掌握水平，在生产实践中有效推动农业的转型升级。

农村职业教育要以线上线下相结合的方式对新型职业农民技术技能掌握进行系统化、跟进式培养，满足新型职业农民的终身教育需求，从而为农业转型升级的持久性、乡村振兴的延续性提供充足动力。首先，在线下教育过程中要对新型职业农民的教育收获和应用进行追踪调查，深入田间地头汇集农业生产中的共性问题，使之融入下一次教育内容或据此调整原本的教育安排，使农村职业教育真正符合新型职业农民的实际需求。但是，针对技术技能培养的内容设置全然随着实践问题的产生而大量变动的行为并不可取。农村职业教育培养新型职业农民具有一定的规律性，因此，系统性和顺序性是新型职业农民技术技能培养不可违背的原则。农村职业教育应坚持技术技能培养内容设置相对稳定性与随机应变性的统一，增强新型职业农民技术技能获得的扎实性和实效性，提升新型职业农民对不断发展进步的农业技术、产品的适应能力，避免在过快的农业现代化进程中被淘汰。其次，运用互联网技术，开发线上技术技能培训空间。农村职业教育培养新型职业农民可以借助线上教育迅猛发展的势头，开发线上技术技能培训资源，如开发技术技能培训系统优质课程、建设虚拟仿真技术技能教学平台、与企业合作制作技术技能培训小游戏等，满足新型职业农民个性化、多样化、趣味化和终身化的学习需求。

第二节 农村职业教育培育新型职业农民的提升策略

当前，我国新型职业农民培育存在着社会主体参与机制不活跃、培育更新机制不足、培育方式缺乏创新、培育对象不具有可持续性、培育评价体系不完善、培育保障不充分等问题。因此，为培育新时代促进农业现代化、振兴乡村的有中国特色的新型职业农民队伍，新型职业农民培育应在培育主体、培育内容、培育方式、培育对象、培育评价和培育保障等方面不断完善，促进新型职业农民培育朝着更加科学化、民主化和制度化发展。同时，应从多元视角出发，综合运用教育传播理论、人本主义理论、批判理论等多种理论分析范式，不断完善新型职业农民培育的模式，促使完善新型职业农民培育内容、高效制定新型职业农民培育政策、科学形成新型职业农民培育主体与培育对象的互动机制，确保"三农"的发展与壮大，早日振兴乡村。

第七章　乡村振兴战略下职业教育与新型职业农民培育的实践路径

一、加快完善新型职业农民培育主体共同培育制度

随着市场机制的成熟，我国新型职业农民培育主体应多元化。多元化才能形成竞争，更好地保证人才培育质量。由于我国新型职业农民培育采取的是政府主导和市场参与的原则，因此，培育主体既要根据国家的需要明确任务，又要根据市场的情况及时调整培育内容。在培育主体上，政府一要根据劳动力市场情况满足需求，制定适宜的政策，支持民办职业教育的发展；二要建立完整的现代职业教育体系，改变职业学校原来重视理论的弊端。

（一）官方组织方面

官方的新型职业农民培育主体是指由政府牵头组织的教育或科研事业单位，包括涉农学校、农业广播电视学校、农业科研院所、农技推广机构等。由于政府的大力支持，官方的新型职业农民培育主体呈现"热"的趋势。然而，与过去得出的结论一样，百姓的态度却是"冷"的，目前官方培育主体处境尴尬，特别是许多农业学校在招生时普遍遭受"冷遇"。这就需要政府重新定位职业教育，改变以往的"职教观"，建立专门管理职业教育发展的"职教管理机构"。

1. 深化以职业学校为主的培育主体

20世纪60年代，英国学者巴洛夫提出，较于普通教育，职业教育具有更高的投资价值，发展中国家应把投资重点放在职业教育上，通过举办职业教育，使学生掌握现代生产技术，从而发挥其在本国经济中的重要作用。事实上，我国新型职业农民培育的发展似乎给人一种错觉，即农民培训大多指接受短期的培训或中专层次的涉农职业教育，很少涉及高职和研究生阶段的教育。纵览发达国家或地区，职业教育和农民教育则总体上呈现了教育上移的趋势。

2. 及时设立新的培育主体

随着农业科技的不断深入，必然选择提高农村经济效益和农民收入，使传统农业走向现代农业，这就需要探索出现代化农业发展路径，如建设现代农业园区。因此，新型职业农民培育应积极进行调整，建立新的培育主体，培育相应的新型人才。国外发达国家已经建立了完善的农民培育体系，通过多元化的培育主体对农民进行不同层次的培育，如英国有完善的、分工明确的农民教育培训体系，能为农民提供多类型、多层次的农民职业教育，有13所大学和40所学院提

供学位课程教育，每个郡的农学院提供2年的专业文凭教育，200多个地区的农业培训中心组织提供国家农业证书培训教育和大批由社会或个人举办的培育内容多样的农民培训机构。

3.明确各培育主体的权责

我国新型职业农民培育主体以农业广播学校为重点向外扩散，但各级、各类实施主体在新型职业农民培育上边界模糊、权责不明、倾向于强调新型职业农民参与培育的数量，在一定程度上影响了新型职业农民培育的质量。因此，应严格规范各实施主体，使他们能够分层级、分类别进行培育。大多数发达国家已经形成了以政府组织培训教育为主导，设立专门机构负责农民培育，社会关注和私人企业培训组织为补充的培育体制，如英国、美国、法国、日本和韩国分别设立农渔食品部农业培训局、农业部推广局、农业部、农民研修所和农村振兴厅指导局与道农民教育院。

(二)民间机构方面

新型职业农民培育的民间机构是指企业事业组织、公民个人等社会力量利用非国家财政性资源举办面向社会的新型职业农民培训机构，有农民专业合作社、农业龙头企业、农业职业教育集团和专业技术协会。同样，政策文本的"热"与民间的"冷"形成了鲜明对比，使民间培育主体处于一种弱势地位，许多非正规化的民间机构没有涉及农民，与官方风风火火的组织形成了对比。因此更需要政府重新重视民间机构在培育新型职业农民上的作用，改革职业教育体系，形成民间机构积极参与的机制。

1.重视非正规的培育主体

20世纪70年代，英国著名教育经济学家布劳格论证了福斯特的"职校谬误论"，他指出，职校办学成本高，缺乏高学历且实践经验丰富的教师，课堂教学与企业中的工作难以匹配。随着该论证在学术界不断地被著名学者们肯定，人们逐渐发现，以学校为本的职业教育也是失败的。因此，我国新型职业农民培育不能完全依赖官方的培育主体，而应重视市场导向的新型职业农民培育，采用正规培育与非正规培育相结合，正视非正规的新型职业农民教育与培训，要求农业企业来承担培训，吸收大量的农民进行培训。

2.以非正规化培育为主要培训方式

福斯特认为，职业教育的重点是非正规的在职培训，因为只有具有周期短、

第七章　乡村振兴战略下职业教育与新型职业农民培育的实践路径

门槛低、见效快的非正规教育培训才能适应快速变化的市场，他的观点得到了学界许多学者的支持。新型职业农民的培育是一种职业教育，新型职业农民培育也应以非正规化培训为主。目前，非正规化培训已成为国外职业教育发展的趋势之一，并取得了良好的效果，如英国的农民培训，各郡首先根据农业从业人员情况制订计划，之后农业学院不定期地进行农业新科技培训。

3. 以非正规化教育为主建立农民学习激励机制

早在1999年4月有关人员在韩国举行的执行教育大会上就强调，"终身学习与培训：通向未来的桥梁"。只有通过终身学习和接受终身教育，才能终身就业。新型职业农民是一种终身职业，因此，终身学习对他们来说具有重要的意义。构建终身教育体系则是一件非常紧迫的事情，为实现这一目标，一方面要完善新型职业农民培育的政策与外部法律法规，从宏观上设计开放灵活的面向所有学员的职前就业和职后训练；另一方面要从微观上依据技术掌握所需的学习时间、作息时间等设计适应个人需求的课程、教学计划等。

二、建立新型职业农民培育内容更新机制

新型职业农民培育内容是培育对象学习主要内容的来源，影响着新型职业农民培育目标是否能够实现。虽然政策要求新型职业农民培育内容要不断地根据时代发展、实际要求进行更新，但政策理想与政策执行之间总是存在着偏差，政策文件上关于新型职业农民培育内容的"留白"给培育机构以可乘之机，往往使培育内容滞后于现实需要。因此，政府应根据当地的规划、发展目标按照类型、产业、阶段和等级的差异制定培育标准，形成更新培育内容的机制，使培育内容除了具有规范性外，更具有针对性。

（一）提升新型职业农民的关键能力

2017年《关于深化教育体制机制改革的意见》（以下简称《意见》）明确提出，在终身发展、适应时代的要求下，要注重培养学生的关键能力，并进一步指出四种关键能力，即合作能力、认知能力、职业能力和创新能力。21世纪是互联网的时代，新型职业农民培育内容应与现代互联网密切联系，提高农民的认知、创新等意识，培育他们的关键能力。

1. 培育内容结合互联网不断更新，提升新型职业农民的关键能力

研究表明，农民采用互联网学习农业技术比坚守传统的、一成不变的农民能

获得更多的收益。此外，一些政府组织农民参与到网络上的专业性学习与交流来提升他们的能力，如韩国就在网络上开展了农业专业相关的讲座、研究学习活动、交流活动等。

2. 培育内容应以创新创业培训为重点

我国农业历史悠久，然而，在农业生产、加工、销售上仍缺乏创新。例如，虽然我国自古就有加工豆腐、火腿的方法，但几千年来没有创新它们的加工方式，而日本和西班牙则分别创新了豆腐和火腿的加工方式，并在世界上享有一定的声誉。因此，我国新型职业农民培育主体不仅要负责新型职业农民技术、技能培训，还要为新型职业农民提供一系列职业指导、创新指导、创业服务和销售指导，促进中国农业立足于世界强国之林。

(二) 提升新型职业农民的核心素养

农业是利用动植物的生长发育规律，通过人工培植来获得产品的产业。传统农业和现代农业均逃不了农业的这个规律，但传统农业是最容易进入的职业，而现代农业则是技术含量越来越高的职业。现代农业在生产过程中已经不像过去那么简单，仅凭老一辈人的经验很难使农业获得最大收益。此外，现代农业逐渐转向了个性化生产，这种生产在要求农业从业者具有普通职业能力的基础上，更强调创造能力，即对操作技能要求降低，对心智技能要求提高。因此，在农业技术不断更新、个性化要求不断强烈的今天，如何使农业从业者保有从事农业永不褪色的素养呢？这就需要使他们具有从事农业的核心素养，具有一定的文化基础，又能自主发展和参与到社会活动中。

1. 延长普通教育年限

现代农业生产内容正在发生着深刻的变化，更多地取决于从业者的智能而非体能，而智能表现在个体的能力和素养上。新型职业农民素养的养成非一朝一夕可得，且在市场经济的背景下，素养的养成也绝非易事。职业教育界的学者们普遍认为，只有进行具有较长时间宽基础、活模块的普通教育才能促进学生拓展知识、提高自身的能力和素养。因此，为了提升新型职业农民的素养，首先需要延长他们的普通教育年限，增强他们继续学习的文化基础，使他们在农业生产领域具有迁移能力；其次进行活模块课程改造，在传统的知识传授、职业技能培训里加强，如思考力培养的课程、农业新科技课程、社会实践活动等。

第七章　乡村振兴战略下职业教育与新型职业农民培育的实践路径

2.建立灵活的新型职业农民培育体系

新技术的发展以及在农业生产中的应用，使大量新的岗位快速产生，有时这种岗位变换是非常迅速的。因此，新型职业农民培训应能在农业生产培训的基础上及时对新型职业农民培育做出调整，使农民既能容易消化所学知识、技术和技能，又能通过感知、视觉体验等获得更多的灵感，为未来自主发展打下基础。基于此，就要求新型职业农民培育体系必须具有充分的灵活性。一是大力发展非正规的教育培训，在乡下设立短期的培训点，取代正规的培训；二是与同类的企业密切合作，让更多农业企业参与农民培训。

三、创新新型职业农民培育方式

新型职业农民培育方式是指在新型职业农民培育过程中所采取的模式和方法，选择不一样的培育方式将产生不同的培育效果。当下，新型职业农民培育过程中培育方式的选择上存在混乱、守旧、不完整、实践性不强等问题，在新时代的召唤和现代农业的要求下，新型职业农民的培育方式应与时俱进，及时更新与完善，使教师在培育过程中可以选择最恰当的培育方式，从而最大化地实现新型职业农民培育的目标。

（一）完善和创新新型职业农民培育模式

新型职业农民培育模式是指在一定的教育理论或思想的指导下，按照新型职业农民培养目标和规格，确定相对稳定的新型职业农民培育的内容、课程体系、管理制度和评估方式的总和。2017年《"十三五"全国新型职业农民培育发展规划》指出，新型职业农民培育模式要坚持理论与实践相结合，集中培训与现场实训相结合，线上培训与线下培训相结合。由此可见，新型职业农民培育模式是一个整体，它的主体是农民，新型职业农民培育模式应以农民为本根据他们的成长规律，根据培育目标的要求不断更新，做好顶层设计。

1.新型职业农民培育模式应具有完整性和反馈环节

美国教育心理学家加涅的信息加工理论认为，人对信息的加工要经过动机、领会、习得、保持、回忆、概括、作业和反馈八个阶段。虽然新型职业农民培育模式与实际紧密结合，培育模式多样，具有实践性、短期性、多样性和实用性的特点，促进农民对培育内容的领会、习得、保持、回忆和概括，并能运用所学知识进行一定的操作，但新型职业农民培育模式缺乏反馈环节，不能对人才进行跟踪与监测，阻碍了新型职业农民培育模式的改进，从而影响新型职业农民培育的质量，因此，新型职业农民培育反馈环节是有必要的。

2.新型职业农民培育政策应具有超前性，加强新模式的运用

新型职业农民培育政策提出要统筹利用各类公益性培训资源进行校校合作，但未对校校合作进行具体的规范，具有滞后性。新型职业农民培育政策与现实存在差距，政策的更新速度比较慢，因此，政策应能够对现实做出预测，及时出台相应的法规以保障农民培育得到更好的发展。

3.创新学校培育模式

建立学校农场辅助校地合作、校企合作等方式，虽然人才培育模式的创新与政府评价及其他社会因素很明显地存在关系，需要政府与社会积极地调整。但是，新型职业农民培育效果最根本的保障还在于学校自身的努力，应该支持学校承担起教学改革以及人才培育模式的创新，并承担主要责任。如建立学校农场，使它作为新型职业农民技能技术培训的重要场所以及创业的样板，让农民体会种植过程带来的成就感，进而加强自主学习和钻研农业的能力。当然，创办学校农场需要有良好的物质基础，这就需要学校整合与优化教育资源。

(二)恰当运用新型职业农民培育方法

新型职业农民培育方法是指在一定培育思想的指导下采取的培养和教育的策略性途径，是教师和学员为实现共同的培育目标和完成的共同培育任务，在培育过程中运用的手段。当确定了培育目的，并有了相应的培育内容之后，就必须有富有成效的培育方法；否则，完成培育任务、实现培育目的的良好愿望就要落空。由此可见，培育方法就一定意义来说关系着培育的成败，对完成培育任务、实现培育目的具有重大意义。当前，科技进步，农业生产发展日新月异，客观主义者认为没有适合于教材本质的、适合于人的本质的培育方法。因此，一方面要对培育过程中使用的培育方法做长期规划，另一方面要根据培育目标的客观要求和实际情况来选择恰当的培育方法。

1.明确培育方法

新型职业农民培育方法多样、全面、与时偕行，但正是由于方法多样，如何选择培育方法或在多大程度上运用方法以最大化保障培育质量依然是个问题。迪尔凯姆认为未来是一个"有机团结"分工精细化的社会。因此，方法运用的比例应被科学地计算，使方法与培育内容、培育对象相适应，具有一定的规范性又具有一定的弹性，如英国就采取了"夹心面包式"培育方法，即第二学年的培育采取实习实训，第一、第三学年采取校内学习。特别是智能时代、大数据时代的到来，则更加需要培育方法被计算。

2.加强职业指导

我国近代职业教育先驱者黄炎培认为职业教育必须由职业学校教育、职业指导、职业补习教育三者构成。新型职业农民培育是一种职业教育、一种人力资源管理，从事农业是他们的职业，新型职业农民是社会主义农业现代化建设的重要力量。因此，新型职业农民的发展不仅是传统的农业问题，更是深刻的社会问题，关系着国家和社会的稳定。如何解决新型职业农民发展的问题就逐渐成为重大的理论与实践课题。基于此，应加强培育过程中专业领域内的职业指导以及培育后的职业跟踪指导，充分应用在培训中所学的知识与技能，进行生产、经营等活动，产生出经济效益，实现新型职业农民培训的经济功能，从而促进新型职业农民事业健康发展、社会和谐稳定。目前，世界上一些发达国家，如英国、日本，已建立起较为完善的职业指导体系。

3.开展实习实训

知识源于实践，归于实践。农业是需求不足的产业，新型职业农民培训对农业结构调整具有积极作用。实习实训就是将所学付诸实践或在实践中进行学习，因此，新型职业农民实习实训无疑是农民培育中最重要、最关键的环节之一。新型职业农民实习实训前已经经过一定时间的专业理论训练，掌握了一定的专业知识和相关操作技能，而实习实训是将所学到的专业知识和操作技能在实践中加以运用。毫无疑问，高质量的实习实训对一个新型职业农民来说是终身受益的，在农业龙头企业或实践基地实习实训期间，会有农业龙头企业优秀的新型职业农民或经验丰富的农业专家进行农业疑难点的分析与讨论，在一定程度上改变学员的思维、提高自己的农业实际问题处理能力，为调整农业结构打下良好的基础。

四、拓宽新型职业农民培育对象范围

随着民生需求的上升和对生活品质追求的提高，如何让科技与农业及农产品密切结合，让农产品优质高量，让消费者满意就成了重大问题，其中新型职业农民起着最重要的作用。新型职业农民是农业生产与农业再加工的人力资源，首先要能运用科学技术进行农业生产，其次要运用科技对农产品进行加工。而就业型培育重点不突出、创业型对象不足，后生长的新型职业农民未涉及等问题的存在，一定程度上削弱了我国农业人力资源的发展。

(一)就业型对象培育应有侧重

人力资源是社会发展的基础，人力资源开发的程度影响着社会持续发展的程度。领导者是乡村的重要人力资源，领导者的影响力对于组织目标的实现具有关键性的作用，通过党员干部的带头引领、先锋模范作用将调动起群众的积极性，充分实现乡村人力资源开发。目前，我国正在实现从"制造大国"到"制造强国"的转变，培养创新精神和创新能力必不可少。但是，新型职业农民培育在这方面显得不足，不仅相关课程极少，而且就如何培育创业人才更是支撑不足。只有确保人们既能安居乐业，又能凭借自己的能力创造一个可预期的发展前景，才有助于实现社会发展的基本宗旨。

1. 加强培育具有党员身份的新型职业农民

美国管理学家哈罗德·孔茨认为领导是一种影响他人的艺术过程，优秀的领导者可以使人们心甘情愿地为实现组织的共同目标而努力。可见，领导是社会组织顺利开展活动的重要条件，在集体活动中具有重要作用。国家对具有党员身份的农民给予重视，在多份政策文件中指出，在农村实用人才的培养上，党员干部要发挥"领头雁"作用。但是，我国农民培育体系还比较欠缺。日本则巩固和完善了现有的农民培训体系，着力培育农村基层干部，加强他们的组织能力、带动能力、农业技术、农业素养等，使其成为农村建设的带头人以及农村建设实施规划的指挥员和战斗员。我国与日本同属于亚洲国家，应借鉴日本农村振兴的经验，在新型职业农民培育上，应分层分类进行培育，重点加强党员干部的培训。

2. 鼓励有意愿创业的农民参加培训

随着科技的变革，生产自动化程度不断提高，大量体力劳动为机器所代替，导致工作岗位大量递减。那么如何缓解未来的就业压力呢？美国是世界上生产自动化程度最高的发达国家，但拥有最高的就业率，其中一个很重要的原因就是增加创业就业机会。因此在一定条件下，应该通过农民创业培训来解决国内(农民

第七章　乡村振兴战略下职业教育与新型职业农民培育的实践路径

工在城市无业、农村未升学青少年失业、退伍军人等)这一问题。目前，一些国家已经开始在农民培育中增加了新的内容，即创业教育，或称自我雇佣教育。通过这种教育，学员可以获得创业所需的知识，提升创业的能力，进而创造新的工作机会，解决失业问题。因此，新型职业农民培育不仅要培育就业的人才，更要培育能创造就业机会的人才。

(二)拓展创业型培育对象

当前，由于文化程度不高缺乏自由的思想、常年外出打工导致思想禁锢等原因，农民创新能力不足。此外，由于农村的特殊环境，农民创业代价大特别是在市场经济体系不发达的地区，创业成功的农民比率很低，打击了农民创新创业的积极性。因此，解决"三农"问题首先要拓展培育对象，其次要营造良好的经济氛围，提高创业能力。

1.拓展创业对象

当下新型职业农民培育对象的筛选是基于一定的指标，如已有的种养规模、对农民的帮扶程度等，使得培育的对象主要集中在有业者。而农民创业是新型职业农民培育发挥经济功能的关键，政府应探析创业的意义，使社会无业者有业，进而促进社会稳定。因此，政府应发挥宏观调控的作用，把新型职业农民培训对象扩大到"无业农民"，通过对他们进行培训，把农业生产、管理、经营中的知识、技能转移到他们身上，使他们通过创业机制，创造"工作岗位"。当然，新型职业农民培训对象还应当包括未升学的青年。

2.提高创业能力

现代农业科技日新月异，大规模农业生产已成为趋势。因此，培育主体一是广泛采取点对点的培育模式，帮助农民掌握农业科技。二是加强创业心理品质的培训，如创新意识、创业意识、市场意识等。三是加强创业知识的培训，如财务知识、管理知识等。四是加强创业过程的详细指导，增强农民的创业自信心。五是为农民提供市场信息咨询，即在农村尚未建立完善的市场体系之前成立市场信息中心。

(三)关注新生型培育对象

未来对新型职业农民的要求标准将不断提高，除了要求其掌握技能和专业性知识外，还要求其具备国际视野，掌握前沿科技，并利用其进行农业科学研究的更高规格的作业，而政策文件中提到的新型职业农民培育针对的多是成年人或接近成年的青年，这就使得农民培育的有效时间较短，只能传授一些短期可习得的知识、技能。此外，由于他们缺乏长久以来农业知识的熏陶，难以在农业领域创新，使我国迅速跻身世界农业强国的行业。因此，新型职业农民培育对象除了从横向上根据产业的需要培育不同的新型职业农民，还应从纵向上将培育对象延伸至农村中小学，培育农业的后发力量。

1. 在纵向上拓展

在农村义务教育阶段应渗透"三农"的相关知识、技能、情感态度等，形成初、中、高正规教育及非正规教育贯通的农民职业教育体系，为培育出真正的大国现代化新型职业农民奠定基础。如日本、韩国均在所有小学、初中不同程度地开设与农业相关的课程，职业农民培育对象已经延伸到青少年群体。厚积而薄发，创新来源于思想的自由，思想的自由来源于知识的积淀。当然，要避免体现过早职业分流反而禁锢学生思维的情况，新型职业农民培育还应在高中文化程度后采取宽基础、活模块的课程模式进行具有针对性的专业基础理论和基本技能培训。

2. 重视中学后培训

20世纪70年代，教育大反思认为由于过早分流，长学制的职业教育模式弊端十分明显，如学生应变能力差、反应迟钝，与此同时，随着社会与经济的发展，学生的文化基础知识愈显薄弱。因此，20世纪90年代，发达国家将职业教育的主要年龄阶段推迟到了"中学后"。新型职业农民是从事农业的职业，同样在从业者的培育上要弱化中学阶段的农业专业训练，强化中学后培训。我国学者指出，可以设立"双学籍、双文凭"模式，学生在普通高中学制内学习所有必修课和部分专业基础课，毕业时部分学生参加高考未被录取则进入下一年的职业学习。这就要求学校同时进行升学预备教育和就业预备教育，对培育新生代新型职业农民具有重要的借鉴意义。

五、建立完整的新型职业农民培育评价体系

在经济全球化背景下，我国"三农"问题必须从时代变迁的大背景出发，在国际化的大视野中认识"三农"问题。"三农"问题首先是农民问题，2017年《"十

第七章　乡村振兴战略下职业教育与新型职业农民培育的实践路径

三五"全国新型职业农民培育发展规划》指出，现代农业发展关键在人，培育新型职业农民就是培育中国农业的未来。新型职业农民关系着我国农业现代化的进程，密切联系着国家粮食安全、重要农产品有效供给和农业国际竞争力的程度。因此，培育高质量的新型职业农民将早日促进"十三五"规划目标的实现。而如何培育高质量的农民呢？除了既定的培育内容外，是否还需要进行完善和更新呢？答案是肯定的。这就需要对新型职业农民培育进行评价。评价是检验培育效果的最好方式，评价有助于对培育过程中的不足进行改进。

（一）加强对新型职业农民培育跟踪评价

新型职业农民培育跟踪评价是指实施新型职业农民培育规划后，及时组织力量对新型职业农民培育后的情况进行调查、分析和评估，包括对新型职业农民利用培训中所学的知识进行农事活动的过程、农产品销售所获得的经济效益以及自身给他人、环境带来的影响，从而及时提出并采取有效的改进措施。

1. 进行培育后的绩效评价

新型职业农民培育后的绩效评价是指通过确定的评价方法、量化指标和评价标准，对国家农业绩效目标的实现程度及所安排预算的执行结果进行综合性评价。新型职业农民绩效评价分为直接评价和间接评价，直接评价包括技能水平、新颖度、社会效益、经济效益等，间接评价包括农技交流、农业工程、奖励、人才培养等。经济是国家的命脉，我国是一个农业大国，但不是农业强国。因此，通过对新型职业农民培育后进行绩效评价，分析新型职业农民参加培育后对农业经济的贡献，分析其中存在的不足及原因，完善培育过程或其他支撑力量，使新型职业农民实现农业优质高产，使农业达到最大收益，助力我国早日成为农业强国。

2. 进行培育后的个人评价

新型职业农民个人评价是指运用一定的评价方法和评价标准，对国家规定的新型职业农民个人素养目标所实现程度的评价。新型职业农民个人评价分为道德水平评价和个人能力评价，道德水平评价包括政治表现、遵纪守法、科技素养、生态素养等，个人能力评价包括经营水平、管理能力、知识更新能力等。具备较高道德水平和较强能力的新型职业农民将是村里的得力实用人才，更是带领农村集体进行现代化农事活动的领导者。通过新型职业农民培育后的个人评价提升他们的道德和能力,将有助于促进我国解决"三农"问题。

(二)健全新型职业农民评价反馈机制

新型职业农民评价反馈是培育主体与学员双方教与学的互动活动,是一个复杂的信息传递系统。培育主体在这个过程中是培育信息的传输者与学员反馈信息的接收者。新型职业农民评价反馈机制是学员在接收教学信息后,要对接收到的信息进行加工与处理,将其输出并传递给培育主体,培育主体则根据学员输出的反馈信息进行分析,对学员的学习情况做出判断与决策,从而调整教学进度、教学策略等。由此可见,新型职业农民评价反馈对培育的完善具有重要的作用,而健全新型职业农民评价反馈机制则是新型职业农民评价反馈的最基本的保障。

1. 强化培育主体自身的评价

新型职业农民培育主体指的是在新型职业农民培育这一事务中,承担主要工作的组织或个人。目前,新型职业农民培育主体包括官方组织和民间机构,但以官方组织为主,如涉农职业学校、农业广播电视学校、农业科研院所和农技推广机构,其中又以涉农职业学校和农业广播电视学校为主。其包括培育内容安排、授课教师、课程安排、教材选择等,通过对新型职业农民培育主体的评价,了解和分析参加培育的农民在接收教学信息后的信息加工与处理情况,对他们的学习情况做出判断与决策,调整相应的培育内容或环节以提高培育质量。如英国就专门成立了一个独立于政府的评价机构——英国教育办公室,每年对农业院校的教学效益、办学条件和师资队伍进行监督与评估,定期公布农业院校的综合评估结果,而这一结果与来年教育经费分配的多少密切联系。

2. 吸收社会组织的评价

狭义的社会组织是指公共关系的主体,他们是组织群体为有效达到共同的特定目标而按照一定的宗旨、制度,系统地建立起来的共同活动的集体。虽然国内已经有一些社会组织对新型职业农民进行评价,如中华人民共和国农业农村部,但更多的是从数量上来做统计,未对培育出来的新型职业农民的质量进行评价。因此,有必要引入其他社会组织,如联合国粮食及农业组织、农业合作经济组织。社会组织有两个作用:一是调整新型职业农民培育中不同构成要素之间的关系,使之达到有序化、统一化、整体化;二是组织新型职业农民培育的相关部门、成员服从组织的统一要求。因此,社会组织的评价对于优化评价环境,如社

第七章　乡村振兴战略下职业教育与新型职业农民培育的实践路径

会宣传、机构协同、政策支持和加强培训的具体方面将起到积极的作用,吸收社会组织的评价具有积极的意义。英国经济与商业研究中心(CEBR)对职业教育的具体方面进行了评价(包括农民的职业教育),如2013年该组织对英国职业教育的培育模式(现代学徒制)进行评价,并预测十年后现代学徒制增加的人数,为英国政府经济的调整提供参考。

六、深入拓展新型职业农民培育保障

马斯洛需求层次理论认为,人有五个层次的需求,呈金字塔式排列,逐级上升,包括生理需求、安全需求、社交需求、尊重需求和自我实现需求。在发展中国家,绝大多数人追求生理需要和安全需要,而高级需要占主导的人数比例较小。我国是一个发展中国家,首先,应保障新型职业农民的低层次需求;其次,我国新型职业农民是一群有别于传统农民的人,他们有自己的产业,是一种职业的身份,通过农业生产经营活动来获取自己的尊严;最后,我国新型职业农民是接受了较高教育的人,以及被党和国家赋予时代使命的人,他们通过自己的事业来带动周围的群众,获得价值的实现,最终协助国家解决好"三农"问题。因此,我国应大力支持新型职业农民,给予新型职业农民充分的保障。

(一)加大资源保障力度

我国大量农村青壮年劳动力进城,使城乡人口流动带来了许多变化,改变着我国社会结构,空巢村、留守儿童村的大量存在已成为当下广大农村不争的客观事实,"乡愁"转变成确确实实的"乡衰"。一是老龄化问题突出。2010年,农村60岁及以上人口老龄化率为14.98%,远远超出了联合国10%的界定标准。二是绝大多数农村青壮年处于非完全务农状态。占农村总人口52.82%的3.56亿农村青壮年中有近70%处于"半工半农"的兼业状态。如何确保农产品的稳定供给、确保农村兴旺面临严峻的挑战。这就需要国家加大财力、物力等资源的保障,使更多的农民返乡创业。

1. 完善多种补贴制度

粮食安全是国民健康生存最基本的保障,也是国内经济最根本的基础。我国有十四多亿人口,在科技信息时代,粮食安全不能寄希望于外国。对此,一是完善农业补贴制度。农业补贴的目的在于保证农民发展农业的积极性,保证农产品产量。人是经济人,当下,从事农事活动的人越来越少,过去的农业补贴力度已经不能调动起农民的积极性。人是农业生产的根本,这就需要加大农业补贴。如农业补贴应设生活补贴,减轻农民的生活负担。二是完善基础设施建设。基础设施的建设程度影响着农业的生产效益及农产品的交换速度等,基础设施政策应拓展到农村生活基础设施、农村社会发展设施等,最重要的是要适当地给予农业基地在完善基础设施上支持,帮助新型职业农民提高农业生产量。

2. 创造农产品的销售途径

一是建设农产品交易平台。21世纪是网络时代,通过移动手机购物以及电子商务向三、四、五线城市渗透已经成为电子商务的趋势。网络时代给人们提供了极大的便利与好处,农产品也应加入电子商务的行业中。当下,由于缺乏销售的平台,缺乏具有政府公信力的农业型专业,新型职业农民的优质农产品不能得到最高效的流通,导致农产品积压价格下降,农业收入锐减。因此,国家应建立和宣传第三方交易平台提升平台的公信力,使农产品生产者(新型职业农民)能够在网上与消费者进行交易。同时,国家还应在大城市建立具有地方特色的农产品实体店,使西部优质农产品能在实体店进行销售,最终形成三位一体的品牌建设。二是在财政上进行引导。货币是用作交换商品的标准物品,具有交换媒介、支付手段等功能,缺失货币将无法实现这两个功能,因此,国家应将更多的财政分配转移到农业、使政府为农民发展提供"买单机制",如美国为了鼓励百姓"注册职业农民",联邦政府在农村金融政策上提供了信贷、纳税和农业直接补贴等方面的支持。

3. 建立扶助制度支持创业

当下,我国农业发展增长需要从粗放式转向集约型、从投资推动型转向创新推动和消费投资协调、从外向主导型转向内需主导型,这就需要具有创新、创业能力的人才在农业转型的进程中发挥作用。当下,国家对有意向创业的农民关注不够,而创业除了是转型期的趋势要求外,更是促进社会稳定的重要因素。因此,国家应建立扶助制度,一是借助网络等多种媒体,对创业进行宣传,营造创业的氛围;二是提供切切实实的优惠政策,对有意向创业的农民提供适当的补助,使他们从农业活动中看到希望,积极返乡创业。

(二)重视人才保障

长期以来,我国在人才储备上基于"人力资源派"的观点,政府应根据经济

第七章　乡村振兴战略下职业教育与新型职业农民培育的实践路径

发展规划进行"人才预测",再依据所预测的结果制定出"人力发展规划",最后形成一定数量的"人才储备"。新型职业农民作为新时代的重要劳动力,其培育亦遵循该理论。近年来,中央出台了一系列重要文件对新型职业农民培育做了部署安排。因此,我国在新型职业农民培育上既以人力资源理论为根据进行人才预测,又根据市场进行调整,一方面坚持政府主导进行的人才规划,另一方面结合市场机制尊重农民的意愿。市场导向的最大缺陷是自发性、盲目性和滞后性,这就在一定程度上加重了农业问题。这就要求国家完善人才流动机制,使人才能尽其用,充分发挥人力资源的优势。

1. 完善职业认证制度

目前,新型职业农民职业资格证没有统一的颁发办法,在一定程度上影响了新型职业农民的职业认同感。新型职业农民职业认同感影响着新型职业农民对从事农业的忠诚度、向上力和事业心,缺乏职业认同感将会厌恶职业、产生职业倦怠、没有奋斗的动力,更严重的是为了达到利益最大化,不择手段,生产不安全食品,影响国民健康。所以,提升新型职业农民的职业认同感就成了迫切要求。那么应如何提升新型职业农民的职业认同感呢?最重要的是要建立国家新型职业农民的认证制度。一是强调职业的平等性,给予新型职业农民一定的法律地位,使新型职业农民在农业体系里有上升的空间。二是确定认定标准,建设职称评定体系,不仅要认可农民的工作经验,给予他们与正规培育同等的法律地位;还要进行职业等级认定,实行农民资格考试制度。如欧洲发达国家英国、法国、美国、德国等都分别制定了相应的法规,比如《农业培训局法》《农业教育法》《毛雷尔法案》《职业教育法》等,规定必须经过严格的培训考试合格后发给职业资格证书才有资格成为职业农民。当然,目前来说,新型职业农民培育跟踪评价是不足的,通过评价而进行认定也是不足的,这就需要加强跟踪评价并在评价的过程中依据评价指标对新型职业农民进行认定。

2. 建立人才流动机制

人力资源是社会生产中的重要资源,必须进行有序的流动。人力资源管理的最佳途径是提高人力资源的使用率,而使用率必须基于人才流动。当今中国农业要发展、乡村要振兴、国家要富强,人才必然是最重要的载体,因此,要人尽其用,充分发挥人力资本的作用,充分发挥农业领域人才的作用。而如何使人们扎根农村进行农业现代化生产呢？这就需要建立完善的"引才"机制。一是加大资源保障。确实提供优惠政策，在原来调动农民积极性的农业补贴政策上加大补贴力度，给予更加便利的土地流转优惠政策，确保医疗、农业基地基础设施的保障。二是通过人才引进，将优秀的农业人才纳入国家农业系统，使他们有职业上升空间，提高他们的积极性，鼓励高层次人才到农村推广科技文化知识和技术。三是完善教师授课模式，如借鉴大学的导师制，为下乡进行指导的老师提供政策优惠，使他们以师徒传承的方式跟踪几个新型职业农民，激发他们以多种方式来帮助学员。

参考文献

[1] 辛宝英,安娜,庞嘉萍.人才振兴:构建满足乡村振兴需要的人才体系[M].郑州:中原农民出版社,北京:红旗出版社,2019.

[2] 陈航英.新型农业主体的兴起与"小农经济"处境的再思考:以皖南河镇为例[J].开放时代,2015(5).

[3] 程智宾,李宏达,张健.岗课赛证融通培养模式的价值追问、学理依凭和实践创新[J].职教论坛,2021,37(11):68-74.

[4] 董泽芳.高校人才培养模式的概念界定与要素解析[J].大学教育科学,2012(3):30-36.

[5] 范建华.乡村振兴战略的时代意义[J].行政管理改革,2018(2):16-21.

[6] 方泽强.本科层次职业教育的人才培养目标及现实问题[J].职业技术教育,2019,40(34):6-11.

[7] 龚怡祖,殷祥文.试论高校创新人才培养理念的建构[J].南京农业大学学报(社会科学版),2003(1):68-78.

[8] 龚怡祖.大学专业设置模式探析[J].教育发展研究,2001(11):72-73.

[9] 郭庆海.新型农业经营主体功能定位及成长的制度供给[J].中国农村经济,2013(04).

[10] 国亮,侯军岐.供给侧改革背景下农业产业升级分析[J].河南社会科学,2017(01).

[11] 韩长赋.新形势下推动"三农"发展的理论指南:深入学习领会习近平总书记"三农"思想[J].农村工作通讯,2017(5):5-7.

[12] 郝建,丁扬,牛彦飞.职业教育本科专业建设的内涵、特征与基本路向[J].教育与职业,2022(8):50-54.

[13] 何军,王越.以基础设施建设为主要内容的农业供给侧结构改革[J].南京农业

大学学报(社会科学版),2016(6).

[14] 河南省地方经济社会调查队.河南省农村土地流转情况调查报告[J].农村经营管理,2014(07).

[15] 胡茂波,唐欣宇,游子欢.本科层次职业教育试点的逻辑、意图、风险及其规避[J].职业技术教育,2021(24):12-17.

[16] 黄静."三权分置"下农村土地承包经营权流转规范问题研究[J].河南财经政法大学学报,2015(4).

[17] 黄宗智.小农户与大商业资本的不平等交易:中国现代农业的特色[J].开放时代,2012(03).

[18] 姜大源.跨界、整合和重构:职业教育作为类型教育的三大特征——学习《国家职业教育改革实施方案》的体会[J].中国职业技术教育,2019(7):9-12.

[19] 蒋强.高职院校制造类专业德技并修育人体系与路径研究[J].现代职业教育,2022(18):40-42.

[20] 孔祥智,伍振军,张云华.我国土地承包经营权流转的特征、模式及经验:浙、皖、川三省调研报告[J].江海学刊,2010(02).

[21] 孔祥智.农业供给侧结构性改革的基本内涵与政策建议[J].改革,2016(02).

[22] 匡瑛,李琪.此本科非彼本科:职业本科本质论及其发展策略[J].教育发展研究,2021(02).

[23] 雷瑛.河南培育新型农业经营主体的财政政策探析[J].山东工商学院学报,2015(02).

[24] 李名梁,贺珍珍.职业教育社会认同度研究:现状、视角与展望[J].职教发展研究,2019(2):26-30.

[25] 李名梁.利益相关者视角下提升职业教育社会认同度的关键要素研究[J].江苏高职教育,2022(1):23-30.

[26] 李哲."三权分置"下的农村土地经营权研究[J].兰州学刊,2017(08).

[27] 李振华,谢颖.本科职业教育产教融合共同体模式构建研究[J].中国高校科技,2022(Z1):115-119.

[28] 李政.职业本科教育办学的困境与突破[J].中国高教研究,2021(7):103-108.

[29]林小星.论高职教育人才培养模式的内涵特征及其改革创新[J].教育与职业,2014(30):26-28.

[30]刘楚珂.政府在职业教育产教融合中的作用研究[J].职业教育,2022(3):10-12.

[31]刘奉越,王丽婉,高婷婷.职业教育产教融合研究的文献计量分析及话语体系构建[J].河北师范大学学报(教育科学版),2022(2):78-86.

[32]刘晓,钱鉴楠.发展型式理论下的职业教育专业建设与产业发展:匹配逻辑与理论框架[J].高等职业教育研究所,2020(3).

[33]罗大蒙,徐晓宗.从"身份"到"契约":当代中国农民公民身份的缺失与重构[J].党政研究,2016(01).

[34]罗凌,崔云霞.再造与重构:贵州六盘水"三变"改革研究[J].农村经济,2016(12).

[35]罗应棉,柯政彦.联合培养背景下职教本科生的身份认同困境及对策研究[J].机械职业教育,2021(1):1-4.

[36]罗玉辉,林龙飞,侯亚景.集体所有制下中国农村土地流转模式的新设想[J].中国农村观察,2016(04).

[37]马九杰."资本下乡"需要政策引导与准入监管[J].中国党政干部论坛,2013(3).

[38]马玉霞,王大帅,冯湘.基于"岗课赛证"融通的高职课程体系建设探究[J].教育与职业,2021(23):107-111.

[39]米松华,黄祖辉,朱奇彪.新型职业农民:现状特征、成长路径与政策需求:基于浙江、湖南、四川和安徽的调查[J].农村经济,2014(08).

[40]潘俊.农村土地"三权分置":权利内容与风险防范[J].中州学刊,2014(11).

[41]盛艳秋.高职院校高技能人才培养模式的内涵与基本框架研究[J].教育与职业,2014(15):35-36.

[42]石忠,王晨倩.本科职业教育人才培养定位的逻辑意蕴与应然架构[J].中国职业技术教育,2021(03).

[43]汤金升,王学良.金融支持新型农经营模式探析[J].山西农经,2014(10).

[44]汪吾金.高职院校学生职业素养养成教育模式创新与实践探索:以杭州职业

技术学院为例[J].现代职业教育,2016(19):5-7.

[45] 王博.职业本科教育相关争议与基本问题探析:基于文献综述的视角[J].江苏高职教育,2022,22(1):11-22.

[46] 王春光.关于乡村振兴中农民主体性问题的思考[J].社会发展研究,2018(1).

[47] 王佳昕,潘海生,郄海霞.技术论视域下职教本科定位与人才培养逻辑[J].高等工程教育研究,2021(08).

[48] 王丽新,李玉龙.高职院校"岗课赛证"综合育人的内涵与路径探索[J].中国职业技术教育,2021(26):5-11.

[49] 王启龙,徐涵.职业教育人才培养模式的内涵及构成要素[J].江苏技术师范学院学报(职教通讯),2008(6):21-24.

[50] 王赛娇.新工科愿景下高校课程思政协同改革探究[J].佳木斯职业学院学报,2022,38(4):34-37.

[51] 王兴.本科层次职业教育人才培养的现实困境、目标定位与路径突破[J].职业技术教育,2020,41(34):6-11.

[52] 王学东,马晓琨.职业本科高校人才培养定位与体系建设[J].教育与职业,2022(5):21-27.

[53] 王亚华.农村土地"三权分置"改革:要点与展望[J].人民论坛·学术前沿,2017(6).

[54] 王颜齐,郭翔宇.土地承包经营权流转外部性问题探索:基于土地发展权的讨论[J].学术交流,2014(07).

[55] 王一涛,路晓丽."中高本硕"衔接的理论溯源、实施现状与路径优化:基于类型教育的视角[J].教育发展研究,2021,41(3):60-67.

[56] 韦彩玲.土地流转"龙头企业+合作社+农民"模式的潜在问题及对策研究[J].甘肃社会科学,2012(6).

[57] 毋丹丹,闫智勇.博与专:我国高等职业教育课程设置的哲学思辨[J].继续教育研究,2009(11):151-153.

[58] 吴学敏.本科职业教育人才培养体系构建研究:基于技术本质视角的分析[J].中国职业技术教育,2021(12):52-57.

[59]吴学敏.开展本科层次职业教育"变"与"不变"的辩证思考[J].中国职业技术教育,2020(25):5-13.

[60]县域经济观察员.农村土地流转交易中心三大典型模式[J].理论与当代,2008(11).

[61]徐洁,韩莉.加大农村公共产品供给,促进二元经济结构转化:韩国新村运动对我国农村经济发展的启示[J].北京联合大学学报,2003(02).

[62]许经勇.以体制改革与机制创新为根本途径:论深化农业供给侧结构性改革[J].福建论坛(人文社会科学版),2017(04).

[63]杨洁."蓝领"不受青睐,追新兴职业成潮流[N].中国青年报,2021-10-11.

[64]杨笑冰.现代大学教学制度体系的有效性分析及改进思路[J].纺织服装教育,2012,27(6):482-485.

[65]杨玉珍.农村三权分置政策执行偏差的成因及其矫正[J].农业经济问题,2017(6).

[66]余闯,施星君.工科类职教本科人才培养定位及体系:以X学院机械工程专业为例[J].高等工程教育研究,2021(6):103-109.

[67]余瑶.高等教育内涵式人才培养模式创新研究[J].中国成人教育,2016(7):56-58.

[68]苑鹏,杜吟棠,吴海丽.土地流转合作社与现代农业经营组织创新:彭州市磁峰皇城农业资源经营专业合作社的实践[J].农村经济,2009(10).

[69]曾捷,韦卫,李祥.本科职业大学办什么:人才培养定位再思考:基于16所本科职业大学章程的文本分析[J].成人教育,2021,41(11):55-62.

[70]张阿芬,苏天高,廖亦彩.职业教育"中高本衔接"贯通人才培养探析[J].福建教育学院学报,2022,23(4):74-76.

[71]张大良,李国志.基于教学质量保障的人才培养模式选择与建构[J].江苏高教,2008(3).

[72]张红宇,张海阳,李伟毅,等.中国特色农业现代化:目标定位与改革创新[J].中国农村经济,2015(01).

[73]张银行.我国耕地保护行政管理制度亟待完善[J].企业改革与管理,2015(16).

[74]张瑜,阮晓文,宣慧.产业—专业双耦合下本科职业教育产教融合协同育人的路径探析[J].江苏教育研究,2021(15):3-10.

[75] 赵忠.探索精准高效新型职业农民培育新模式[J].农民科技培训,2018(11).

[76] 郑学党.供给侧改革、互联网金融与农业产业化发展[J].湖南社会科学,2016(12).

[77] 周建松,陈正江.高质量发展背景下高职教育新定位与新使命[J].中国高教研究,2022(08).

[78] 周镕基,皮修平,吴思斌.供给侧视角下农业"悖论"化解的路径选择与体制机制构建[J].经济问题探索,2016(8).